कार्यालयीय हिंदी
और
कंप्यूटर

कार्यालयीय हिंदी और कंप्यूटर

लेखक

डॉ. पुनीत बिसारिया • डॉ. वीरेंद्र सिंह यादव

डॉ. यतेंद्र सिंह कुशवाहा

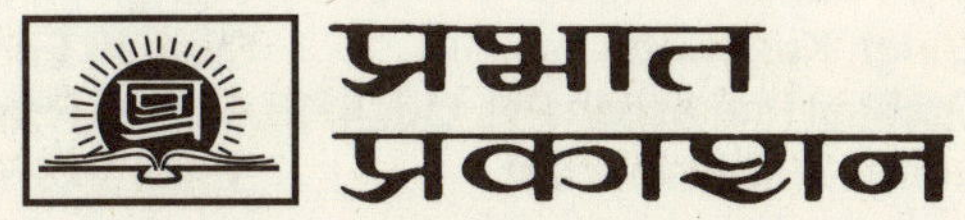

प्रकाशक • **प्रभात प्रकाशन प्रा. लि.**
4/19 आसफ अली रोड,
नई दिल्ली–110002
© लेखकत्रयी
छात्र संस्करण • 2022
छात्र संस्करण मूल्य • दो सौ पचास रुपए
मुद्रक • आर–टेक ऑफसेट प्रिंटर्स, दिल्ली

KARYALAYEEYA HINDI AUR COMPUTER
by Dr. Puneet Bisaria • Dr. Virendra Singh Yadav
Dr. Yatendra Singh Kushwaha Student Edition ₹ 250.00
Published by Prabhat Prakashan Pvt. Ltd., 4/19 Asaf Ali Road, New Delhi-2
e-mail: prabhatbooks@gmail.com ISBN 978-93-5521-088-3

प्रस्तावना

भारत सरकार द्वारा राष्ट्रीय शिक्षा नीति-2020 को पारित करने के बाद से ही उत्तर प्रदेश सरकार प्रदेश में इस नीति को लागू करने की दिशा में सचेष्ट हो गई थी। प्रदेश सरकार ने तदनुरूप यह निर्णय लिया कि प्रदेश के समस्त विश्वविद्यालयों हेतु समस्त विषयों का एकीकृत पाठ्यक्रम होगा तथा राष्ट्रीय शिक्षा नीति-2020 के प्रावधानों के अनुसार सेमेस्टर आधारित एकीकृत पाठ्यक्रम तैयार किए जाएँगे। इसी लक्ष्य को ध्यान में रखते हुए प्रदेश सरकार के यशस्वी मुख्यमंत्री योगी आदित्यनाथ की प्रेरणा से तथा उपमुख्यमंत्री एवं उच्च शिक्षा मंत्री डॉ. दिनेश शर्मा के मार्गदर्शन में उच्च शिक्षा विभाग द्वारा विभिन्न समितियों का गठन किया गया, जिसमें एक राज्य स्तरीय अनुश्रवण समिति और पाँच पर्यवेक्षण समितियों का गठन किया, जिनमें भाषा पर्यवेक्षण समिति भी एक थी। भाषा पर्यवेक्षण समिति के अनंतर विभिन्न भाषाओं के विषयों के संयोजक नियुक्त किए गए, जिन्होंने शासन के निर्देशानुसार अपने-अपने विषयों हेतु पाठ्यक्रम निर्माण समितियों का गठन किया। भाषा समिति के सदस्य तथा हिंदी पाठ्यक्रम निर्माण समिति के संयोजक एवं बुंदेलखंड विश्वविद्यालय, झाँसी के हिंदी विभाग के अध्यक्ष डॉ. पुनीत बिसारिया के संयोजन में गठित हिंदी पाठ्यक्रम निर्माण समिति के सदस्यों दीनदयाल उपाध्याय गोरखपुर विश्वविद्यालय, गोरखपुर के हिंदी विभाग के तत्कालीन अध्यक्ष प्रो. अनिल राय, डॉ. शकुंतला मिश्रा राष्ट्रीय पुनर्वास विश्वविद्यालय, लखनऊ के हिंदी विभाग के पूर्व अध्यक्ष डॉ. वीरेंद्र सिंह यादव तथा डी.ए.वी. कॉलेज, कानपुर के हिंदी विभाग के सहायक आचार्य डॉ. यतेंद्र सिंह कुशवाहा ने स्नातक स्तर का त्रिवर्षीय सेमेस्टर आधारित हिंदी पाठ्यक्रम तैयार करने का दायित्व निर्वहन किया। कोरोना संक्रमण की कठिन चुनौती के बीच लगभग छह माह की अनवरत ऑनलाइन बैठकों तथा भाषा पर्यवेक्षण समिति एवं राज्य स्तरीय अनुश्रवण समिति से तालमेल बैठाते हुए और समस्त पाठ्यक्रमों हेतु एक समान पाठ्यक्रम संरचना की जटिलताओं से जूझते हुए हिंदी का पाठ्यक्रम तैयार कर जनवरी 2021 में उत्तर

प्रदेश शासन द्वारा आम जनता से सुझाव प्राप्त करने के उद्देश्य से ऑनलाइन पोर्टल पर अपलोड किया गया। प्रदेश के हिंदी शिक्षकों, विद्यार्थियों एवं आम जनता से प्राप्त सुझावों पर गहन विचार-विमर्श एवं मंथन करने के पश्चात् हिंदी पाठ्यक्रम निर्माण समिति के समस्त सदस्यों ने सर्वसम्मति से हिंदी पाठ्यक्रम को अंतिम रूप देते हुए सरकार के समक्ष प्रस्तुत किया, जिसे उत्तर प्रदेश सरकार द्वारा स्वीकार करते हुए सत्र 2021-22 से प्रदेश के समस्त राज्य विश्वविद्यालयों, निजी विश्वविद्यालयों, राजकीय एवं अनुदानित महाविद्यालयों तथा स्ववित्तपोषित महाविद्यालयों में अध्ययन करने वाले विद्यार्थियों हेतु लागू करने का निर्णय लिया। हिंदी पाठ्यक्रम निर्माण समिति तथा भाषा पाठ्यक्रम पर्यवेक्षण समिति इस हेतु उत्तर प्रदेश सरकार के प्रति आभार ज्ञापित करती है।

उत्तर प्रदेश सरकार द्वारा स्वीकृत हिंदी पाठ्यक्रम को राष्ट्रीय शिक्षा नीति-2020 के प्रावधानों को अक्षरशः ध्यान में रखते हुए तैयार किया गया है तथा पाठ्यक्रम के प्रत्येक सेमेस्टर के प्रश्न-पत्रों को इस प्रकार व्यवस्थित किया गया है कि विद्यार्थी प्रथम सेमेस्टर से ही रोजगरपरक पाठ्यक्रम का अध्ययन कर आवश्यक कौशल विकास प्राप्त कर सकें और रोजगार प्राप्त करने हेतु स्वयं को सक्षम बना सकें।

राष्ट्रीय शिक्षा नीति में यह प्रावधान किया गया है कि यदि किसी कारणवश कोई विद्यार्थी अपनी स्नातक उपाधि पूर्ण नहीं कर पाता और बीच में ही पढ़ाई छोड़ने को बाध्य होता है तो पूर्व की भाँति उसकी पढ़ाई अधूरी न रह जाए, बल्कि स्नातक का प्रथम वर्ष उत्तीर्ण कर लेने पर प्रमाण-पत्र, द्वितीय वर्ष उत्तीर्ण करने पर डिप्लोमा, तृतीय वर्ष उत्तीर्ण करने पर स्नातक उपाधि या डिग्री तथा चतुर्थ वर्ष उत्तीर्ण करने पर शोध सहित स्नातक उपाधि प्रदान की जाए और पंचम वर्ष में अध्ययन करने वाले विद्यार्थी को परास्नातक की उपाधि दी जाए। इस दौरान विद्यार्थी किसी भी समय कोई भी विषय बदलकर ले सकता है तथा किसी भी समय संकाय को भी परिवर्तित कर सकता है, आवश्यकता पड़ने पर वह एक विश्वविद्यालय या महाविद्यालय से दूसरे विश्वविद्यालय या महाविद्यालय में जा सकता है। इतनी लचीली विषय चयन की सुविधा से विद्यार्थी कभी भी किसी भी विषय अथवा संस्था का चयन कर सकता है, लेकिन इसके कारण हिंदी का पाठ्यक्रम तैयार करते समय यह बड़ी चुनौती हमारे सामने उपस्थित थी कि हम हिंदी के पाठ्यक्रम को इस प्रकार विकसित करें कि प्रत्येक वर्ष का पाठ्यक्रम विद्यार्थी को हिंदी विषय की आवश्यक मूलभूत जानकारी देने में सक्षम हो। इन समस्त चुनौतियों के कारण ही प्रदेश सरकार ने विद्यार्थियों की सुविधा हेतु एकीकृत पाठ्यक्रम को प्रदेश में लागू करने का ऐतिहासिक निर्णय लिया। हिंदी के पाठ्यक्रम को तैयार करते समय शासन के निर्देशानुसार स्नातक प्रथम वर्ष तथा द्वितीय वर्ष के क्रमशः प्रथम, द्वितीय, तृतीय तथा

चतुर्थ सेमेस्टर में 06-06 क्रेडिट के एक-एक प्रश्न-पत्र रखे गए तथा स्नातक तृतीय वर्ष के पंचम तथा षष्ठ सेमेस्टर में 05-05 क्रेडिट के दो-दो प्रश्न-पत्र रखे गए। स्नातक चतुर्थ वर्ष और परास्नातक के क्रमशः सप्तम-अष्टम सेमेस्टर तथा नवम-दशम सेमेस्टर में 05-05 क्रेडिट के चार-चार प्रश्न-पत्र निर्धारित किए गए। इसके अतिरिक्त प्रत्येक सेमेस्टर के प्रत्येक प्रश्न-पत्र की सत्रीय परीक्षा हेतु सामान्य तथा विशेष निर्देश दिए गए हैं, जिनका विस्तृत विवरण प्रत्येक पाठ्य पुस्तक में दिया जाएगा।

उपर्युक्त निर्देशों के अनुसार सभी पाठ्यक्रमों की संरचनागत एकरूपता को दृष्टिगत रखते हुए स्नातक के प्रथम तीन वर्षों के हिंदी पाठ्यक्रम के सेमेस्टरवार प्रश्न-पत्र निम्नांकित हैं—

1 बी.ए. प्रथम वर्ष प्रथम सेमेस्टर — हिंदी काव्य
2 बी.ए. प्रथम वर्ष द्वितीय सेमेस्टर — कार्यालयीय हिंदी और कंप्यूटर
3 बी.ए. द्वितीय वर्ष तृतीय सेमेस्टर — हिंदी गद्य
4 बी.ए. द्वितीय वर्ष चतुर्थ सेमेस्टर — हिंदी अनुवाद
5 बी.ए. तृतीय वर्ष पंचम सेमेस्टर, प्रथम प्रश्न-पत्र — साहित्यशास्त्र और हिंदी आलोचना
6 बी.ए. तृतीय वर्ष पंचम सेमेस्टर, द्वितीय प्रश्न-पत्र — हिंदी का राष्ट्रीय काव्य
7 बी.ए. तृतीय वर्ष षष्ठ सेमेस्टर, प्रथम प्रश्न-पत्र — भाषा विज्ञान, हिंदी भाषा तथा देवनागरी लिपि
8 बी.ए. तृतीय वर्ष षष्ठ सेमेस्टर, द्वितीय प्रश्न-पत्र — लोक साहित्य एवं लोक संस्कृति

उपर्युक्त पाठ्यक्रम में आंचलिक प्रश्न-पत्र को स्थान देने के उद्देश्य से उत्तर प्रदेश शासन की मंशा को ध्यान में रखते हुए बी.ए. तृतीय वर्ष षष्ठ सेमेस्टर के 'लोक साहित्य एवं लोक संस्कृति' शीर्षक से तैयार किए गए द्वितीय प्रश्न-पत्र को विभिन्न विश्वविद्यालयों की आंचलिक बोलियों के साहित्य को स्थान देने हेतु निर्धारित किया गया है। समस्त संबंधित विश्वविद्यालय इस प्रश्न-पत्र के माध्यम से 30 प्रतिशत तक बदलाव की प्रदेश शासन की नीति को अमल में ला सकते हैं और अंचल विशेष के लोक-साहित्य और लोक संस्कृति को पाठ्यक्रम में स्थान देकर प्रदेश की सामासिक संस्कृति को पाठ्यक्रम में रख सकते हैं। शेष पाठ्यक्रम को इस प्रकार विकसित किया गया है कि उत्तर प्रदेश के समस्त विश्वविद्यालयों के पाठ्यक्रमों में एकरूपता स्थापित की जा सके और विद्यार्थी को कौशल विकास हेतु तथा विभिन्न प्रतियोगी परीक्षाओं

की तैयारी हेतु आवश्यक सामग्री तथा अध्ययन की सुविधा प्रदान की जा सके, ताकि प्रदेश के हिंदी के विद्यार्थी भी प्रतियोगी परीक्षाओं में सफल हो सकें।

हिंदी के पाठ्यक्रम का निर्माण करने के पश्चात् हिंदी पाठ्यक्रम निर्माण समिति के सदस्यों ने यह अनुभव किया कि चूँकि सत्र 2021-22 से ही उत्तर प्रदेश सरकार के समस्त राज्य विश्वविद्यालयों, निजी विश्वविद्यालयों, राजकीय एवं अनुदानित महाविद्यालयों तथा स्ववित्तपोषित महाविद्यालयों में यह पाठ्यक्रम लागू किया जाना है, अतः इस हेतु आवश्यक पाठ्य पुस्तक भी समय से प्रदेश के सभी हिंदी विद्यार्थियों तक पहुँचनी चाहिए। इस हेतु बी.ए. प्रथम वर्ष प्रथम सेमेस्टर की हिंदी पाठ्य पुस्तक 'हिंदी काव्य' एवं पाठ्य सहगामी पाठ्यक्रम की 'भोजन, पोषण और स्वच्छता' और 'संचार कौशल और व्यक्तित्व विकास पुस्तकें पहले ही प्रकाशित होकर आप सबके बीच आ चुकी हैं और इस श्रृंखला की अगली पुस्तक, अर्थात् बी.ए. प्रथम वर्ष द्वितीय सेमेस्टर के एकीकृत हिंदी पाठ्यक्रम की पाठ्य पुस्तक एवं समस्त संकायों के लघु विषय की पाठ्य पुस्तक 'कार्यालयीय हिंदी और कंप्यूटर' आप सबके समक्ष प्रस्तुत की जा रही है।

'कार्यालयीय हिंदी और कंप्यूटर' पुस्तक में विद्यार्थीगण प्रथम इकाई में 11 व्याख्यानों के माध्यम से कार्यालयीय हिंदी का स्वरूप, उद्देश्य एवं क्षेत्र का अध्ययन करेंगे, द्वितीय इकाई में वे 11 व्याख्यानों के माध्यम से कार्यालयीय हिंदी में प्रयुक्त पारिभाषिक शब्दावली से अवगत हो सकेंगे। तृतीय इकाई के अंतर्गत वे 12 व्याख्यानों के माध्यम से कार्यालयीय हिंदी पत्राचार का अध्ययन करेंगे। चतुर्थ इकाई के अंतर्गत वे 11 व्याख्यानों के माध्यम से प्रारूपण, टिप्पण, संक्षेपण, पल्लवन एवं प्रतिवेदन का अध्ययन करेंगे। पंचम इकाई के अंतर्गत वे 11 व्याख्यानों के माध्यम से हिंदी भाषा और कंप्यूटर का विकास-क्रम का अध्ययन करेंगे। षष्ठ इकाई के अंतर्गत वे 11 व्याख्यानों के माध्यम से हिंदी भाषा में कंप्यूटर प्रौद्योगिकी का अध्ययन करेंगे। सप्तम इकाई के अंतर्गत वे 11 व्याख्यानों के माध्यम से हिंदी भाषा और ई-शिक्षण का अध्ययन करेंगे और अंतिम, अर्थात् अष्टम इकाई के अंतर्गत वे 12 व्याख्यानों के माध्यम से खंड 'अ' के अंतर्गत हिंदी कंप्यूटर टंकण एवं शॉर्टहैंड का सैद्धांतिक पक्ष का अध्ययन करेंगे एवं खंड 'ब' के अंतर्गत 'हिंदी साहित्य में शोध' शीर्षक से विद्यार्थियों को शोध की मूलभूत जानकारी दी जाएगी, ताकि उनमें शोध के प्रति रुझान विकसित किया जा सके। आगे की कक्षाओं में भी क्रमिक रूप से शोध की बारीकियों की जानकारी समय-समय पर उन्हें दी जाएगी, ताकि परास्नातक उपाधि प्राप्त करने के पश्चात् विद्यार्थी हिंदी विषय में शोध के लिए मानसिक रूप से तैयार हो सकें तथा उनमें मौलिक सोच विकसित की जा सके।

कार्यालयीय पाठ्यक्रम हेतु 6 क्रेडिट में 75 अंक लिखित परीक्षा हेतु तथा 25 अंक सत्रीय परीक्षा हेतु निर्धारित किए गए हैं। प्रत्येक विद्यार्थी को उत्तीर्ण होने के लिए लिखित परीक्षा में न्यूनतम 30 अंक तथा सत्रीय परीक्षा में न्यूनतम 10 अंक प्राप्त करना आवश्यक होगा। तदनुरूप प्रत्येक इकाई के अंत में लिखित एवं सत्रीय परीक्षा हेतु आवश्यक दिशा-निर्देश दिए गए हैं, ताकि शिक्षकों एवं विद्यार्थियों को सुविधा हो सके और संपूर्ण विश्व में मान्य CBCS, अर्थात् चॉइस बेस क्रेडिट सिस्टम पर आधारित इस नवीन पाठ्यक्रम व्यवस्था से किसी को कोई परेशानी न हो। प्रत्येक इकाई के अंत में 50 बहुविकल्पीय प्रश्न भी दिए जा रहे हैं, ताकि यदि विश्वविद्यालयों द्वारा ओएमआर शीट पर बहुविकल्पीय प्रश्न आधारित परीक्षाएँ कराई जाती हैं, तो भी उन्हें अभ्यास हेतु पर्याप्त प्रश्न प्राप्त हो सकें। बहुविकल्पीय प्रश्नों के अंत में उत्तरमाला भी दी गई है, ताकि स्वयं द्वारा चयनित उत्तर की सत्यता की विद्यार्थी स्वयं जाँच कर सकें।

उत्तर प्रदेश सरकार के एकीकृत हिंदी पाठ्यक्रम को विकसित करने में हमें उच्च शिक्षा विभाग की अपर मुख्य सचिव मोनिका एस. गर्गजी का प्रेरक मार्गदर्शन प्राप्त हुआ है, साथ ही राज्य स्तरीय अनुश्रवण समिति और भाषा पर्यवेक्षण समिति के सभी सम्मानित सदस्यों के प्रति भी हम अपना आभार व्यक्त करते हैं, जिनके कुशल समन्वय से यह पाठ्यक्रम तथा परिणामस्वरूप यह पुस्तक अस्तित्व में आ सकी।

हमारे लिए यह हर्ष का विषय है कि देश के अग्रणी प्रकाशक प्रभात प्रकाशन, नई दिल्ली ने उत्तर प्रदेश सरकार द्वारा राष्ट्रीय शिक्षा नीति-2020 के अनुरूप प्रदेश के समस्त विश्वविद्यालयों एवं महाविद्यालयों हेतु पुनर्गठित एकीकृत हिंदी पाठ्यक्रम की समस्त निर्धारित पाठ्य पुस्तकों के प्रकाशन का महती दायित्व अपने सुदृढ़ कंधों पर लिया है, जैसा कि सर्वविदित है, प्रदेश में हिंदी पढ़नेवाले विद्यार्थियों की संख्या सर्वाधिक होती है और प्रत्येक विश्वविद्यालय, महाविद्यालय, शिक्षक, विद्यार्थी एवं संस्था के पुस्तकालय में समय पर पाठ्य पुस्तकें पहुँचें, यह एक बड़ी चुनौती का कार्य है, जो प्रभात प्रकाशन जैसे बड़े और देश के सर्वप्रतिष्ठित प्रकाशन गृह के द्वारा संभव हो सकेगा, ऐसी आशा ही नहीं वरन् हमें इसका पूर्ण विश्वास भी है। अब तक हिंदी की प्रथम पाठ्य पुस्तक 'हिंदी काव्य' तथा पाठ्य सहगामी की दो पुस्तकों 'भोजन, पोषण और स्वच्छता' एवं 'संचार कौशल और व्यक्तित्व विकास' को आपके बीच सफलतापूर्वक पहुँचाकर प्रभात प्रकाशन ने इस चुनौती का कुशलतापूर्वक सामना करते हुए हमारे इस विश्वास पर खरा उतरने में सफलता प्राप्त की है। हमारे द्वारा लिखी जानेवाली समस्त पाठ्य पुस्तकों को पूर्ण त्वरा के साथ आप तक पहुँचाने के लिए हम प्रभात प्रकाशन के प्रति अपनी कृतज्ञता ज्ञापित करते हैं।

आशा है, हिंदी के शिक्षकों एवं विद्यार्थियों के मध्य हिंदी पाठ्यक्रम के इस द्वितीय पुष्प का भी प्रथम पुष्प की भाँति ही यथेष्ट स्वागत होगा। अज्ञान रूपी तिमिर का नाश कर दीप रूपी ज्ञान का प्रकाश विकीर्ण करनेवाली माँ सरस्वती के पूजन दिवस एवं वसंत पंचमी के पुनीत अवसर पर हम यह पुस्तक आपके समक्ष प्रस्तुत कर हर्षित हैं।

पुस्तक के संबंध में आप सभी के रचनात्मक सुझावों का सर्वदा हृदय से स्वागत है।

सरस्वती पूजन दिवस एवं वसंत पंचमी
05-02-2022

—डॉ. पुनीत बिसारिया
—डॉ. वीरेंद्र सिंह यादव
—डॉ. यतेंद्र सिंह कुशवाहा

अनुक्रम

इकाई-1

कार्यालयीय हिंदी का स्वरूप, उद्देश्य एवं क्षेत्र

संस्कृत की 'भाष्' धातु से भाषा की उत्पत्ति हुई है, जिसका अर्थ है प्रकट करना, व्यक्त करना, प्रकाशित करना। मनुष्य ने अपने भावों की अभिव्यक्ति हेतु भाषा का निर्माण किया। भाषा के विभिन्न विद्वानों ने इसे विचारों के आदान-प्रदान से ही संबद्ध किया है। भाषाशास्त्री डॉ. भोलानाथ तिवारी के अनुसार, "भाषा उच्चारणावयवों से उच्चरित अध्ययन विश्लेषणीय यादृच्छिक ध्वनि प्रतीकों की वह व्यवस्था है, जिसके द्वारा एक समाज के लोग आपस में भावों और विचारों का आदान-प्रदान करते हैं।"

अभिव्यक्ति के माध्यम के रूप में भाषा के अनेक रूप प्रचलित हैं, यथा—सृजनात्मक भाषा, संचार या संपर्क भाषा, माध्यम भाषा, मातृभाषा तथा राजभाषा अथवा कार्यालयीय हिंदी। सृजनात्मक भाषा एक विशिष्ट भाषा होती है, जिसका विकास एक विशिष्ट प्रक्रिया के द्वारा होता है। एक भाषा क्षेत्र की अनेक बोलियों में एक विशिष्ट बोली विकसित होकर साहित्य की भाषा के रूप में स्थान बना लेती है।

मनुष्यों का विकास अनेक महत्त्वपूर्ण आधार-स्तंभों पर विकसित हुआ, जिसमें संप्रेषणीयता प्रमुख है। हिंदी, अंग्रेजी आदि भाषाओं का विकास मनुष्यों, राष्ट्रों आदि के मध्य संचार तथा संपर्क भाषा के रूप में हुआ। संचार भाषा दो विभिन्न व्यक्तियों के मध्य विचारों का आदान-प्रदान करने से संबद्ध है। आज हिंदी विभिन्न संचार माध्यमों, यथा—समाचार-पत्र, रेडियो, टेलीविजन, विज्ञापन, इंटरनेट आदि में महत्त्वपूर्ण रूप से प्रयोग की जा रही है।

मातृभाषा शब्द मातृ तथा भाषा दो शब्दों के योग से निर्मित एक यौगिक शब्द है। मातृभाषा का अर्थ है, वह भाषा, जिसका संबंध माँ से होता है, अर्थात् एक शिशु को अपनी माँ से जिस भाषा का ज्ञान हो, उसे मातृभाषा कहते हैं।

वर्तमान में भाषा के संबंध में सर्वाधिक महत्त्वपूर्ण प्रचलित अवधारणाएँ राष्ट्रभाषा तथा राजभाषा की हैं। राष्ट्र की सांस्कृतिक अस्मिता तथा बहुसंख्यक जनता के द्वारा प्रयोग की जानेवाली भाषा को राष्ट्रभाषा की संज्ञा दी जाती है। यह प्रस्थिति औपचारिक

भी हो सकती है तथा अनौपचारिक भी। किसी राज्य के सरकारी क्रियाकलापों के माध्यम के रूप में प्रयोग की जानेवाली भाषा को राजभाषा या कार्यालयीय हिंदी के रूप में जाना जाता है। सामान्यत: राजभाषा का प्रयोग दो संदर्भों में किया जाता है—प्रथम, शासक अथवा शासन द्वारा प्राधिकृत भाषा; द्वितीय, संविधान अथवा विधायिका द्वारा शासकीय कार्यों हेतु स्वीकृत भाषा।

राजभाषा के रूप में हिंदी के प्रयोग का प्रारंभ संविधान के लागू होने के साथ हुआ। संविधान सभा में स्टेट लैंग्वेज तथा ऑफिशियल लैंग्वेज दो शब्दों पर चर्चा हुई। संविधान सभा के कार्रवाई प्रारूप में राजभाषा के लिए स्टेट लैंग्वेज का प्रयोग किया गया, किंतु अंतिम रूप से ऑफिशियल लैंग्वेज शब्द का प्रयोग हुआ, जिसका अर्थ सरकारी अथवा कार्यालयीय भाषा न होकर राजभाषा ही रहा। इसके लिए कार्यालयीय शब्द का प्रयोग भी अंग्रेजी शब्द ऑफिशियल का प्रभाव है। ऑफिस शब्द से ऑफिशियल बना। ऑफिस शब्द का हिंदी अनुवाद कार्यालय है, अत: ऑफिशियली का हिंदी अनुवाद कार्यालयीय के रूप में हुआ।

अत: कार्यालयीय हिंदी का वह रूप है, जिसका प्रयोग सरकारी, अर्द्धसरकारी तथा गैर-सरकारी कार्यालयों द्वारा किया जाता है। इसके अंतर्गत केंद्रीय शासन, राज्य शासन तथा निजी प्रशासन से संबंधित कार्यालयों को समाविष्ट किया जाता है।

कार्यालयीय हिंदी से तात्पर्य

कार्यालयीय हिंदी से अभिप्राय कार्यालयों के सामान्य कामकाज में प्रयोग की जानेवाली भाषा से है। इसे विद्वानों ने निम्नांकित रूप से परिभाषित किया है—

1. डॉ. श्यामसुंदर दास द्वारा संपादित 'हिंदी शब्द सागर' में कार्यालयीय हिंदी को इस प्रकार व्यक्त किया गया है, 'वह भाषा, जो सरकारी कामकाज तथा न्यायालयों के लिए स्वीकृत हो।'
2. डॉ. भोलानाथ तिवारी द्वारा संपादित 'भाषाविज्ञान कोश' के अनुसार, 'वह भाषा, जो एक देश से दूसरे देश के राजनयिक पत्र-व्यवहार या बातचीत में होती हो। यह भाषा अत्यंत शिष्ट और औपचारिक होती है।'
3. डॉ. प.प. आंडाल के अनुसार, 'प्रशासनिक और कार्यालयीन हिंदी में विभिन्न सरकारी और अर्द्धसरकारी कार्यालयों में प्रशासनिक प्रयोजनों के लिए प्रयुक्त भाषा आती है। किसी भी संगठन के प्रशासनिक क्षेत्र का स्वरूप ही उसकी प्रशासनिक प्रणाली में प्रयुक्त पत्राचार का रूप और उसकी भाषा का रूप आदि निर्धारित करता है। सरकारी या अर्द्धसरकारी

कार्यालयों में विभिन्न प्रयोजनों के लिए किए जानेवाले पत्र-व्यवहार में पत्र, कार्यालय ज्ञाप, अर्धसरकारी पत्र, कार्यालय आदेश, पृष्ठांकन अधिसूचना, संकल्प, प्रेस, विज्ञप्ति, तार आदि सम्मिलित हैं।

कार्यालयीय हिंदी का उद्देश्य एवं क्षेत्र

कार्यालयीय हिंदी के लिए सामान्य रूप से प्रयोजनमूलक शब्द का प्रयोग होता है, जो अंग्रेजी शब्द Functional से लिया गया है, जिसका अर्थ होता है—कार्यात्मक, क्रियाशील। अत: इसे कामकाजी अथवा कार्यालयीय हिंदी का नाम भी दिया जाता है। कार्यालयीय हिंदी एक ऐसी विशिष्ट भाषिक संरचना से संबद्ध है, जिसका प्रयोग किसी विशेष प्रयोजन, अर्थात् कार्यालयों के कामकाज के लिए किया जाता है। यह कार्यालय के कामकाज को सरल, बोधगम्य तथा विशिष्ट बनाने में सहायक है।

कार्यालयीय हिंदी की महत्त्वपूर्ण विशेषताएँ इस प्रकार हैं—

1. **वैज्ञानिकता :** किसी भी विषय के तार्किकता से युक्त विशिष्ट ज्ञान पर आधारित प्रवृत्ति को वैज्ञानिकता कहते हैं। कार्यालयीय हिंदी की अध्ययन तथा विश्लेषण प्रक्रिया विज्ञान के समान होती है। कार्यालयीय हिंदी में स्पष्टता, तटस्थता, विषयनिष्ठता, तार्किकता तथा सुनिश्चित अर्थवत्ता जैसी विशेषताएँ होती हैं।
2. **अनुप्रयुक्तता :** कार्यालयीय हिंदी की सबसे बड़ी विशेषता अनुप्रयुक्तता है। यह कार्यालय के कामकाज हेतु विशिष्टता के साथ निर्मित होती है।
3. **भाषिक विशिष्टता :** कार्यालयीय हिंदी की विशेष भाषिक संरचना उसे सामान्य हिंदी, संपर्क भाषा, साहित्यिक हिंदी से पृथक् करती है। कार्यालयीय हिंदी में वस्तुनिष्ठता होती है। यह स्पष्ट, गंभीर वाक्यार्थ प्रधान तथा एकार्थक होती है।
4. **सामाजिकता :** सामाजिकता का संबंध मानविकी से विशेष रूप से होता है, अत: कार्यालयीय हिंदी सामाजिक ज्ञान से संबद्ध होती है।

इस प्रकार भारत जैसे विशाल देश में जहाँ हिंदी बोलनेवालों की सर्वाधिक संख्या है, किंतु हिंदी को सामान्य तथा संपर्क भाषा के रूप में प्रयोग करनेवालों में भी अनेक बोलियाँ तथा भाषिक स्वरूप विद्यमान हैं। ऐसे में कार्यालयीय हिंदी एक मानक स्वरूप में इन सभी के मध्य महत्त्वपूर्ण स्थान बनाती है। हिंदी को संविधान द्वारा राजभाषा के रूप में मान्यता प्रदान की गई, अत: कार्यालयों में हिंदी का प्रयोग आवश्यक हो गया। इस कामकाज को एक स्वरूप प्रदान करने में कार्यालयीय हिंदी की मुख्य भूमिका है, जो इसका सर्वाधिक महत्त्वपूर्ण उद्देश्य है।

इसका प्रयोग सरकारी, अर्धसरकारी तथा गैर-सरकारी कार्यालयों के कामकाज में किया जाता है। इसकी अपनी विशिष्ट पारिभाषिक शब्दावली तथा भाषिक संरचना कार्यालय के कार्यों हेतु उपयुक्त है। हिंदी अपनी निश्चित शब्दावली और अर्थ के कारण व्यापार, व्यवसाय, वाणिज्य आदि क्षेत्रों में महत्त्वपूर्ण रूप से प्रयोग हो रही है। कार्यालयीय हिंदी के लिए राजभाषा शब्द का प्रयोग भी किया जाता है। भारतीय संविधान में राजभाषा के संबंध में निम्नांकित प्रावधान हैं—

भारतीय संविधान में राजभाषा संबंधी प्रावधान

अनुच्छेद 120 : संसद में प्रयोग की जानेवाली भाषा

1. भाग 17 में किसी बात के होते हुए भी, किंतु अनुच्छेद 348 के उपबंधों के अधीन रहते हुए, संसद में कार्य हिंदी में या अंग्रेजी में किया जाएगा।

अनुच्छेद 210 : विधान-मंडल में प्रयोग की जानेवाली भाषा

1. भाग 17 में किसी बात के होते हुए भी, किंतु अनुच्छेद 348 के उपबंधों के अधीन रहते हुए, राज्य के विधानमंडल में कार्य राज्य की राजभाषा या राजभाषाओं में या हिंदी में या अंग्रेजी में किया जाएगा।

जब तक राज्य का विधानमंडल विधि द्वारा अन्यथा उपबंध न करे, तब तक इस संविधान के प्रारंभ से पंद्रह वर्ष की अवधि की समाप्ति के पश्चात् यह अनुच्छेद ऐसे प्रभावी होगा, मानो 'या अंग्रेजी में' शब्दों का उसमें से लोप कर दिया गया हो।

अनुच्छेद 343 : संघ की राजभाषा

संघ की राजभाषा हिंदी और लिपि देवनागरी होगी, संघ के शासकीय प्रयोजनों के लिए प्रयोग होनेवाले अंकों का रूप भारतीय अंकों का अंतरराष्ट्रीय रूप होगा।

इस संविधान के प्रारंभ से पंद्रह वर्ष की अवधि तक संघ के उन सभी शासकीय प्रयोजनों के लिए अंग्रेजी भाषा का प्रयोग किया जाता रहेगा।

इस अनुच्छेद में किसी बात के होते हुए भी, संसद उक्त पंद्रह वर्ष की अवधि के पश्चात्, विधि द्वारा—

(ए) अंग्रेजी भाषा का या

(बी) अंकों के देवनागरी रूप का।

ऐसे प्रयोजनों के लिए प्रयोग उपबंधित कर सकेगी, जो ऐसी विधि में विनिर्दिष्ट किए जाएँ।

अनुच्छेद 344 : राजभाषा के संबंध में आयोग और संसद की समिति

राष्ट्रपति, इस संविधान के प्रारंभ से पाँच वर्ष की समाप्ति पर और तत्पश्चात् ऐसे प्रारंभ से दस वर्ष की समाप्ति पर, आदेश द्वारा एक आयोग गठित करेगा, जो एक अध्यक्ष और आठवीं अनुसूची में विनिर्दिष्ट विभिन्न भाषाओं का प्रतिनिधित्व करनेवाले ऐसे अन्य सदस्यों से मिलकर बनेगा, जिनको राष्ट्रपति नियुक्त करे और आदेश में आयोग द्वारा अनुसरण की जानेवाली प्रक्रिया परिनिश्चित की जाएगी।

प्रादेशिक भाषाएँ

अनुच्छेद 345 : राज्य की राजभाषा या राजभाषाएँ

किसी राज्य का विधानमंडल, विधि द्वारा उस राज्य में प्रयोग होनेवाली भाषाओं में से किसी एक या अधिक भाषाओं को या हिंदी को उस राज्य के सभी या किन्हीं शासकीय प्रयोजनों के लिए प्रयोग की जानेवाली भाषा या भाषाओं के रूप में अंगीकार कर सकेगा।

अनुच्छेद 346 : एक राज्य और दूसरे राज्य के बीच या किसी राज्य और संघ के बीच पत्रादि की राजभाषा : संघ में शासकीय प्रयोजनों के लिए प्रयोग किए जाने के लिए तत्समय प्राधिकृत भाषा, एक राज्य और दूसरे राज्य के बीच तथा किसी राज्य और संघ के बीच पत्रादि की राजभाषा होगी।

परंतु यदि दो या अधिक राज्य यह करार करते हैं कि उन राज्यों के बीच पत्रादि की राजभाषा हिंदी भाषा होगी तो ऐसे पत्रादि के लिए उस भाषा का प्रयोग किया जा सकेगा।

अनुच्छेद 347 : किसी राज्य की जनसंख्या के किसी भाग द्वारा बोली जानेवाली भाषा के संबंध में विशेष उपबंधों को शासकीय मान्यता दी जाएगी।

अनुच्छेद 348 : उच्चतम न्यायालय, उच्च न्यायालयों आदि की भाषा : उच्चतम न्यायालय और उच्च न्यायालयों में और अधिनियमों, विधेयकों आदि के लिए प्रयोग की जानेवाली भाषा, जब तक संसद विधि द्वारा अन्यथा उपबंध न करे, तब तक उच्चतम न्यायालय और प्रत्येक उच्च न्यायालय में सभी कार्रवाइयाँ अंग्रेजी भाषा में होंगी।

विशेष प्रावधान

अनुच्छेद 350 : व्यथा के निवारण के लिए अभ्यावेदन में प्रयोग की जानेवाली भाषा

प्रत्येक व्यक्ति किसी व्यथा के निवारण के लिए संघ या राज्य के किसी अधिकारी या प्राधिकारी को, यथास्थिति संघ में या राज्य में प्रयोग होने वाली किसी भाषा में अभ्यावेदन देने का अधिकार होगा।

अनुच्छेद 350 (क) : प्राथमिक स्तर पर मातृभाषा में शिक्षा की सुविधाएँ

प्रत्येक राज्य और राज्य के भीतर प्रत्येक स्थानीय प्राधिकारी भाषायी अल्पसंख्यक वर्गों के बालकों को शिक्षा के प्राथमिक स्तर पर मातृभाषा में शिक्षा की व्यवस्था करने का प्रयास करेगा और राष्ट्रपति किसी राज्य को ऐसे निर्देश दे सकेगा, जो वह ऐसी सुविधाओं का उपबंध सुनिश्चित कराने के लिए आवश्यक या उचित समझता है।

अनुच्छेद 350 (ख) : भाषायी अल्पसंख्यक वर्गों के लिए विशेष अधिकारी

1. भाषायी अल्पसंख्यक वर्गों के लिए एक विशेष अधिकारी होगा, जिसे राष्ट्रपति नियुक्त करेगा।
2. विशेष अधिकारी का यह कर्तव्य होगा कि वह इस संविधान के अधीन भाषायी अल्पसंख्यक वर्गों के लिए उपबंधित रक्षोपायों से संबंधित सभी विषयों का अन्वेषण करे और उन विषयों के संबंध में ऐसे अंतरालों पर, जो राष्ट्रपति निर्दिष्ट करे, राष्ट्रपति को प्रतिवेदन दे और राष्ट्रपति ऐसे सभी प्रतिवेदनों को संसद के प्रत्येक सदन के समक्ष रखवाएगा तथा संबंधित राज्यों की सरकारों को भिजवाएगा।

अनुच्छेद 351 : हिंदी भाषा के विकास के लिए निर्देश

संघ का यह कर्तव्य होगा कि वह हिंदी भाषा का प्रसार बढ़ाए, उसका विकास करे, जिससे वह भारत की सामासिक संस्कृति के सभी तत्त्वों की अभिव्यक्ति का माध्यम बन सके और उसकी प्रकृति में हस्तक्षेप किए बिना हिंदुस्तानी में और आठवीं अनुसूची में विनिर्दिष्ट भारत की अन्य भाषाओं में प्रयुक्त रूप, शैली और पदों को आत्मसात् करते हुए और जहाँ आवश्यक या वांछनीय हो, वहाँ उसके शब्द-भंडार के लिए मुख्यतः संस्कृत से और गौणतः अन्य भाषाओं से शब्द ग्रहण करते हुए उसकी समृद्धि सुनिश्चित करे।

राजभाषा के संबंध में संसद द्वारा पारित अधिनियम

राजभाषा अधिनियम, 1963

संघ के राजकीय प्रयोजनों के लिए संसद में प्रयोग के लिए अंग्रेजी भाषा का रहना—

1. संविधान के प्रारंभ से पंद्रह वर्ष की कालावधि की समाप्ति हो जाने पर भी, हिंदी के अतिरिक्त अंग्रेजी भाषा, संघ के उन सब राजकीय प्रयोजनों के लिए जिनके लिए वह उस दिन से ठीक पहले प्रयोग में लाई जाती थी; तथा
2. संसद में कार्य के संव्यवहार के लिए प्रयोग में लाई जाती रह सकेगी।

तथा संघ और किसी ऐसे राज्य के बीच, जिसने हिंदी को अपनी राजभाषा के रूप में नहीं अपनाया है, पत्रादि के प्रयोजनों के लिए अंग्रेजी भाषा प्रयोग में लाई जाएगी।

परंतु यह और कि जहाँ किसी ऐसे राज्य के, जिसने हिंदी को अपनी राजभाषा के रूप में अपनाया है और किसी अन्य राज्य के, जिसने हिंदी को अपनी राजभाषा के रूप में नहीं अपनाया है, बीच पत्रादि के प्रयोजनों के लिए हिंदी को प्रयोग में लाया जाता है, वहाँ हिंदी में ऐसे पत्रादि के साथ उसका अनुवाद अंग्रेजी भाषा में भेजा जाएगा।

पत्रादि के प्रयोजनों के लिए हिंदी या अंग्रेजी भाषा—

1. केंद्रीय सरकार के एक मंत्रालय या विभाग या कार्यालय के और दूसरे मंत्रालय या विभाग या कार्यालय के बीच;
2. केंद्रीय सरकार के एक मंत्रालय या विभाग या कार्यालय के और केंद्रीय सरकार के स्वामित्व में के या नियंत्रण में के किसी निगम या कंपनी या उसके किसी कार्यालय के बीच;
3. केंद्रीय सरकार के स्वामित्व में के या नियंत्रण में के किसी निगम या कंपनी या उसके किसी कार्यालय के और किसी अन्य ऐसे निगम या कंपनी या कार्यालय के बीच;

प्रयोग में लाई जाती है, वहाँ उस तारीख तक, जब तक पूर्वोक्त संबंधित मंत्रालय, विभाग, कार्यालय या विभाग या कंपनी का कर्मचारीवृंद हिंदी का कार्यसाधक ज्ञान प्राप्त नहीं कर लेता, ऐसे पत्रादि का अनुवाद, यथास्थिति, अंग्रेजी भाषा या हिंदी में भी दिया जाएगा।

हिंदी और अंग्रेजी भाषा दोनों ही—

1. संकल्पों, साधारण आदेशों, नियमों, अधिसूचनाओं, प्रशासनिक या अन्य प्रतिवेदनों या प्रेस विज्ञप्तियों के लिए, जो केंद्रीय सरकार द्वारा या उसके किसी मंत्रालय, विभाग या कार्यालय द्वारा या केंद्रीय सरकार के स्वामित्व में

के या नियंत्रण में के किसी निगम या कंपनी द्वारा या ऐसे निगम या कंपनी के किसी कार्यालय द्वारा निकाले जाते हैं या किए जाते हैं;

2. संसद के किसी सदन या सदनों के समक्ष रखे गए प्रशासनिक तथा अन्य प्रतिवेदनों और राजकीय कागज-पत्रों के लिए;
3. केंद्रीय सरकार या उसके किसी मंत्रालय, विभाग या कार्यालय द्वारा या उसकी ओर से या केंद्रीय सरकार के स्वामित्व में के या नियंत्रण में के किसी निगम या

कंपनी द्वारा या ऐसे निगम या कंपनी के किसी कार्यालय द्वारा निष्पादित संविदाओं और करारों के लिए तथा निकाली गई अनुज्ञप्तियों, अनुज्ञापत्रों, सूचनाओं और निविदा-प्रारूपों के लिए, प्रयोग में लाई जाएगी।

राजभाषा के संबंध में समिति—

1. उससे दस वर्ष की समाप्ति के पश्चात् राजभाषा के संबंध में एक समिति, इस विषय का संकल्प संसद के किसी भी सदन में राष्ट्रपति की पूर्व मंजूरी से प्रस्तावित और दोनों सदनों द्वारा पारित किए जाने पर, गठित की जाएगी।
2. इस समिति में तीस सदस्य होंगे, जिनमें से बीस लोकसभा के सदस्य होंगे तथा दस राज्यसभा के सदस्य होंगे, जो क्रमशः लोकसभा के सदस्यों तथा राज्य सभा के सदस्यों द्वारा आनुपातिक प्रतिनिधित्व पद्धति के अनुसार एकल संक्रमणीय मत द्वारा निर्वाचित होंगे।
3. इस समिति का कर्तव्य होगा कि वह संघ के राजकीय प्रयोजनों के लिए हिंदी के प्रयोग में की गई प्रगति का पुनर्विलोकन करें और उस पर सिफारिशें करते हुए राष्ट्रपति को प्रतिवेदन करें तथा राष्ट्रपति उस प्रतिवेदन को संसद के हर एक सदन के समक्ष रखवाएगा और सभी राज्य सरकारों को भिजवाएगा।

राजभाषा संकल्प-1968

संसद के दोनों सदनों द्वारा पारित निम्नलिखित सरकारी संकल्प आम जानकारी के लिए प्रकाशित किया जाता है—

जब तक संविधान के अनुच्छेद 343 के अनुसार संघ की राजभाषा हिंदी रहेगी और उसके अनुच्छेद 351 के अनुसार हिंदी भाषा का प्रसार, वृद्धि करना और उसका विकास करना, ताकि वह भारत की सामासिक संस्कृति के सब तत्त्वों की अभिव्यक्ति का माध्यम हो सके, संघ का कर्तव्य है।

यह सभा संकल्प करती है कि हिंदी के प्रसार एवं विकास की गति बढ़ाने के हेतु

तथा संघ के विभिन्न राजकीय प्रयोजनों के लिए उत्तरोत्तर इसके प्रयोग हेतु भारत सरकार द्वारा एक अधिक गहन एवं व्यापक कार्यक्रम तैयार किया जाएगा और उसे कार्यान्वित किया जाएगा तथा किए जानेवाले उपायों एवं की जानेवाली प्रगति की विस्तृत वार्षिक मूल्यांकन रिपोर्ट संसद की दोनों सभाओं के पटल पर रखी जाएगी और सब राज्य सरकारों को भेजी जाएगी।

जबकि संविधान की आठवीं अनुसूची में हिंदी के अतिरिक्त भारत की 21 मुख्य भाषाओं का उल्लेख किया गया है और देश की शैक्षणिक एवं सांस्कृतिक उन्नति के लिए यह आवश्यक है कि इन भाषाओं के पूर्ण विकास हेतु सामूहिक उपाय किए जाने चाहिए।

यह सभा संकल्प करती है कि हिंदी के साथ-साथ इन सब भाषाओं के समन्वित विकास हेतु भारत सरकार द्वारा राज्य सरकारों के सहयोग से एक कार्यक्रम तैयार किया जाएगा और उसे कार्यान्वित किया जाएगा, ताकि वे शीघ्र समृद्ध हों और आधुनिक ज्ञान के संचार का प्रभावी माध्यम बनें।

यह सभा संकल्प करती है कि हिंदी भाषी क्षेत्रों में हिंदी तथा अंग्रेजी के अतिरिक्त एक आधुनिक भारतीय भाषा के, दक्षिण भारत की भाषाओं में से किसी एक को तरजीह देते हुए और अहिंदी भाषी क्षेत्रों में प्रादेशिक भाषाओं एवं अंग्रेजी के साथ-साथ हिंदी के अध्ययन के लिए उस सूत्र के अनुसार प्रबंध किया जाना चाहिए।

राजभाषा नियम-1976

आवेदन, अभ्यावेदन आदि—

(क) कोई कर्मचारी आवेदन, अपील या अभ्यावेदन हिंदी या अंग्रेजी में कर सकता है।

(ख) जब उपनियम (1) में विनिर्दिष्ट कोई आवेदन, अपील या अभ्यावेदन हिंदी में किया गया हो या उस पर हिंदी में हस्ताक्षर किए गए हों, तब उसका उत्तर हिंदी में दिया जाएगा।

(ग) यदि कोई कर्मचारी यह चाहता है कि सेवा संबंधी विषयों (जिनके अंतर्गत अनुशासनिक कार्रवाइयाँ भी हैं) से संबंधित कोई आदेश या सूचना, जिसका कर्मचारी पर कार्रवाइयाँ किया जाना अपेक्षित है, यथास्थिति, हिंदी या अंग्रेजी में होनी चाहिए तो वह उसे असम्यक् विलंब के बिना उसी भाषा में दी जाएगी।

केंद्रीय सरकार के कार्यालयों में टिप्पणों का लिखा जाना—

(क) कोई कर्मचारी किसी फाइल पर टिप्पण या कार्यवृत्त हिंदी या अंग्रेजी में

लिख सकता है और उससे यह अपेक्षा नहीं की जाएगी कि वह उसका अनुवाद दूसरी भाषा में प्रस्तुत करे।

(ख) केंद्रीय सरकार का कोई भी कर्मचारी, जो हिंदी का कार्यसाधक ज्ञान रखता है, हिंदी में किसी दस्तावेज के अंग्रेजी अनुवाद की माँग तभी कर सकता है, जब वह दस्तावेज विधिक या तकनीकी प्रकृति का है, अन्यथा नहीं।

(ग) यदि यह प्रश्न उठता है कि कोई विशिष्ट दस्तावेज विधिक या तकनीकी प्रकृति का है या नहीं तो विभाग या कार्यालय का प्रधान उसका विनिश्चय करेगा।

(घ) उपनियम (1) में किसी बात के होते हुए भी, केंद्रीय सरकार, आदेश द्वारा ऐसे अधिसूचित कार्यालयों को विनिर्दिष्ट कर सकती है, जहाँ ऐसे कर्मचारियों द्वारा, जिन्हें हिंदी में प्रवीणता प्राप्त है, टिप्पण, प्रारूपण और ऐसे अन्य शासकीय प्रयोजनों के लिए, जो आदेश में विनिर्दिष्ट किए जाएँ, केवल हिंदी का प्रयोग किया जाएगा।

हिंदी में प्रवीणता—

यदि किसी कर्मचारी ने—

(क) मैट्रिक परीक्षा या उसकी समतुल्य या उससे उच्चतर कोई परीक्षा हिंदी के माध्यम से उत्तीर्ण कर ली है; या

(ख) स्नातक परीक्षा में अथवा स्नातक परीक्षा की समतुल्य या उससे उच्चतर किसी अन्य परीक्षा में हिंदी को एक वैकल्पिक विषय के रूप में लिया हो; या

(ग) यदि वह इन नियमों से उपाबद्ध प्रारूप में यह घोषणा करता है कि उसे हिंदी में प्रवीणता प्राप्त है;

तो उसके बारे में यह समझा जाएगा कि उसने हिंदी में प्रवीणता प्राप्त कर ली है।

हिंदी का कार्यसाधक ज्ञान—

यदि किसी कर्मचारी ने—

1. मैट्रिक परीक्षा या उसकी समतुल्य या उससे उच्चतर परीक्षा हिंदी विषय के साथ उत्तीर्ण कर ली है; या
2. केंद्रीय सरकार की हिंदी परीक्षा योजना के अंतर्गत आयोजित प्राज्ञ परीक्षा या यदि उस सरकार द्वारा किसी विशिष्ट प्रवर्ग के पदों के संबंध में उस योजना के अंतर्गत कोई निम्नतर परीक्षा विनिर्दिष्ट है, वह परीक्षा उत्तीर्ण कर ली है; या

3. केंद्रीय सरकार द्वारा उस निमित्त विनिर्दिष्ट कोई अन्य परीक्षा उत्तीर्ण कर ली है; या

(क) यदि वह इन नियमों से उपाबद्ध प्रारूप में यह घोषणा करता है कि उसने ऐसा ज्ञान प्राप्त कर लिया है; तो उसके बारे में यह समझा जाएगा कि उसने हिंदी का कार्यसाधक ज्ञान प्राप्त कर लिया है।

(ख) यदि केंद्रीय सरकार के किसी कार्यालय में कार्य करनेवाले कर्मचारियों में से 80 प्रतिशत ने हिंदी का ऐसा ज्ञान प्राप्त कर लिया है तो उस कार्यालय के कर्मचारियों के बारे में सामान्यतया यह समझा जाएगा कि उन्होंने हिंदी का कार्यसाधक ज्ञान प्राप्त कर लिया है।

(ग) केंद्रीय सरकार या केंद्रीय सरकार द्वारा इस निमित्त विनिर्दिष्ट कोई अधिकारी यह अवधारित कर सकता है कि केंद्रीय सरकार के किसी कार्यालय के कर्मचारियों ने हिंदी का कार्यसाधक ज्ञान प्राप्त कर लिया है या नहीं।

(घ) केंद्रीय सरकार के जिन कार्यालयों में कर्मचारियों ने हिंदी का कार्यसाधक ज्ञान प्राप्त कर लिया है, उन कार्यालयों के नाम राजपत्र में अधिसूचित किए जाएँगे।

मैनुअल, संहिताएँ, प्रक्रिया संबंधी अन्य साहित्य, लेखन सामग्री आदि—

1. केंद्रीय सरकार के कार्यालयों से संबंधित सभी मैनुअल, संहिताएँ और प्रक्रिया संबंधी अन्य साहित्य, हिंदी और अंग्रेजी में द्विभाषिक रूप में मुद्रित या और प्रकाशित किया जाएगा।
2. केंद्रीय सरकार के किसी कार्यालय में प्रयोग किए जानेवाले रजिस्टरों के प्रारूप और शीर्षक हिंदी और अंग्रेजी में होंगे।
3. केंद्रीय सरकार के किसी कार्यालय में प्रयोग के लिए सभी नामपट्ट, सूचना पट्ट, पत्रशीर्ष और लिफाफों पर उत्कीर्ण लेख तथा लेखन सामग्री की अन्य मदें हिंदी और अंग्रेजी में लिखी जाएँगी, मुद्रित या उत्कीर्ण होंगी।

परंतु यदि केंद्रीय सरकार ऐसा करना आवश्यक समझती है तो वह साधारण या विशेष आदेश द्वारा केंद्रीय सरकार के किसी कार्यालय को इस नियम के सभी या किन्हीं उपबंधों से छूट दे सकती है।

कार्यालयीय हिंदी तथा सामान्य हिंदी का संबंध

प्रयोग के आधार पर भाषा के दो रूप औपचारिक भाषा तथा अनौपचारिक भाषा प्रचलित हैं। सामान्य बोलचाल की भाषा अनौपचारिक होती है तथा कार्यालय में कामकाज हेतु प्रयोग की जानेवाली भाषा औपचारिक होती है। दैनिक जीवन में आम बोलचाल की भाषा को ही सामान्य हिंदी कहा जाता है। सामान्य हिंदी की महत्त्वपूर्ण विशेषताएँ इस प्रकार हैं—

1. सामान्य हिंदी का भाषिक स्वरूप गतिशील होता है, वह निरंतर नवीन शब्दों को विभिन्न भाषाओं से ग्रहण करती चलती है।
2. इसमें भाषा के मानकस्वरूप के प्रति आग्रह नहीं होता है।
3. सामान्य हिंदी मातृभाषा के रूप में प्रारंभिक जीवन में ही व्यक्ति सीखता है।
4. इसके ज्ञान के लिए औपचारिक शिक्षा की आवश्यकता नहीं होती है।

कार्यालयीय हिंदी का स्वरूप औपचारिक होता है। इसका प्रयोग किसी विशेष प्रयोजन की सिद्धि हेतु किया जाता है। इसका प्रमुख लक्ष्य जीविकोपार्जन होता है। यह प्रशासन, पत्रकारिता, विधि, न्यायालय, विधायी, वित्तीय आदि क्षेत्रों में प्रयुक्त होती है। कार्यालयों का संपूर्ण कामकाज औपचारिक भाषा में ही होता है।

कार्यालयीय हिंदी तथा सामान्य हिंदी का व्याकरण समान होता है, यद्यपि सामान्य हिंदी का मौखिक रूप व्याकरण सम्मत नहीं भी हो सकता है, किंतु लिखित रूप व्याकरण सम्मत होता है। सामान्य हिंदी तथा कार्यालयीय हिंदी की भाषिक संरचना एक ही है, किंतु दोनों के मध्य निम्नांकित भिन्नताएँ भी हैं—

1. सामान्य हिंदी के प्रयोगकर्ता शिक्षित तथा अशिक्षित दोनों वर्ग के होते हैं, जबकि कार्यालयीय हिंदी का प्रयोग शिक्षित वर्ग द्वारा निर्धारित शब्दावली के साथ ही किया जाता है।
2. अनौपचारिक पत्रों में सामान्य हिंदी का प्रयोग किया जा सकता है, जबकि औपचारिक कार्यालयीय पत्राचार में कार्यालयीय, हिंदी का ही प्रयोग किया जाता है।
3. सामान्य हिंदी का प्रयोग अन्य भाषा-भाषियों द्वारा संपर्क भाषा के रूप में किया जाता है, जबकि कार्यालयीय हिंदी का प्रयोग सामान्यत: संपर्क भाषा के रूप में नहीं किया जाता है।
4. सामान्य हिंदी पर अन्य भाषाओं तथा बोलियों का प्रभाव भी पड़ता है तथा सामान्य हिंदी गतिशील होती है तथा नए शब्दों को ग्रहण करती है, जबकि कार्यालयीय हिंदी का स्वरूप निर्धारित होता है, वह अन्य भाषाओं तथा बोलियों से प्रभावित नहीं होती है।

5. सामान्य हिंदी का प्रयोग संवेदनाओं की अभिव्यक्ति के लिए होता है, जबकि कार्यालयीय हिंदी का प्रयोग केवल शासन की कार्यप्रणाली और उसकी सूचनाओं को संप्रेषित करने हेतु किया जाता है।
6. सामान्य हिंदी में कर्तृ वाच्य का प्रयोग होता है, जबकि कार्यालयीय हिंदी में कर्म वाच्य का प्रयोग अधिक होता है।
7. सामान्य हिंदी में पारिभाषिक शब्दावली का प्रयोग कम होता है, जबकि कार्यालयीय हिंदी में पारिभाषिक शब्दावली का प्रयोग ही अधिक होता है।

कार्यालयीय हिंदी की संभावनाएँ

वर्तमान शताब्दी सूचना प्रौद्योगिकी की है। कार्यालयीय हिंदी कार्यालय में कामकाज की भाषा है। आज कार्यालय सूचना प्रौद्योगिकी के संसाधनों का प्रयोग करने तथा उसका सदुपयोग करने हेतु संकल्पबद्ध हैं, अतः कार्यालयीय हिंदी को भी वर्तमान आवश्यकताओं तथा तकनीक के साथ सामंजस्य स्थापित करना होगा।

कार्यालयीय हिंदी तकनीक के साथ सामंजस्य स्थापित करने हेतु प्रयासरत है, किंतु क्लिष्ट पारिभाषिक शब्दावली इस सामंजस्य स्थापन की राह में सबसे बड़ी बाधा है, यद्यपि वैज्ञानिक एवं तकनीकी शब्दावली आयोग द्वरा पारिभाषिक शब्दावली पर अत्यधिक कार्य किया गया है, किंतु इन शब्दों का प्रचलन पर्याप्त नहीं है, जिससे सामान्य रूप से कार्यालयीय हिंदी की शब्दावली कठिन प्रतीत होती है, अतः अध्ययन तथा निजी क्षेत्र में भी कार्यालयीय हिंदी शब्दावली के प्रयोग पर ध्यान दिए जाने की आवश्यकता है। इसके लिए कार्यालयीय हिंदी के प्रशिक्षण कार्यक्रमों में सामान्य शिक्षकों तथा पेशेवरों की सहभागिता में वृद्धि की जानी चाहिए।

विगत सैकड़ों वर्षों से हिंदी राज्य के कामकाज की भाषा नहीं थी, अतः कार्यालयीय हिंदी पर कार्य अभी भी किया जा रहा है। इस कार्य में अनुवाद का महत्त्वपूर्ण स्थान है, इस हेतु विज्ञान एवं प्रौद्योगिकी, विधि, विज्ञान तथा मानविकी ग्रंथों का निर्माण मूलतः हिंदी में ही किया जाए, जिससे वैचारिकता हिंदी में ही संभव हो और अभिव्यक्ति भी प्रवाहमय हो सके। अनुवाद की स्थिति में सरल भाषा का प्रयोग किया जाए तथा हिंदी की प्रकृति के अनुसार छोटे वाक्यों का प्रयोग किया जाना चाहिए।

कार्यालयीय हिंदी के समक्ष एक अन्य समस्या नवीन पारिभाषिक शब्दावली निर्माण तथा नवीन प्रयुक्तियों के निर्माण की है। कार्यालयीय हिंदी विकासशील है। इसकी अनुप्रयुक्ति तथा विकास प्रक्रिया में विषय, संदर्भ तथा उपयोगिता के अनुसार नवीन पारिभाषिक शब्दावली का निर्माण किया जाना चाहिए, किंतु यह भी ध्यान रखने

की आवश्यकता है कि यह शब्दावली मात्र कोश ग्रंथों तक ही सीमित न रहकर उसके प्रचलन एवं परिचालन हेतु नियोजन उचित पद्धति से किया जाना चाहिए।

कार्यालयीय प्रक्रिया की सामान्य जानकारी

कार्यालय वह स्थान है, जहाँ सांगठनिक उद्देश्यों आदि की पूर्ति तथा निर्धारित लक्ष्यों की प्राप्ति हेतु संगठन के कार्मिकों को विभिन्न कार्य आवंटित किए जाते हैं। इन लक्ष्यों तथा उद्देश्यों की पूर्ति हेतु निर्धारित प्रक्रिया के अंतर्गत कार्रवाई की जाती है। इस कार्य हेतु फाइल का व्यवस्थित होना अति आवश्यक है। फाइल एक निर्धारित विषय पर प्रयत्नों का संग्रह है। फाइल में पत्राचार, टिप्पणियाँ, परिशिष्ट, रसीद तथा अन्य संबंधित प्रश्न आदि रखे जाते हैं। फाइल में सभी प्रपत्रों को दिनांक अथवा कार्यालय द्वारा निर्धारित विधि से क्रमबद्ध रखा जाना आवश्यक है।

फाइलीकरण/नस्तीकरण हेतु महत्त्वपूर्ण बिंदु

1. फाइल की संख्या निर्धारित करना आवश्यक है। यदि किसी संख्या वाली फाइल में प्रपत्रों की संख्या अधिक हो जाती है तो निर्धारित संख्या की ही भाग-2 करके फाइल निर्माण करना चाहिए।
2. फाइल में व्यवस्थित प्रपत्रों की संख्या यथासंभव एक समान रखनी चाहिए, जैसे 50, 100, 200 आदि।
3. पत्रों को आवश्यकता तथा कार्यालय द्वारा उपयोग की दृष्टि से क्रमबद्ध किया जाना चाहिए तथा एक निर्धारित विषय पर दिनांक के अनुसार क्रमबद्ध किया जाना चाहिए।
4. यदि कोई फाइल किसी वरिष्ठ अधिकारी अथवा कार्यालय के पास लंबित है तो तत्काल आवश्यक पत्राचार प्राप्त होने की स्थिति में मूल फाइल की संख्या वाली एक नवीन फाइल बनाई जानी चाहिए। यह फाइल खंड फाइल (Part File) के नाम से जानी जाती है।
5. खंड फाइल के समस्त प्रपत्र मूल फाइल प्राप्त होने पर उसमें यथास्थान लगा देने चाहिए।
6. चालू फाइल (करेंट फाइल) वह फाइल होती है, जिस पर कार्रवाई प्रक्रियाधीन होती है। जब भी संबंधित विषय वस्तु का कोई लिखित पत्र/दिशा-निर्देश/आदेश प्राप्त होता है तो इसे चालू फाइल में रखकर निस्तारित किया जाना चाहिए।
7. बंद फाइल से तात्पर्य है कि संबंधित फाइल पर कार्रवाई पूर्ण कर दी गई है।

डाक/पत्राचार

कार्यालयीय प्रक्रिया में किसी भी प्रकार के पत्र, टेलीग्राम, अंतर विभागीय नोट, फाइलें, वायरलेस संदेश, टेलेक्स, फैक्स, ई–मेल आदि डाक के अंतर्गत सम्मिलित हैं। डाक के सभी प्रपत्रों का अंकन आवक रजिस्टर में किया जाता है, तत्पश्चात् उसे विभिन्न शाखाओं में वितरित किया जाता है।

डाक व्यवस्थापन हेतु महत्त्वपूर्ण बिंदु

1. एक ही कार्यालय में डाक का प्रेषण तथा आवक अंतर्कार्यालयीय रजिस्टर में तथा दो या अधिक मंत्रालय/विभाग/कार्यालय में प्रेषित की जानेवाली अथवा आनेवाली डाक को अंतर्कार्यालयीय रजिस्टर में अंकित किया जाना चाहिए।
2. अधिकारी के नाम से संबोधित डाक गोपनीय प्रकृति की हो सकती है, अतः इसे मात्र अधिकारी के समक्ष ही प्रस्तुत किया जाना चाहिए। अधिकारी के पदनाम से संबोधित डाक को निर्धारित प्रक्रिया से निस्तारित किया जाना चाहिए।
3. वे डाक जिन पर गोपनीय शब्द का उल्लेख हो, उसे विशेष वर्गीकृत डाक के रूप में जाना जाता है। इस प्रकार की डाक को केंद्रीय रजिस्ट्री में खोला नहीं जाता है, बल्कि संबोधित अधिकारी को सीधे प्रेषित किया जाता है।
4. डाक सामान्यतः पाँच प्रकार से विभाजित की जाती हैं। तत्काल (Immediate), सर्वोच्च प्राथमिकता (Top Priority), अति आवश्यक (Urgent), नियत तिथि (Fixed Date), समयबद्ध (Time Limit) डाक के प्रकार हैं। डाक का निस्तारण वर्ग विशेष के आधार पर किया जाना चाहिए।
5. डाक को कार्यालय की समयावधि में ही प्राप्त किया जाता है। समयावधि के अतिरिक्त अन्य मामलों में कर्तव्य पर उपस्थित कर्मचारी द्वारा डाक प्राप्त किया जा सकता है।
6. ई–मेल द्वारा प्राप्त डाक संबंधित कर्मचारियों द्वारा डाउनलोड कर संबोधित अधिकारी को प्रेषित की जाती है।
7. डाक प्राप्तकर्ता कर्मचारी प्राप्त डाक पर अपना नाम, पदनाम, हस्ताक्षर करेगा तथा दिनांक के साथ प्राप्ति प्रदान करेगा। ई–ऑफिस में पावती स्वतः उत्पन्न होगी।

8. गोपनीय अथवा नाम से संबोधित डाक को छोड़कर अन्य सभी डाक मुख्य लिपिक/कार्यालय अधीक्षक/सेंट्रल रजिस्ट्री द्वारा खोले जाएँगे।
9. प्राप्त डाक को डाक के समय आधारित विभाजन के अतिरिक्त अदालती सम्मन, पावतियाँ, रसीदें, अभिस्वीकृतियाँ, मूल्यवान प्रपत्र आदि में विभाजित किया जाता है।
10. वितरण सहायक अथवा लिपिक प्रत्येक अनुभाग के लिए डाक पृथक् कर वितरित करेगा तथा पावती प्राप्त करेगा। तत्काल डाक पृथक् होते ही वितरित की जाएगी तथा अन्य डाक निर्धारित समय पर वितरित की जाएगी।
11. अनुभाग का निर्धारित कर्मचारी डाक को डायरी में अंकित करेगा। इसके पश्चात् डाक का निस्तारण किया जाएगा।

डाक तथा फाइल पर कार्रवाई

सहायक प्राप्त पत्रादि का प्रारंभिक परीक्षण और नोटिंग का कार्य करता है। उसके द्वारा की गई नोटिंग पर फाइल पर कार्रवाई प्रारंभ होती है। वह आवंटित कार्य से संबंधित समस्त फाइलों का संरक्षक तथा उत्तरदायी होता है। इसके पश्चात् सहायक अधिकारी के समक्ष डाक तथा संबंधित फाइल को प्रस्तुत करेगा। अधिकारी प्राप्त प्रपत्रों को पढ़कर निर्देश देंगे तथा हस्ताक्षर करेंगे।

अभ्यास कार्य

प्रायोगिक परीक्षा

1. शिक्षक के साथ कार्यालयों में जाकर कार्यालय की कार्यविधि का ज्ञान प्राप्त करिए तथा संक्षिप्त प्रतिवेदन जमा करिए।
2. कंप्यूटर टंकण का कार्यसाधक ज्ञान प्राप्त कीजिए।
3. हिंदी में पीपीटी निर्माण कीजिए।
4. हिंदी में पोस्टर का निर्माण कीजिए।

लघु एवं दीर्घ उत्तरीय प्रश्न

1. कार्यालयीय हिंदी की संवैधानिक स्थिति स्पष्ट कीजिए।
2. कार्यालयीय हिंदी की परिभाषा देते हुए इसकी विशेषताओं पर प्रकाश डालिए।
3. राजभाषा अधिनियम के प्रावधानों पर चर्चा कीजिए।
4. राजभाषा संकल्प पर संक्षिप्त टिप्पणी लिखिए।
5. राजभाषा अधिनियम, 1963 पर संक्षिप्त टिप्पणी लिखिए।
6. राजभाषा अधिनियम, 1976 पर संक्षिप्त टिप्पणी लिखिए।
7. हिंदी का कार्यसाधक ज्ञान पर संक्षिप्त टिप्पणी लिखिए।
8. हिंदी में प्रवीणता पर संक्षिप्त टिप्पणी लिखिए।

परियोजना कार्य

1. हिंदी के संवैधानिक प्रावधानों पर परियोजना कार्य जमा कीजिए।
2. हिंदी की वैधानिक स्थिति पर परियोजना कार्य जमा कीजिए

दक्षता परीक्षण

1. उपर्युक्त विषयों में से किसी एक विषय पर पॉवर पॉइंट प्रस्तुतीकरण दीजिए।

वस्तुनिष्ठ प्रश्न

1. 'भाषा उच्चारण अवयवों से उच्चरित अध्ययन विश्लेषणीय यादृच्छिक ध्वनि प्रतीकों की व्यवस्था है।' यह कथन किस विद्वान् का है?
   (क) डॉ. भोलानाथ तिवारी (ख) डॉ. हरदेव बाहरी
   (ग) डॉ. द्वारिका प्रसाद सक्सेना (घ) मैक्स मूलर
2. शिशु को अपनी माँ से कौन सी भाषा सीखने का अवसर मिलता है?
   (क) राजभाषा (ख) राष्ट्रभाषा
   (ग) मातृभाषा (घ) इनमें से कोई नहीं
3. राष्ट्र की सांस्कृतिक अस्मिता एवं बहुसंख्यक जनता द्वारा बोली जानेवाली भाषा, भाषा का कौन सा रूप है?
   (क) राजभाषा (ख) राष्ट्रभाषा
   (ग) संपर्क भाषा (घ) मातृभाषा
4. निम्नांकित में से राजभाषा के संबंध में सत्य है —
   (क) शासन द्वारा स्वीकृत भाषा
   (ख) संविधान अथवा विधायिका द्वारा शासकीय कार्यों हेतु स्वीकृत भाषा
   (ग) दोनों सत्य हैं
   (घ) दोनों असत्य हैं
5. भारतीय संविधान में राजभाषा हेतु निम्नांकित में से किस शब्द का प्रयोग हुआ है?
   (क) स्टेट लैंग्वेज (ख) नेशनल लैंग्वेज
   (ग) ऑफिशियल लैंग्वेज (घ) ऑथराइज्ड लैंग्वेज
6. 'वह भाषा, जो सरकारी कामकाज तथा न्यायालयों के लिए स्वीकृत हो।" कार्यालयीय हिंदी की उपर्युक्त परिभाषा किस विद्वान् द्वारा दी गई?
   (क) डॉ. श्यामसुंदर दास (ख) डॉ. भोलानाथ तिवारी
   (ग) डॉ. प.प. अंडाल (घ) इनमें से कोई नहीं
7. 'वह भाषा, जो एक देश से दूसरे देश के राजनयिक पत्र-व्यवहार या बातचीत में होती हो। यह भाषा अत्यंत शिष्ट और औपचारिक होती है।' कार्यालयीय हिंदी की उपर्युक्त परिभाषा किस विद्वान् ने दी है?
   (क) डॉ. प.प. अंडाल (ख) डॉ. श्यामसुंदर दास
   (ग) डॉ. भोलानाथ तिवारी (घ) डॉ. हरदेव बाहरी

8. निम्नांकित में कार्यालयीय हिंदी की विशेषता है—
   (क) वैज्ञानिकता (ख) अनुप्रयुक्तता
   (ग) भाषिक विशिष्टता (घ) उपर्युक्त सभी
9. भारतीय संविधान में हिंदी को निम्नांकित में से कौन सा स्तर प्रदान किया गया है?
   (क) राष्ट्रभाषा (ख) राजभाषा
   (ग) मानक भाषा (घ) संपर्क भाषा
10. कार्यालयीय हिंदी का संबंध है।
   (क) सरकारी क्षेत्र से (ख) अर्द्धसरकारी क्षेत्र से
   (ग) गैर-सरकारी कार्यालयों से (घ) उपर्युक्त सभी
11. संसद में हिंदी प्रयोग किए जाने का प्रावधान किस अनुच्छेद के अंतर्गत है?
   (क) अनुच्छेद 120 (ख) अनुच्छेद 210
   (ग) अनुच्छेद 343 (घ) अनुच्छेद 220
12. भारतीय संघ की राजभाषा कौन सी है?
   (क) हिंदी (ख) अंग्रेजी
   (ग) संस्कृत (घ) इनमें से कोई नहीं
13. भारतीय संविधान के अनुसार हिंदी की अधिकृत लिपि है।
   (क) ब्राह्मी (ख) खरोष्ठी
   (ग) देवनागरी (घ) गुरुमुखी
14. भारतीय संविधान में हिंदी को राजभाषा की मान्यता किस अनुच्छेद में दी गई—
   (क) अनुच्छेद 343 (ख) अनुच्छेद 351
   (ग) अनुच्छेद 346 (घ) इनमें से कोई नहीं
15. राजभाषा के संबंध में आयोग गठित करने की शक्ति किसके पास है?
   (क) राष्ट्रपति (ख) प्रधानमंत्री
   (ग) संसद (घ) मंत्रिपरिषद
16. राज्य की राजभाषा को मान्यता देने का प्रावधान किस अनुच्छेद के अंतर्गत है।
   (क) अनुच्छेद 346 (ख) अनुच्छेद 345
   (ग) अनुच्छेद 347 (घ) अनुच्छेद 349
17. राजभाषा अधिनियम का संसद द्वारा अधिनियमन कब हुआ?
   (क) 1963 (ख) 1965
   (ग) 1967 (घ) 1971

18. राजभाषा संकल्प किसके द्वारा पारित किया गया था—

(क) संसद (ख) लोकसभा

(ग) राज्यसभा (घ) संविधान सभा

19. संसद द्वारा राजभाषा संकल्प कब पारित किया गया—

(क) 1963 (ख) 1968

(ग) 1973 (घ) इनमें से कोई नहीं

20. हिंदी भाषा के प्रसार और प्रचार का उत्तरदायित्व भारतीय संविधान ने किसे प्रदान किया है।

(क) संसद (ख) राज्य

(ग) संघ (घ) राज्य शासन

21. किसी कर्मचारी को हिंदी का कार्यसाधक ज्ञान है, यह स्वीकार किया जाता है यदि वह—

(क) कम-से-कम मैट्रिक परीक्षा उत्तीर्ण हो

(ख) कम-से-कम इंटरमीडियट परीक्षा उत्तीर्ण हो

(ग) कम-से-कम स्नातक परीक्षा उत्तीर्ण हो

(घ) इनमें से कोई नहीं

22. किसी कर्मचारी को हिंदी में प्रवीणता प्राप्त है, यदि वह—

(क) हिंदी माध्यम से स्नातक हो

(ख) हिंदी विषय के साथ परास्नातक हो

(ग) हिंदी विषय के साथ स्नातक हो

(घ) हिंदी विषय के साथ शोध-उपाधि धारक हो

23. किसी कार्यालय के कितने प्रतिशत कर्मचारी हिंदी का कार्यसाधक ज्ञान की पात्रता रखने लगते हैं तो कार्यालय हिंदी में कामकाज को बढ़ावा देता है—

(क) 90 प्रतिशत (ख) 80 प्रतिशत

(ग) 70 प्रतिशत (घ) 60 प्रतिशत

24. निम्नांकित से सामान्य हिंदी की विशेषता नहीं है—

(क) इसका भाषिक स्वरूप गतिशील होता है

(ख) भाषा के मानकस्वरूप के प्रति आग्रह होता है

(ग) मातृभाषा सामान्य हिंदी का प्रारंभिक स्वरूप है

(घ) इसके ज्ञान के लिए औपचारिक शिक्षा की आवश्यकता नहीं है

25. निम्नांकित में से असत्य है—
   (क) कार्यालयीय हिंदी तथा सामान्य हिंदी का व्याकरण समान होता है
   (ख) सामान्य हिंदी का मौखिक रूप व्याकरण सम्मत नहीं होता है
   (ग) सामान्य हिंदी का लिखित रूप व्याकरण सम्मत होता है
   (घ) इनमें से कोई नहीं
26. सामान्य हिंदी तथा कार्यालयीय हिंदी में भिन्नता है—
   (क) सामान्य हिंदी के प्रयोगकर्ता शिक्षित तथा अशिक्षित दोनों होते हैं, जबकि कार्यालयीय हिंदी के शिक्षित
   (ख) सामान्य हिंदी अनौपचारिक पत्रों तथा कार्यालयीय हिंदी औपचारिक पत्रों में प्रयोग होती है
   (ग) सामान्य हिंदी संपर्क भाषा के रूप में प्रयोग होती है, जबकि कार्यालयीय हिंदी नहीं
   (घ) उपर्युक्त सभी
27. कार्यालयीय हिंदी के विषय में सत्य है—
   (क) पारिभाषिक शब्दावली का अधिक प्रयोग
   (ख) कर्म वाच्य का अधिक प्रयोग
   (ग) शासन की कार्यप्रणाली का प्रयोग
   (घ) उपर्युक्त सभी
28. निम्नांकित में कार्यालयीय हिंदी के समक्ष बाधा नहीं है—
   (क) क्लिष्ट पारिभाषिक शब्दावली
   (ख) अनुवाद की उपयुक्तता
   (ग) नवीन पारिभाषिक शब्दावली का निर्माण
   (घ) मानक स्वरूप का अभाव
29. फाइलीकरण के विषय में सत्य है—
   (क) फाइल की संख्या निर्धारित करना आवश्यक है
   (ख) फाइलों में प्रपत्रों की संख्या समान रखनी चाहिए
   (ग) प्रपत्रों को क्रमबद्ध रखना चाहिए
   (घ) उपर्युक्त सभी
30. बंद फाइल से तात्पर्य है—
   (क) फाइल पर कार्रवाई नहीं होगी
   (ख) फाइल पर कार्रवाई पूर्ण हो चुकी है
   (ग) फाइल अधिकारी के पास रुकी हुई है
   (घ) फाइल प्रारंभ होने जा रही है

31. चालू फाइल (Current File) से तात्पर्य है—
(क) फाइल अधिकारी के पास कार्रवाई हेतु नहीं गई है
(ख) फाइल पर कार्रवाई पूर्ण हो चुकी है
(ग) फाइल पर कार्रवाई प्रक्रियाधीन है
(घ) इनमें से कोई नहीं

32. खंड फाइल (Part File) की आवश्यकता होती है—
(क) फाइल में अधिक प्रपत्र प्रयत्न हो जाने पर
(ख) मुख्य अधिकारी के पास होने पर
(ग) फाइल पर प्रक्रिया पूर्ण हो जाने पर
(घ) फाइल पर कार्रवाई प्रारंभ करने हेतु

33. निम्नांकित में से किस डाक को अधिकारी के समक्ष ही खोला जाना अनिवार्य नहीं है—
(क) अधिकारी के नाम से प्राप्त (ख) गोपनीय
(ग) अधिकारी के पदनाम से प्राप्त (घ) केवल ख

34. प्राप्त डाक पर कार्रवाई से पूर्व क्या करना आवश्यक है?
(क) डायरी में अंकित करना
(ख) पावती प्राप्त करना
(ग) अधिकारी का मंतव्य जानना
(घ) इनमें से कोई नहीं।

35. निम्नांकित में से डाक विभाजन का आधार है।
(क) तत्काल (ख) सर्वोच्च प्राथमिकता
(ग) नियत तिथि (घ) उपर्युक्त सभी

36. निम्नांकित में से कार्यालयीय पत्राचार का अंश नहीं है।
(क) टेलेक्स (ख) फैक्स
(ग) ई-मेल (घ) व्हाट्सअप

37. फाइलों में प्रपत्र को किस आधार पर क्रमबद्ध किया जाता है?
(क) आवश्यकता (ख) उपयोगिता
(ग) दिनांक (घ) उपर्युक्त सभी

38. उच्चतम न्यायालय तथा उच्च न्यायालयों की भाषा के संबंध में भारतीय संविधान के किस अनुच्छेद में प्रावधान किया गया है?
(क) अनुच्छेद 348 (ख) अनुच्छेद 349
(ग) अनुच्छेद 350 (घ) अनुच्छेद 351

39. भारतीय संविधान की किस अनुसूची में भाषाओं की सूची प्रदान की गई है?
(क) सातवीं (ख) आठवीं
(ग) दसवीं (घ) बारहवीं

40. भारतीय संविधान की अनुसूची में कितनी भाषाओं को सम्मिलित किया गया है।
(क) 20 (ख) 21
(ग) 22 (घ) 18

41. निम्नांकित में सुमेलित है—
(क) राजभाषा अधिनियम–1963
(ख) राजभाषा नियम–1976
(ग) राजभाषा संकल्प–1968
(घ) उपर्युक्त सभी।

42. राजभाषा नियम के अनुसार केंद्रीय सरकार के रजिस्टर के प्रारूप और शीर्षक किस भाषा में होते हैं?
(क) हिंदी (ख) अंग्रेजी
(ग) 'क' तथा 'ख' (घ) मात्र 'क' सत्य है

43. निम्नांकित में सुमेलित नहीं है—
(क) संसद में प्रयोग की जानेवाली भाषा, अनुच्छेद 120
(ख) विधानमंडल में प्रयोग की जानेवाली भाषा, अनुच्छेद 210
(ग) संघ की राजभाषा, अनुच्छेद 343
(घ) राजभाषा के संबंध में आयोग, अनुच्छेद 349

44. राजभाषा की संसदीय समिति में कितने सदस्यों का प्रावधान है?
(क) 15 (ख) 20
(ग) 25 (घ) 30

45. किसी राज्य की जनसंख्या के किसी भाग द्वारा बोली जानेवाली भाषा के संबंध में विशेष प्रावधान हेतु किसका सहमत होना आवश्यक है—
(क) राज्य विधानमंडल (ख) राष्ट्रपति
(ग) संसद (घ) राज्यपाल

46. निम्नांकित में से किस भाषा का प्रयोग साहित्य रचना हेतु किया जाता है?
(क) सृजनात्मक भाषा (ख) संचार भाषा
(ग) संपर्क भाषा (घ) माध्यम भाषा

47. कार्यालयीय हिंदी में वैज्ञानिकता से तात्पर्य है—
(क) तार्किकता से युक्त विशिष्ट ज्ञान पर आधारित प्रवृत्ति
(ख) विज्ञान के गुणों पर आधारित भाषा
(ग) भाषा विज्ञान के द्वारा अनुमोदित भाषा
(घ) उपर्युक्त सभी

48. कार्यालयीय हिंदी में अनुप्रयुक्तता से तात्पर्य है—
(क) कार्यालय के कामकाज के लिए अनुपयोगी
(ख) कार्यालयी कामकाज हेतु विशिष्ट रूप से निर्मित
(ग) प्रयोज्यता के अनुकूल न होना
(घ) इनमें से कोई नहीं

49. कार्यालयीय हिंदी की भाषिक विशिष्टता में सम्मिलित है—
(क) स्पष्टता (ख) वाच्यार्थ प्रधान
(ग) सार्थक (घ) उपर्युक्त सभी

50. कार्यालयीय हिंदी की विशेषता नहीं है।
(क) सामाजिकता (ख) साहित्यिकता
(ग) वस्तुनिष्ठता (घ) अनुप्रयुक्तता

उत्तरमाला

1. (क), 2. (ग), 3. (ख), 4. (ग), 5. (ग), 6. (क), 7. (ग), 8. (घ), 9. (ख), 10. (घ), 11. (क), 12. (क), 13. (ग), 14. (क), 15. (क), 16. (ख), 17. (क), 18. (क), 19. (ख), 20. (ग), 21. (क), 22. (ग), 23. (ख), 24. (ख), 25. (घ), 26. (घ), 27. (घ), 28. (घ), 29. (घ), 30. (ख), 31. (ग), 32. (ख), 33. (ग), 34. (क), 35. (घ), 36. (घ), 37. (घ), 38. (क), 39. (ख), 40. (ग), 41. (घ), 42. (ग), 43. (घ), 44. (घ), 45. (ख), 46. (क), 47. (क), 48. (ख), 49. (घ), 50. (ख)।

□

इकाई-2

कार्यालयीय हिंदी में प्रयुक्त पारिभाषिक शब्दावली

जब कोई शब्द विशेष संदर्भ में या विशेष ज्ञान शाखा में किसी एक विशेष अर्थ के लिए रूढ़ हो जाता है, तब इस विशेष अर्थ का शब्दकोश ही पारिभाषिक शब्दावली कहलाता है। पारिभाषिक शब्द 'परिभाषा' और 'शब्द' का यौगिक रूप है। किसी शब्द के विशेष अर्थ को किसी विषय-वस्तु के संदर्भ में परिसीमित करने का कार्य परिभाषा करती है। परिभाषा उस शब्द को विषय विशेष के संदर्भ में एक विशिष्ट तथा निश्चित अर्थ प्रदान करती है, जिससे उसके अर्थ को ग्रहण करने में किसी प्रकार के भ्रम की संभावना न रहे। वृहत् हिंदी कोश के अनुसार पारिभाषिक शब्दावली का अर्थ है—(1) विशिष्ट अर्थ में प्रयुक्त होनेवाले शब्दों की सूची, (2) वि.सं. सर्वसामान्य जिसका प्रयोग किसी विशिष्ट अर्थ में किया जाए, जो कोई विशिष्ट अर्थ सूचित करे। फादर कामिल बुल्के अपने 'अंग्रेजी-हिंदी कोश' में पारिभाषिक शब्द के अर्थ को इस प्रकार व्यक्त करते हैं कि (क) तकनीकी, प्राविधिक, (ख) यांत्रिक, (ग) पारिभाषिक, (घ) शास्त्रीय तथा (ङ) कानूनी विधि का।

भाषाशास्त्री डॉ. भोलानाथ तिवारी के अनुसार अर्थ के स्तर पर पारिभाषिक शब्दों के संबंध में यह भी उल्लेख्य है कि प्राय: अधिकांश पारिभाषिक शब्द अर्थ-संकोच से बनते हैं। इसका कारण यह है कि अधिकांश पारिभाषिक शब्दों का मूलत: विस्तृत अर्थ होता है। वे पारिभाषिक शब्दों को इस प्रकार परिभाषित करते हैं कि पारिभाषिक शब्द ऐसे शब्द बन जाते हैं, जो सामान्य व्यवहार की भाषा के शब्द न होकर ज्ञान के विभिन्न क्षेत्रों, जैसे—रसायन विज्ञान, भौतिक विज्ञान, वनस्पति विज्ञान, प्राणि विज्ञान, समाजशास्त्र, दर्शनशास्त्र, अलंकारशास्त्र, गणित, मनोविज्ञान, तर्कशास्त्र, अर्थशास्त्र, राजनीतिशास्त्र आदि के होते हैं तथा विशिष्ट ज्ञान, विज्ञान या शास्त्र में जिनकी अर्थ सीमा परिभाषित या निश्चित रहती है।

डॉ. देवेंद्र नाथ शर्मा के अनुसार पारिभाषिक शब्दावली ही वह कच्चा माल है, जिससे कुछ भी बनाया जा सकता है। शिक्षा में, शासन में, विधि में, चाहे कहीं भी हिंदी का प्रयोग करना है तो उपर्युक्त शब्दावली होनी चाहिए और इसके अभाव में न तो कार्यालयों में कार्य हो सकता है, न विश्वविद्यालयों में शिक्षा दी जा सकती है और न न्यायालयों में न्याय की व्यवस्था संभव है।

इस प्रकार यह कहा जा सकता है कि पारिभाषिक शब्द निम्नांकित विशेषताओं से युक्त होते हैं—

(1) शब्द का अर्थ सुनिश्चित होना अनिवार्य है।

(2) शब्द के अर्थ का व्यापक स्वरूप होना अनिवार्य है।

(3) एक अर्थ हेतु एक ही शब्द होना अनिवार्य है।

(4) शब्द का संक्षिप्तता से युक्त होना अनिवार्य है।

(5) शब्द का व्याख्यात्मक रूप में न होकर मूल अर्थ में होना अनिवार्य है।

(6) शब्द का विषय के साथ संबद्ध होना अनिवार्य है।

(7) शब्द विकारी स्वभाव के न हों, जिससे अन्य शब्दों का निर्माण संभव हो सके।

(8) समान श्रेणी तथा वर्ग के पारिभाषिक शब्दों में एकरूपता होना अनिवार्य है।

भारत के स्वतंत्र होते ही भारतीय संविधान के द्वारा हिंदी को राजभाषा के रूप में मान्यता प्रदान कर दी गई थी, अतः हिंदी की पारिभाषिक शब्दावली के प्रयोग की सीमा, दैनिक उपयोगिता, अध्ययन-अध्यापन, विचार विनिमय हेतु निरंतर बढ़ने लगी। यहाँ यह उल्लेखनीय है कि हिंदी की पारिभाषिक शब्दावली के निर्माण हेतु प्रयास स्वतंत्रता के पूर्व से ही गतिशील थे। हिंदी की पारिभाषिक शब्दावली के निर्माण में निम्नांकित प्रयास विशेष रूप से उल्लेखनीय हैं—

(1) सर्वप्रथम छत्रपति शिवाजी की प्रेरणा से रघुनाथ पंत ने सन् 1707 ई. में 1500 शब्दों की पारिभाषिक शब्दावली 'राजकोश' नाम से निर्मित की।

(2) सन् 1859 ई. में राजा शिवप्रसाद सिंह ने अत्यधिक श्रम से हिंदी तथा उर्दू के लिए विद्यांकुर तथा 'हकाइकुल मौजूदात' नामक पारिभाषिक शब्दावली का निर्माण किया।

(3) सन् 1867 ई. में लल्लूलाल ने 3500 से ऊपर हिंदी शब्दों की सूची बनाई तथा उन्हें फारसी एवं अंग्रेजी प्रतिरूप भी दिया, किंतु भाषाशास्त्री डॉ. भोलानाथ तिवारी इसे पारिभषिक शब्दकोश स्वीकार नहीं करते हैं।

(4) सन् 1871 ई. में तत्कालीन बंगाल सरकार ने एक समिति नियुक्त की, जिसका कार्य यूरोपीय विधि संहिताओं तथा वैज्ञानिक विषयों की शब्दावली को भारतीय भाषाओं में रूपांतरित करना था।

(5) सन् 1887 ई. में राजेंद्र लाल ने A Scheme for the rendering of European Scientific terminology into the vernaculars of india नाम से पारिभाषिक शब्दावली निर्माण का कार्य किया। इस शब्दकोश में विस्तार से शब्दों का विवेचन तथा विश्लेषण किया गया।

(6) सन् 1879 ई. में अंग्रेज विद्वान् तथा हिंदी के पैरोकार मिस्टर फैलन ने एक महत्त्वपूर्ण पारिभाषिक शब्द-संग्रह प्रस्तुत किया। इस संग्रह में गणित, भौतिकी, विद्युत्, वनस्पति विज्ञान तथा ज्योतिष से संबंधित पारिभाषिक शब्द थे।

(7) सन् 1898 ई. में नागरी प्रचारिणी सभा, काशी में सुधाकर द्विवेदी, डॉ. श्याम सुंदर दास, गंगानाथ झा, लाला खुशीराम, बाबू भगवती सहाय, विनायक राव, आचार्य महावीरप्रसाद द्विवेदी आदि के सहयोग से अंग्रेजी पारिभाषिक शब्दों के पर्याय बनाने का कार्य संपन्न किया गया।

(8) सन् 1901 ई. में विभिन्न प्रदेशों के विद्वानों के सहयोग से हिंदी साइंटिफिक ग्लॉसरी (Hindi scientific glossary) नामक महत्त्वपूर्ण 'पारिभाषिक कोश' का निर्माण हुआ।

(9) सन् 1946 ई. में राहुल सांकृत्यायन के प्रधान संपादकत्व में हिंदी साहित्य सम्मेलन, प्रयाग द्वारा प्रशासनिक, संसदीय और विधि संबंधी तकनीकी शब्दों का एक पारिभाषिक शब्दकोश निर्मित किया गया।

शासकीय स्तर पर सन् 1940 ई. के आसपास पारिभाषिक शब्दावली के निर्माण का प्रयास प्रारंभ हुआ। केंद्रीय शिक्षा सलाहकार समिति ने तकनीकी एवं वैज्ञानिक शब्दावली को भारतीय, अर्थात् हिंदी वैज्ञानिक शब्दावली में सम्मिलित करने का सुझाव दिया। इसी प्रकार सन् 1948 ई. में अखिल भारतीय शिक्षा परिषद् ने दो महत्त्वपूर्ण निर्णय लिए—प्रथम, अंतरराष्ट्रीय क्षेत्र में प्रयुक्त होनेवाले शब्दों को भारतीय शब्दावली में ग्रहण किया जाए तथा शेष शब्दों हेतु भारतीय भाषाओं के शब्दों का निर्माण किया जाए; द्वितीय, समस्त आधुनिक भारतीय भाषाओं की वैज्ञानिक शब्दावली का कोश बनाने हेतु केंद्र सरकार एक बोर्ड का गठन करे। कमोबेश यही सुझाव डॉ. राधाकृष्णन की अध्यक्षता वाले विश्वविद्यालय अनुदान आयोग ने भी दिए थे।

संविधान के अनुच्छेद 351 में संघ को राजभाषा के प्रचार एवं प्रसार का दायित्व प्रदान किया गया है। तदनुरूप सन् 1950 ई. में शब्दावली निर्माण कार्यक्रम को सही दिशा देने के लिए शिक्षा सलाहकार की अध्यक्षता में वैज्ञानिक शब्दावली बोर्ड का गठन किया गया। इस कार्य के महत्त्व को देखते हुए भारत सरकार ने 01 अक्तूबर, 1961 को डॉ. डी.एस. कोठारी की अध्यक्षता में वैज्ञानिक एवं तकनीकी शब्दावली आयोग की

स्थापना की। यद्यपि 1950 से ही विभिन्न विषयों की तकनीकी शब्दावली का निर्माण प्रारंभ हो गया था, किंतु उस समय यह कार्य शिक्षा मंत्रालय के हिंदी एकक द्वारा किया जा रहा था। सन् 1962 में इन सभी शब्दों को एकक द्वारा 'पारिभाषिक शब्द-संग्रह' के नाम से पहली बार प्रकाशित किया गया। इसमें लगभग 9000 शब्द थे। आज वैज्ञानिक एवं तकनीकी शब्दावली आयोग बृहत् पारिभाषिक शब्द-संग्रह विज्ञान, बृहत् पारिभाषिक शब्द-संग्रह मानविकी, इंजीनियरी शब्दावली, आयुर्विज्ञान शब्दावली आदि का निर्माण एवं प्रकाशन कर चुका है।

पारिभाषिक शब्दावली निर्माण के सिद्धांत

सन् 1961 में वैज्ञानिक एवं तकनीकी शब्दावली आयोग के महत्त्वपूर्ण कार्यों में से एक था—भारतीय भाषाओं में वैज्ञानिक और तकनीकी शब्दावली के समन्वय तथा निर्माण से संबंधित सिद्धांतों का निर्धारण। शब्दावली निर्माण हेतु वैज्ञानिक एवं तकनीकी शब्दावली आयोग द्वारा निर्धारित सिद्धांत इस प्रकार हैं—

(1) जहाँ तक संभव हो, अंतरराष्ट्रीय शब्दों को उनके प्रचलित अंग्रेजी रूपों में ही स्वीकार किया जाना चाहिए और अन्य भाषाओं की प्रकृति के अनुसार ही उनका लिप्यंतरण करना चाहिए। अंतरराष्ट्रीय शब्दावली के अंतर्गत निम्नांकित उदाहरण दृष्टव्य हैं—

(क) तत्त्वों और यौगिकों के नाम, यथा—हाइड्रोजन, ऑक्सीजन, क्लोरोफॉर्म आदि।

(ख) तौल तथा माप की इकाइयाँ तथा भौतिक परिमाण की इकाइयाँ, यथा—जूल, कैलोरी, ग्राम आदि।

(ग) ऐसे शब्द, जो व्यक्तियों के नाम पर बनाए गए हैं, यथा—ब्रेल लिपि (लुई ब्रेल), रमन प्रभाव (डॉ. सी.वी. रमन), गिलोटीन (डॉ. गिलोटीन) आदि।

(घ) वनस्पति विज्ञान, प्राणि विज्ञान, भूविज्ञान, भौतिक विज्ञान, रसायन विज्ञान आदि की द्विपदी नामावली।

(ङ) नियतांक अथवा स्थिरांक, यथा—पाई, जी आदि।

(च) ऐसे अन्य शब्द, जो सामान्य रूप से समस्त विश्व में एक ही स्वरूप में प्रयोग हो रहे हैं, यथा—रेडियो, पेट्रोल, राडार, इलेक्ट्रॉन आदि।

(छ) गणित तथा विज्ञान की अन्य शाखाओं के संख्यांक, सूत्र, श्लोक और चिह्न, यथा—साइन, लॉग, टैन, कॉस, थीटा, अल्फा आदि। गणितीय संक्रिया में प्रयुक्त अक्षर रोमन अथवा ग्रीक वर्णमाला में होने चाहिए।

(2) प्रतीक रोमन लिपि में तथा अंतरराष्ट्रीय रूप में ही रखे जाएँगे, परंतु संक्षिप्त रूप नागरी और मानक रूपों में भी, विशेषत: साधारण तौल तथा माप में लिखे जा सकते हैं, यथा—किलोग्राम का प्रतीक kg अंग्रेजी में इसी स्वरूप में प्रयुक्त होगा, परंतु नागरी में संक्षिप्त रूप कि.ग्रा. हो सकता है।

(3) ज्यामितीय आकृतियों में भारतीय लिपियों के अक्षर प्रयुक्त किए जा सकते हैं, यथा—क,ख,ग अथवा अ,ब,स, परंतु त्रिकोण वित्तीय संबंधों में केवल रोमन और ग्रीक अक्षर प्रयुक्त करने चाहिए, यथा—टैन A, कॉट B आदि।

(4) संकल्पनाओं को व्यक्त करनेवाले शब्दों का सामान्यत: अनुवाद किया जाना चाहिए, जैसे—Valency का संयोजकता आदि।

(5) हिंदी पर्यायों का चुनाव करते समय सरलता, अर्थ की परिशुद्धता और सुबोधता का विशेष ध्यान रखना चाहिए। सुधार विरोधी प्रवृत्तियों से बचना चाहिए।

(6) सभी भारतीय भाषाओं के शब्दों में यथासंभव आधिकारिक एकरूपता प्राप्त करना ही इसका उद्देश्य होना चाहिए और इसके लिए वे शब्द प्रयोग किए जाने चाहिए, जो अधिक-से-अधिक प्रादेशिक भाषाओं में प्रयुक्त होते हैं तथा संस्कृत धातुओं पर आधारित हैं।

(7) ऐसे देशी शब्द, जो सामान्य प्रयोग के पारिभाषिक शब्दों के स्थान पर हमारी भाषाओं में प्रचलित हो गए हैं, यथा—Telegraph/Telegram हेतु तार, Continent हेतु महाद्वीप, Post हेतु डाक, Hospital हेतु अस्पताल आदि इसी रूप में प्रयोग किए जा रहे हैं।

(8) अंग्रेजी, पुर्तगाली, फ्रेंच, स्पेनिश आदि भाषाओं हेतु ऐसे विदेशी शब्द, जो भारतीय भाषाओं में प्रचलित हो गए हैं, यथा—फिल्म, रेस्तराँ, प्रेस, ब्यूरो, पेंशन, बस, टिकट आदि इसी रूप के शब्दों में अपनाए जाने चाहिए।

(9) अंग्रेजी शब्दों का लिप्यंतरण इतना जटिल नहीं होना चाहिए कि उनके प्रयोग हेतु देवनागरी लिपि में वर्णों में नवीन चिह्न तथा प्रतीक सम्मिलित करने की आवश्यकता पड़े। शब्दों का देवनागरी लिपि में लिप्यंतरण अंग्रेजी उच्चारण के अनुरूप होना चाहिए और उनमें ऐसे परिवर्तन किए जाएँ, जो भारत के शिक्षित वर्ग में प्रचलित हों।

(10) हिंदी में अपनाए गए अंतरराष्ट्रीय शब्दों को, अन्यथा कारण न होने पर, पुल्लिंग रूप में ही प्रयुक्त करना चाहिए।

(11) पारिभाषिक शब्दावली में संकर शब्द यथा Classical के हेतु क्लासिकी आदि के रूप में सामान्य और प्राकृतिक भाषा शास्त्रीय प्रक्रिया के

अनुसार बनाए गए हैं और ऐसे शब्द रूपों को पारिभाषिक शब्दावली की आवश्यकताओं, यथा सुबोधता, सरलता, संक्षिप्तता तथा उपयोगिता को ध्यान में रखते हुए व्यवहार में लाना चाहिए।

(12) क्लिष्ट संधियों तथा सामासिक पदावली का प्रयोग कम-से-कम करना चाहिए तथा संयुक्त शब्दों के मध्य हाइफन (-) संयोजक चिह्न का प्रयोग करना चाहिए। इससे नवीन शब्द रचनाओं को सरलता तथा शीघ्रता से समझने में सहायता मिलेगी, जहाँ तक संस्कृत पर आधारित आदिवृद्धि का संबंध है, व्यावहारिक, लाक्षणिक आदि प्रचलित संस्कृत तत्सम शब्दों में आदिवृद्धि का प्रयोग ही अपेक्षित है, परंतु नवनिर्मित शब्दों में इससे बचा जा सकता है।

(13) नए अपनाए हुए शब्दों में आवश्यकतानुसार तथा व्याकरण-सम्मतता को ध्यान में रखते हुए हलंत का प्रयोग करके उन्हें शुद्ध रूप में लिखना चाहिए।

(14) पंचम वर्ण के स्थान पर अनुस्वार का प्रयोग करना चाहिए, परंतु Lens, Patent आदि शब्दों का लिप्यंतरण लेंस तथा पेटेंट ही करना चाहिए।

पारिभाषिक शब्दावली का वर्गीकरण

विभिन्न विद्वानों ने पारिभाषिक शब्दावली का वर्गीकरण भिन्न-भिन्न आधारों पर किया है। इन विद्वानों तथा आधारों का वर्गीकरण इस प्रकार है—

(1) डॉ. राजेंद्र लाल ने अपने ग्रंथ A Scheme for the rendering of european scientific terminology in the vernaculars of india में पारिभाषिक शब्दावली के 06 भेद किए हैं—प्रथम, कभी-कभी पारिभाषिक शब्द के रूप में व्यवहार किए जानेवाले सामान्य शब्द, जैसे—सिर, पेड़, लोहा आदि; द्वितीय, मानविकी और सामाजिक क्षेत्र में प्रयोग होनेवाले वे अर्द्ध-पारिभाषिक शब्द, जिनका प्रयोग कभी सामान्य शब्द के रूप में होता है तो कभी पारिभाषिक रूप में; तृतीय, ऐसे योगरूढ़ शब्द, जिनका अस्तित्व अब नाममात्र के लिए रह गया है। इस प्रकार के शब्द कभी वस्तुओं के गुणों के द्योतक थे, यथा—कुनैन, कार्बन आदि; चतुर्थ, वनस्पति विज्ञान तथा प्राणि विज्ञान में प्रयुक्त होनेवाले द्विपक्षीय नाम, जो अब मात्र इनसे संबंधित वंश तथा जाति का बोध कराते हैं; पंचम, अपना व्युत्पत्तिजनक अर्थ व्यक्त करनेवाले तकनीकी शब्द, यथा—रवाकरण, अंकुरण आदि; षष्ठ, वे शब्द हैं, जिनका मूल संबंध रसायन शास्त्र या रचना विज्ञान से होता है। इन्हें समस्तपदीय शब्द कहा जाता है। यहाँ एक या दोनों शब्द अपना व्युत्पत्तिपरक अर्थ देते हैं, यथा—हाइड्रोक्लोरिक अम्ल आदि।

इसी प्रकार डॉ. भोलानाथ तिवारी अपनी 'अनुवाद विज्ञान' नामक पुस्तक में पारिभाषिक शब्दावली को निम्नांकित पाँच आधारों पर वर्गीकृत करते हैं—

1. इतिहास के आधार पर : तत्सम, तद्भव, देशज तथा विदेशज इस वर्ग के अंतर्गत सम्मिलित हैं।

2. प्रयोग के आधार पर : इस आधार पर तीन भेद हैं—प्रथम, पूर्ण पारिभाषिक, अर्थात् वे शब्द जो केवल पारिभाषिक शब्द के रूप में ही विभिन्न शास्त्रों में प्रयुक्त होते हैं, यथा—भाषा विज्ञान में ध्वनिग्राम, नाट्यशास्त्र में प्रकरी आदि; द्वितीय, अर्द्ध-पारिभाषिक या मध्यस्थ, अर्थात् वे शब्द जो पारिभाषिक शब्दों में भी प्रयुक्त होते हैं तथा सामान्य अर्थों में भी यथा—अक्षर। यह शब्द सामान्य भाषा में लिखित वर्ण के लिए प्रयोग किया जाता है, किंतु भाषाविज्ञान में Syllable के लिए। इसी प्रकार आपत्ति सामान्य शब्द के रूप में बातचीत में आता है तथा पारिभाषिक शब्द के रूप में कानून या विधि में; तृतीय, सामान्य शब्द, अर्थात् वे शब्द जो मूलतः सामान्य भाषा के लिए सामान्य शब्द हैं, किंतु प्रसंगत विशिष्ट पारिभाषिक शब्द का भी अर्थ देते हैं, यथा दाँत एक सामान्य शब्द है, किंतु चिकित्सा शास्त्र में यह पारिभाषिक अर्थ भी दे देता है।

3. सूक्ष्मता-स्थूलता के आधार पर : इस आधार पर पारिभाषिक शब्दों को दो वर्गों में विभाजित किया गया है—प्रथम, संकल्पना बोधक पारिभाषिक शब्द, अर्थात् जो शब्द विभिन्न प्रकार की संकल्पनाओं को व्यक्त करते हैं, यथा—गणित में दशमलव, बिंदु, समीकरण, प्रमेय आदि; द्वितीय, वस्तु बोधक पारिभाषिक शब्द, अर्थात् जो शब्द ठोस वस्तुओं को व्यक्त करते हैं, यथा प्राणिशास्त्र में कोशिका, धमनी, जीवद्रव्य आदि।

4. स्रोत के आधार पर : इस आधार पर पारिभाषिक शब्दों के तीन वर्ग हैं—प्रथम, भाषा में पूर्व से प्रयुक्त शब्द, अर्थात् वे शब्द जो लक्ष्य भाषा में पहले से विद्यमान हों, यथा—हिंदी में जीव, बिजली आदि। ये शब्द शुद्ध पारिभाषिक और सामान्य, दोनों कोटि के हो सकते हैं। यथा—मुक्ति; द्वितीय, दूसरी भाषा से गृहीत शब्द, अर्थात् जो शब्द किसी अन्य भाषा से ग्रहण किए गए हों। ये शब्द भी दो प्रकार के होते हैं, एक तो वे जो प्रायः अपने मूल रूप ही ग्रहण कर लिये गए हों, यथा—कैल्सियम, नाइट्रोजन, राडार, मोटर आदि तथा दूसरे वे, जो लक्ष्य भाषा की ध्वनि व्यवस्था के अनुरूप अनुकूलित कर लिए गए हों, जैसे Academy का अकादमी आदि; तृतीय, नवनिर्मित शब्द, अर्थात् वे शब्द जो पहले वर्ग के अंतर्गत सम्मिलित नहीं हो पाए तथा न ही दूसरे वर्ग में स्थान ले पाए। लक्ष्य भाषा के अनुवादक को दो या अधिक शब्द, धातु, उपसर्ग, प्रत्यय आदि की सहायता से नवीन शब्दों को गढ़ना पड़ता है, यथा कैबिनेट का मंत्रिमंडल, Miniotry का मंत्रालय आदि।

5. विषय के आधार पर : विषय के आधार पर किसी भाषा के पारिभाषिक शब्दों के भेद विशिष्ट विषयों की संख्या पर निर्भर करते हैं, यथा—प्रशासकीय शब्दावली, विधिक शब्दावली, रसायन शास्त्र शब्दावली आदि।

कार्यालयों के हिंदी नाम

अंग्रेजी अभिव्यक्ति	हिंदी अनुवाद
Account, General, Central Revenues	महालेखाकार, केंद्रीय राजस्व
Administration and Publicity Division	प्रशासन और प्रचार विभाग
Archaeological Survey of India	भारतीय पुरातत्त्व सर्वेक्षण
Atomic Energy Department	परमाणु ऊर्जा विभाग
Atomic Minerals Division	परमाणु खनिज प्रभाग
Board of Khandi and Village Industries	खादी एवं ग्रामोद्योग बोर्ड
Cabinet Secratariat	मंत्रिमंडल सचिवालय
Central Drug Research Institute	केंद्रीय औषधि अनुसंधान संस्थान
Central Industrial Extenson Training Institute	केंद्रीय औद्योगिक विस्तार प्रशिक्षण संस्थान
Central Pubic Works Department	केंद्रीय लोकनिर्माण विभाग
Commission for Scientific & Technical Terminology	वैज्ञानिक एवं तकनीकी शब्दावली आयोग
Communications Ministry	संचार मंत्रालय
Company Affairs Department	कंपनी कार्य विभाग
Co-operative Department	सहकारिता विभाग
Customs & Central Excise Directorate	सीमा शुल्क तथा केंद्रीय उत्पाद शुल्क निदेशालय
Defence Research and Development Organisation	रक्षा अनुसंधान तथा विकास संगठन
Delhi Development Authority	दिल्ली विकास प्राधिकरण
Directorate of National Sample Survey	राष्ट्रीय नमूना सर्वेक्षण निदेशालय
Directorate General of Health Services	स्वास्थ्य सेवाओं का महानिदेशालय
Employees Provident Fund Organisation	कर्मचारी भविष्य निधि संगठन
Employment and Training Directorate	रोजगार एवं प्रशिक्षण महानिदेशालय
Food and Agriculture Ministry	खाद्य तथा कृषि मंत्रालय
General Employment Exchange	रोजगार कार्यालय
Government of India Press	भारत सरकार मुद्रणालय

Indian Agricultrual Research Institute	भारतीय कृषि अनुसंधान संस्थान
Indian Handicrafts Development Corporation	भारतीय हस्तशिल्प विकास निगम
Information and Broadcasting Ministry	सूचना एवं प्रसारण मंत्रालय
Institution of India Standards	भारतीय मानक संस्था
Legislative Assembly	विधानसभा
Ministry of Home Affairs	गृह मंत्रालय
Ministry of Industry & Supply	उद्योग तथा पूर्ति मंत्रालय
Ministry of Labour & Employment	श्रम एवं रोजगार मंत्रालय
Malariya Institute of India	भारतीय मलेरिया संस्थान
Metropolitan Council	महानगर परिषद
Minerals & Metals Trading Corporation	खनिज तथा धातु व्यापार निगम
National Industrial Development Corporation	भारतीय राष्ट्रीय औद्योगिक विकास निगम
National Research Develoment Corporation of India	भारतीय अनुसंधान विकास निगम
National Small Scale Industries Corporation	राष्ट्रीय लघु उद्योग निगम
Department of Offical Language	राजभाषा विभाग
Oil & Natural Gas Commission	तेल तथा प्राकृतिक गैस आयोग
Passport Office	पारपत्र कार्यालय
Post & Telegraph Department	डाक एवं तार विभाग
Press Information Bureau	पत्र सूचना कार्यालय
Printing & Stationary Department	मुद्रण तथा लेखन सामग्री विभाग
Public Accounts Committee	लोक लेखा समिति
Rehabilitation, Department	पुनर्वास विभाग
Directorate Of Revenue, Intelligence	राजस्व आसूचना निदेशालय
Rural Development Department	ग्राम विकास विभाग
Sales Tax Department	बिक्री कर विभाग
Sales Tax Tribunal	बिक्रीकर अधिकरण
Supreme Court of India	भारत का उच्चतम न्यायालय
Survey of India	भारतीय सर्वेक्षण

अधिकारियों के पदनाम

अंग्रेजी अभिव्यक्ति	हिंदी अनुवाद
Accountant	लेखाकार
Additional Secretary	अपर सचिव
Ad-Hoc Judge	तदर्थ न्यायाधीश
Administrative Officer	प्रशासनिक अधिकारी
Allotment Officer	आवंटन अधिकारी
Archaeologist	पुरातत्त्वविद्
Anti-Corruption Officer	भ्रष्टाचार निरोधक अधिकारी
Assessment Officer	कर–निर्धारण अधिकारी
Attorney General	महान्यायवादी
Audit Officer	लेखा परीक्षा अधिकारी
Auditor General	महालेखा परीक्षक
Architect	वास्तुकार
Ballot Officer	मतपत्र अधिकारी
Bibliographer	संदर्भ सूचीकार
Block Development Officer	खंड विकास अधिकारी
Cashier	रोकड़िया
Census Officer	जनगणना अधिकारी
Chancellor	कुलाधिपति
Chief Commissioner	मुख्य आयुक्त
Chief Justice	मुख्य न्यायाधीश
City Magistrate	नगर मजिस्ट्रेट
Controller of Customs	सीमा शुल्क समाहर्ता
Chief of Air Staff	वायु सेनाध्यक्ष
Controller of Excise	उत्पाद शुल्क समाहर्ता
Commercial Tax Officer	वाणिज्य कर अधिकारी
Communication Officer	संचार अधिकारी
Consolidation Officer	चकबंदी अधिकारी
Controller of Standardization	मानकीकरण नियंत्रक

Co-Operative Officer	सहकारिता अधिकारी
Corporation Officer	निगम अधिकारी
Currency Officer	मुद्रा अधिकारी
Defending Officer	प्रतिवाद अधिकारी
Deputy Superintendent of Police	पुलिस उपाधीक्षक
Director General	महानिदेशक
District Judge	जिला न्यायाधीश
Divisional Superintendent	मंडल अधीक्षक
Establishment Officer	स्थापना अधिकारी
Evaluation Officer	मूल्यांकन अधिकारी
Executive Engineer	अधिशासी अभियंता
Extension Officer	विस्तार अधिकारी
Entertainment Tax Officer	मनोरंजन कर अधिकारी
Family Welfare Officer	परिवार कल्याण अधिकारी
Finger Print Expert	अंगुलिछाप विशेषज्ञ
Gazetted Officer	राजपत्रित अधिकारी
Genernal Manager	महाप्रबंधक
Geologist	भूविज्ञानी
Health Officer	स्वास्थ्य अधिकारी
High Commissioner	उच्चायुक्त
Home-Minister	गृह–मंत्री
Home Tax Collector	गृहकर समाहर्ता
Income Tax Inspector	आयकर निरीक्षक
Information Officer	सूचना अधिकारी
Inspector General	महानिरीक्षक
Keeper of Records	अभिलेखपाल
Labour Officer	श्रम अधिकारी
Land Acquistions Officer	भूमि अर्जन अधिकारी
Litigation Officer	मुकदमा अधिकारी
Licence Officer	अनुज्ञप्ति अधिकारी

Managing Editor	प्रबंध संपादक
Mayor	महापौर
Measuring Officer	मापन अधिकारी
Member of Legislative Assembly	विधानसभा सदस्य
Member of Parliament	संसद सदस्य
Mining Officer	खनन अधिकारी
Municipal Commissioner	नगरपालिका आयुक्त
Passport Officer	पारपत्र अधिकारी
Polling Officer	मतदान अधिकारी
Presiding Officer	पीठासीन अधिकारी
Project Officer	परियोजना अधिकारी
Protocal Officer	न्याचार अधिकारी
Public Relations Officer	जनसंपर्क अधिकारी
Publication Officer	प्रकाशन अधिकारी
Public Debt Officer	लोक ऋण अधिकारी
Quality Control Officer	गुणवत्ता नियंत्रण अधिकारी
Registrar	कुलसचिव
Rationing Officer	राशन अधिकारी
Regional Officer	क्षेत्रीय अधिकारी
Registration Officer	पंजीयन अधिकारी
Regulation Officer	नियमन अधिकारी
Returning Officer	निर्वाचन अधिकारी
Sales Tax Officer	बिक्री कर अधिकारी
Small Saving Officer	अल्प बचत अधिकारी
Soil Conservation Officer	भूमि संरक्षण अधिकारी
Statistical Officer	सांख्यिकीय अधिकारी
Supervising Officer	पर्यवेक्षण अधिकारी
Sanitary Inspector	स्वच्छता निरीक्षक
Supply Officer	पूर्ति अधिकारी
Taxation Officer	कराधान अधिकारी

Telecommunication Engineer	दूरसंचार अभियंता
Transportation Inspector	परिवहन-निरीक्षक
Trustee	न्यासी
Transmission Officer	प्रसार अधिकारी
Valuation Officer	मूल्यांकन अधिकारी
Verification Officer	सत्यापन अधिकारी
Vice-Chancellor	कुलपति
Vigilance Officer	सतर्कता अधिकारी

प्रशासन के क्षेत्र से संबंधित पारिभाषिक शब्दावली

अंग्रेजी अभिव्यक्ति	हिंदी अनुवाद
Ad Hoc Promotion	तदर्थ पदोन्नति
All India Service	अखिल भारतीय सेवा
Appointment Letter	नियुक्ति पत्र
Average Expenditure	औसत व्यय
Balance of Trade (Trade Balance)	व्यापार संतुलन
Bill of Exchange	विनिमय पत्र
Bonafide Employee	वास्तविक कर्मचारी
Budget Adjustment	बजट समायोजन
Campus Interview	परिसर साक्षात्कार
Classified Advertisement	वर्गीकृत विज्ञापन
Cultural History	सांस्कृतिक इतिहास
Death Anniversary	पुण्यतिथि
Departmental Permission	विभागीय अनुमति
Disciplinary Action	अनुशासनिक कार्रवाई
Exchange Rate	विनिमय दर
Face Value	अंकित मूल्य
Fiscal Policy	राजकोषीय नीति
Full-Time Employment	पूर्णकालिक रोजगार

Gazetted Holiday	राजपत्रित अवकाश
Illegal Construction	अवैध निर्माण
Income and Expenditure Account	आय–व्यय लेखा
Interim Relief	अंतरिम राहत
Joint Beneficiary	संयुक्त लाभार्थी
Land Revenue	भू–राजस्व
Legislative Council	विधान परिषद
Local Distribution	स्थानीय वितरण
Monthly Progress Report	मासिक प्रगति रिपोर्ट
Nominated Member	नामित सदस्य
Office of Profit	लाभ का पद
Pension Contribution	पेंशन अंशदान
Public Auction	सार्वजनिक नीलामी
Requisite Information	अपेक्षित सूचना, अपेक्षित जानकारी
Service Documentation	सेवा प्रलेखन
Supplementary Cost	अनुपूरक लागत
Tax Adjustment	कर समायोजन
Trust Property	न्यास–संपत्ति
Unavoidable Delay	अपरिहार्य विलंब
Underground Railway	भूमिगत रेल
Voluntary Retirement	स्वैच्छिक सेवानिवृत्ति
Zonal	आंचलिक

विधि से संबंधित पारिभाषिक शब्दावली

अंग्रेजी अभिव्यक्ति	हिंदी अनुवाद
Abandonment	परित्याग
Absolute Majority	स्पष्ट बहुमत
Act of Violence	हिंसात्मक कार्य
Anticipatory Bail	अग्रिम जमानत

Attachment Order	कुर्की आदेश
Bill of Rights	अधिकार-पत्र
Breach of Promise	वचन-भंग
Charge Sheet	आरोप-पत्र
Code of Conduct	आचार संहिता
Description of Properly	संपत्ति का विवरण, संपत्ति का वर्णन
Disciplinary Court	अनुशासनिक न्यायालय
Documentary Evidence	दस्तावेजी साक्ष्य
Due Objections	उपयुक्त आपत्तियाँ
Embezzlement	गबन
Exempted Employee	छूट-प्राप्त कर्मचारी
Foreign Exchange	विदेशी मुद्रा
Fraudulent Statement	कपटपूर्ण कथन
Fundamental Duties	मूल कर्तव्य
General Clause	साधारण खंड
Guardian Certificate	अभिभावकता प्रमाण-पत्र, संरक्षकता प्रमाण-पत्र
Hunianitarian Ground	मानवीय आधार, मानव हित का आधार
Identification Parade	शिनाख्त परेड
Illegal Purpose	अवैध प्रयोजन
Imprisonment for Life/Life Imprisonment	आजीवन कारावास
Jurisdiction and Powers	अधिकारिता और शक्तियाँ
Knowledge of Facts	तथ्यों की जानकारी
Law and Practice	विधि और प्रथा
Legal Procedure	विधिक प्रक्रिया
Mortgaged Property	बंधक संपत्ति
Natural Guardian	नैसर्गिक संरक्षक
Non-Bailable Offence	अजमानतीय अपराध
Quorum	गणपूर्ति, कोरम

Regulation	विनियमन
Rigorous Imprisonment	कठोर कारावास
Sectoral Imbalance	क्षेत्रीय असंतुलन
Security Measure	सुरक्षा उपाय
Supplementary Proceedings	अनुपूरक कार्रवाइयाँ
Transfer Deed	अंतरण विलेख
Tribunal	अधिकरण
War Victims	युद्ध पीड़ित
Welfare State	कल्याणकारी राज्य
Whip	सचेतक

कार्यालयीय शब्दावली

Above mentioned	उपर्युक्त
Accepted conditionally	सशर्त स्वीकृत
Accordirgly it has been decided	तदनुसार यह निश्चय किया गया है
According to convenience	सुविधानुसार
Act of misconduct	कदाचार
Action may be taken as proposed	यथाप्रस्तावित कार्रवाई की जाए
After adequate consideration	पर्याप्त विचार के बाद
Amended	संशोधित किया गया
Approved as proposed	प्रस्तावानुसार अनुमोदित
As against	की तुलना में
As a matter of fact	वस्तुतः
As and when	जब कभी
Await further report	और रिपोर्ट की प्रतीक्षा की जाए
Before issue	जारी करने से पूर्व
Before the expiry of	की समाप्ति से पूर्व

Bound to accept	स्वीकार करने के लिए बाध्य
By a certain date	एक नियत तिथि तक
By return of post	वापसी डाक से
By way of amendment	संशोधन के रूप में
Call for the report	रिपोर्ट मँगवाएँ
Candidate approved	उम्मीदवार अनुमोदित
Case decided	निर्णीत विषय
Casual leave applied for may be granted	आवेदक की आकस्मिक छुट्टी स्वीकृत की जाए
Certified that	प्रमाणित किया जाता है कि
Claim accepted	दावा स्वीकृत
Clarification awaited	स्पष्टीकरण की प्रतीक्षा है
Copy enclosed	प्रतिलिपि संलग्न
Corrigendum may be put-up	शुद्धि-पत्र प्रस्तुत करें
Deemed to have been received	प्राप्त समझा जाए
Delay is regretted	विलंब के लिए खेद है
Deliberately done	जान-बूझकर किया गया
Disposed of	निपटाया गया
Draft for approval	अनुमोदनार्थ प्रारूप
Duly qualified	यथोचित योग्यता प्राप्त
During this period	इस अवधि में
Due date on	नियत तिथि को
Early orders are solicited	शीघ्र आदेश प्रार्थित है
Ex-parte proceedings	एकपक्षीय कार्रवाई
Explanation may be obtained	स्पष्टीकरण माँगा जाए

Faithfully yours	भवदीय
For disposal	निपटाने के लिए
For perusal	अवलोकनार्थ
Forth coming	आगामी
Forthwith	तत्काल
General circular	सामान्य परिपत्र
Government undertaking	सरकारी उपक्रम
Governinent concern	सरकारी प्रतिष्ठान
Grounds of appeal	अपील के आधार
Highly objectionable	अत्यंत आपत्तिजनक
I beg to submit that	मेरा निवेदन है कि
I have no further comments	मुझे और कुछ नहीं कहना है
Immediate action	तत्काल कार्रवाई
Immediate officer	आसन्न अधिकारी
In case it appears	यदि ऐसा प्रतीत होता है
In certain case	कुछ मामलों में
In order of merit	योग्यता-क्रम में
In due course	यथासमय
Interim information	अंतरिम जानकारी
Irrespective of the fact	इस बात का विचार किए बिना
Joining report	कार्य ग्रहण सूचना
Jurisdiction	अधिकार-क्षेत्र
Justify	न्यायसंगत सिद्ध करना
Kindly acknowledge receipt	कृपया प्राप्ति-सूचना दें
Casual leave	आकस्मिक अवकाश

Eared leave	अर्जित अवकाश
Matemily leave	प्रसूति अवकाश
Leave on medical ground	चिकित्सीय आधार पर अवकाश
Legal action	कानून सम्मत कार्रवाई
Mandatory	अधिदेशात्मक
Matter under correspondence	इस विषय पर पत्राचार हो रहा है
May be sanctioned	स्वीकृति दी जाए
May not pursue the matter	इस विषय को आगे न बढ़ाएँ
Medical certificate of fitness	स्वस्थता प्रमाण-पत्र
Most immediate	अत्यंत तात्कालिक
Muster roll	उपस्थिति नामावली
Mutual agreement	पारस्परिक सहमति
Necessary action	आवश्यक कार्रवाई
Necessary report is still awaited	आवश्यक रिपोर्ट की अभी तक प्रतीक्षा है
Neglect of duty	कर्तव्य की उपेक्षा
No objection certificate	अनापत्ति प्रमाण-पत्र
gazette Notification	राजपत्रित अधिसूचना
Oflice memorandum	कार्यालय ज्ञापन
Service sheet	सेवापत्रक
Specified	निर्दिष्ट
Statutory	सांविधिक
Succession certificate	उत्तराधिकार प्रमाणपत्र
Supervising officer	पर्यवेक्षण अधिकारी
Suspension order issued	निलंबन आदेश जारी किया गया
Tabulated statement	सारणीबद्ध विवरण

Temporary appointment	अस्थायी नियुक्ति
Terminate	समाप्त करना, पर्यवसान करना
Till further orders	अगले आदेश तक
Unanimous	एकमत
Unauthroised	अनधिकृत
Undersigned	अधोहस्ताक्षरी
Undertaking	उपक्रम/वचन
Undesirable comments	अवांछनीय टिप्पणियाँ
Validate	विधिमान्य करना
Verification	सत्यापित प्रति
Whenever found	जब कभी मिले
Wherever found	जहाँ कहीं मिले
With due regard to	का उचित ध्यान रखते हुए
With retrospective effect	पूर्व प्रभाव सहित
Work-in-progress	कार्य प्रगति पर है
Working Committee	कार्य समिति
Written off	बट्टे खाते में डाल दिया गया
You are hereby authorised to	आपको इसके द्वारा यह अधिकार दिया जाता है कि
You may kindly report for duty on	कृपया आप ¨को रिपोर्ट करें
You may recall	आपको स्मरण होगा

अभ्यास कार्य

लघु एवं दीर्घ उत्तरीय प्रश्न

1. पारिभाषिक शब्दावली की विशेषताओं को बताते हुए भारत में पारिभाषिक शब्दावली के इतिहास पर प्रकाश डालिए।
2. पारिभाषिक शब्दावली के वर्गीकरण को स्पष्ट कीजिए।

परियोजना कार्य

1. पारिभाषिक शब्दावली के निर्माण के सिद्धांतों पर परियोजना कार्य जमा कीजिए।

दक्षता परीक्षण

1. न्यायिक व्यवस्था के कार्यालयों तथा पदनामों की सूची बनाइए।
2. सरकारी कार्यालयों में प्रयुक्त शब्दावली की सूची बनाइए।

प्रायोगिक परीक्षा

1. अपने जिले के प्रशासनिक कार्यालयों तथा उनके मुख्य पदाधिकारियों के पदनाम की सूची बनाइए।

वस्तुनिष्ठ प्रश्न

1. निम्नांकित में से पारिभाषिक शब्द की विशेषता नहीं है—
   (क) शब्द का अर्थ सुनिश्चित हो
   (ख) एक अर्थ हेतु एक से अधिक शब्द हो
   (ग) शब्द का विषय के साथ संबंध हो
   (घ) शब्द विकारी स्वभाव के न हो
2. आधुनिक काल में सर्वप्रथम 'राजकोश' नामक पारिभाषिक शब्दावली कोश का संकलन किया था।
   (क) शिवाजी
   (ख) रघुनाथ पंत
   (ग) राजा शिवप्रसाद सिंह
   (घ) इनमें से कोई नहीं
3. 'विद्यांकुर' नाम से पारिभाषिक शब्दों का संग्रह निर्मित करनेवाले विद्वान् थे—
   (क) लल्लू लाल
   (ख) राजेंद्र लाल मिश्र
   (ग) राजा शिवप्रसाद सिंह
   (घ) रघुनाथ पंत
4. नागरी प्रचारिणी सभा के पारिभाषिक शब्द-संग्रह निर्माण में सम्मिलित विद्वान् थे—
   (क) सुधाकर द्विवेदी
   (ख) श्याम सुंदरदास
   (ग) महावीर प्रसाद द्विवेदी
   (घ) उपर्युक्त सभी
5. वैज्ञानिक एवं तकनीकी शब्दावली आयोग का गठन कब हुआ?
   (क) 1950 (ख) 1951
   (ग) 1956 (घ) 1961
6. पारिभाषिक शब्दावली किसके सिद्धांत हैं?
   (क) प्रतीक रोमन लिपि में तथा अंतरराष्ट्रीय रूप में ही रखे जाएँ
   (ख) ज्यामितीय आकृतियों में भारतीय लिपि के अक्षर प्रयुक्त हो सकते हैं
   (ग) संकल्पनात्मक शब्दों का अनुवाद किया जाना चाहिए
   (घ) उपर्युक्त सभी

7. पारिभाषिक शब्दावली का निर्माण करते समय निम्नांकित में से परिवर्तित नहीं किया जाना चाहिए।
   (क) तत्त्वों तथा यौगिकों के नाम
   (ख) माप-तौल की इकाइयाँ
   (ग) व्यक्तियों के नाम पर निर्मित शब्द
   (घ) उपर्युक्त सभी
8. निम्नांकित में पारिभाषिक शब्दावली का भेद नहीं है—
   (क) तत्सम (ख) तद्भव
   (ग) यौगिक (घ) देशज
9. निम्नांकित में पारिभाषिक शब्दावली का प्रयोग के आधार पर भेद हैं—
   (क) पूर्ण पारिभाषिक (ख) मध्यस्थ
   (ग) सामान्य (घ) उपर्युक्त सभी
10. निम्नांकित में पारिभाषिक शब्दावली सिद्धांत नहीं है—
   (क) अंतरराष्ट्रीय शब्दों को पुल्लिंग और स्त्रीलिंग रूप में अंग्रेजी के आधार पर प्रयोग करना चाहिए
   (ख) सामासिक पदावली का प्रयोग कम-से-कम करना चाहिए
   (ग) पंचम वर्ण के स्थान पर अनुस्वार का प्रयोग करना चाहिए
   (घ) शब्दों में शुद्धता का विशेष ध्यान रखें
11. हिंदी साहित्य सम्मेलन प्रयोग ने किस विद्वान् को पारिभाषिक शब्दावली के निर्माण का कार्य प्रदान किया था ?
   (क) राहुल सांकृत्यायन (ख) महावीर प्रसाद द्विवेदी
   (ग) श्याम सुंदरदास (घ) गंगाधर राव
12. निम्नांकित में से किस अंग्रेज विद्वान् ने हिंदी के पारिभाषिक कोश का निर्माण करने में महत्त्वपूर्ण योगदान दिया—
   (क) जार्ज ग्रियर्सन (ख) गार्सा द तांसी
   (ग) मिस्टर फैलन (घ) कामिल बुल्के
13. पारिभाषिक शब्दावली के सिद्धांतों का निर्माण किस संस्था के द्वारा किया गया ?
   (क) वैज्ञानिक एवं तकनीकी शब्दावली आयोग
   (ख) विश्वविद्यालय अनुदान आयोग
   (ग) अखिल भारतीय तकनीकी शिक्षा परिषद
   (घ) इनमें से कोई नहीं

14. किसी शब्द के अर्थ को किसी विषय के संदर्भ में परिसीमित करना कहलाता है—
    (क) परिभाषा (ख) तत्सम
    (ग) देशज (घ) इनमें से कोई नहीं
15. पारिभाषिक शब्दावली के निर्माण में सर्वप्रथम प्रयास किस शासक के शासनकाल में हुआ?
    (क) अकबर (ख) छत्रपति शिवाजी
    (ग) चंद्रगुप्त मौर्य (घ) अशोक
16. 'ए स्कीम फॉर द टेंडरिंग ऑफ यूरोपियन साइंटिफिक टर्मिनोलॉजी इन टु द वर्नाक्यूलर्स ऑफ इंडिया' नामक कार्य किस विद्वान् द्वारा किया गया?
    (क) राजेंद्र लाल
    (ख) डॉ. बलराज सिरोही
    (ग) भोलानाथ तिवारी
    (घ) देवेंद्रनाथ शर्मा
17. वैज्ञानिक एवं तकनीकी शब्दावाली आयोग के प्रथम अध्यक्ष थे—
    (क) डॉ. राधाकृष्णन (ख) डॉ. रघुवीर
    (ग) डॉ. डी.एस. कोठारी (घ) डॉ. बीरबल साहनी
18. पूर्ण पारिभाषिक शब्द का तात्पर्य है—
    (क) यह शब्द विषय विशेष के संदर्भ में पारिभाषिक होता है, अन्यथा सामान्य शब्द की भाँति व्यवहार किया जाता है
    (ख) यह शब्द मात्र पारिभाषिक रूप में ही प्रयोग किया जाता है
    (ग) यह सामान्य शब्द की भाँति विभिन्न अर्थों में प्रयोग किया जाता है
    (घ) इनमें से कोई नहीं
19. स्रोत के आधार पर पारिभाषिक शब्द कितने प्रकार के होते हैं—
    (क) दो (ख) तीन
    (ग) चार (घ) पाँच
20. निम्नांकित में से स्रोत के आधार पर शब्द का भेद नहीं है—
    (क) भाषा में पहले से प्रयुक्त शब्द
    (ख) दूसरी भाषा से गृहीत शब्द
    (ग) नवनिर्मित शब्द
    (घ) संकल्पनाबोधक शब्द

21. पारिभाषिक शब्दावली निर्माण के समय ध्यान रखने की आवश्यकता है—
    (क) एकरूपता
    (ख) एक मूलांश से निर्मित शब्दों का एक रूप
    (ग) एक भाषिक रूप की अनिवार्यता
    (घ) उपर्युक्त सभी
22. निम्नांकित में सुमेलित नहीं है—
    (क) Bill of Exchange—विनिमय पत्र
    (ख) Balance of trade—व्यापार संतुलन
    (ग) Face Value—मुख मूल्य
    (घ) Fiscal Policy—राजकोषीय नीति
23. निम्नलिखित में से किस कार्यालय का नाम सुमेलित है—
    (क) Chamber of Commerce—वाणिज्य मंडल
    (ख) Central Telegraph Office—केंद्रीय तारघर
    (ग) Atomic Minerals Division—परमाणु खनिज प्रभाग
    (घ) उपर्युक्त सभी
24. बृहत् हिंदी कोश के अनुसार पारिभाषिक शब्दावली का अर्थ है—
    (क) एक से अधिक अर्थ देनेवाले शब्द
    (ख) विशिष्ट अर्थ में प्रयुक्त होनेवाले शब्द
    (ग) कलात्मक शब्द
    (घ) शास्त्रीय शब्द
25. प्राय: पारिभाषिक शब्द अर्थ-संकोच के कारण निर्मित होते हैं—
    (क) डॉ. भोलानाथ तिवारी
    (ख) डॉ. प.प. अंडाल
    (ग) डॉ. श्यामसुंदर दास
    (घ) फादर कामिल बुल्के
26. 'पारिभाषिक शब्दावली वह कच्चा माल है, जिससे कुछ भी बनाया जा सकता है।' यह कथन किस विद्वान् का है—
    (क) डॉ. भोलानाथ तिवारी
    (ख) डॉ. देवेंद्र नाथ शर्मा
    (ग) फादर कामिल बुल्के
    (घ) हरदेव बाहरी

27. पारिभाषिक शब्द की विशेषता है—
    (क) शब्द विषय के साथ संबद्ध हो
    (ख) शब्द विकारी स्वभाव का न हो
    (ग) शब्द मूल अर्थ में हो
    (घ) उपर्युक्त सभी
28. पारिभाषिक शब्द के विकारी न होने से तात्पर्य है—
    (क) शब्द में कोई कमी न हो
    (ख) शब्द क़मजोर न हो
    (ग) अन्य शब्दों का निर्माण संभव हो
    (घ) अन्य शब्दों का निर्माण संभव न हो
29. 'हकाईकुल मौजूदात' नामक पारिभाषिक शब्दकोश का संग्रह किस विद्वान् के द्वारा किया गया है।
    (क) शिवप्रसाद सिंह (ख) नबावराय
    (ग) रघुनाथ पंत (घ) लक्ष्मण सिंह
30. किस विद्वान् द्वारा निर्मित हिंदी शब्दों की सूची को डॉ. भोलानाथ तिवारी पारिभाषिक शब्दकोश के रूप में स्वीकार नहीं करते हैं—
    (क) रघुनाथ पंत
    (ख) शिवप्रसाद सिंह
    (ग) लल्लूलाल
    (घ) राजेंद्र लाल मिश्र
31. Ad-Hoc का अर्थ है—
    (क) समर्थ (ख) तदर्थ
    (ग) अनर्थ (घ) लिप्यर्थ
32. हिंदी साइंटिफिक ग्लॉसरी नामक पारिभाषिक कोश का निर्माण कब हुआ था?
    (क) 1899 (ख) 1817
    (ग) 1901 (घ) 1890
33. सूक्ष्मता तथा स्थूलता के आधार पर पारिभाषिक शब्दावली के भेद हैं—
    (क) संकल्पना बोधक (ख) वस्तु बोधक
    (ग) 'क' तथा 'ख' (घ) मात्र 'क'

34. निम्नांकित में सुमेलित नहीं है—
    (क) वाणिज्य मंडल—Chamber of Commerce
    (ख) मंत्रिमंडल सचिवालय—Cabinet Secretariat
    (ग) आकाशवाणी—All India Radio
    (घ) सामंजस्य विभाग—Co-operation Department
35. निम्नांकित में से किस पदाधिकारी का नाम सही नहीं है—
    (क) महाप्रशासक—Administrator General
    (ख) महानिदेशक—Attorney General
    (ग) संदर्भ सूचीकार—Bibliographer
    (घ) मतपत्र अधिकारी—Ballot Officer
36. निम्नांकित में से अशुद्ध शब्दावली है—
    (क) राशर्त स्वीकृत—Accepted Conditionally
    (ख) कदाचार—Act of Misconduct
    (ग) संशोधित किया गया—Changed
    (घ) की तुलना में—As Against
37. निम्नांकित में से शुद्ध शब्दावली है—
    (क) यथा परिभाषित—As Defined
    (ख) जारी करने से पूर्व—Before Issuing
    (ग) स्वीकार करने के लिए बाध्य—Bound to Accept
    (घ) उपर्युक्त सभी।
38. निम्नांकित प्रशासनिक शब्दावली में अशुद्ध है—
    (क) अनुशासनिक कार्रवाई—Disciplinary Action
    (ख) विनिमय दर—Estimated Cost
    (ग) संपादन मंडल—Editorial Board
    (घ) सहकारी समिति—Co-operative Society
39. निम्नांकित में सुमेलित नहीं है—
    (क) सुशासन—Good Governance
    (ख) अंतरिम राहत—Interim Relief
    (ग) प्रतिकुलपति—Chancellor
    (घ) संयुक्त लाभार्थी—Joint Beneficiary

40. विधिक शब्दावली में वचन भंग हेतु प्रयुक्त अंग्रेजी शब्द है—
    (क) Break of Promise
    (ख) Breach of Promise
    (ग) Break of Pact
    (घ) Breach of Compromise
41. विधिक शब्दावली में गबन का अंग्रेजी शब्द है—
    (क) Embezzlement
    (ख) Due Objections
    (ग) Bank Fraud
    (घ) इनमें से कोई नहीं।
42. हिंदी तथा उर्दू के लिए पृथक्-पृथक् शब्दावली निर्मित करने का कार्य करनेवाले विद्वान् का नाम है—
    (क) लक्ष्मण सिंह
    (ख) शिवप्रसाद सिंह
    (ग) लल्लूलाल
    (घ) गदाधर भट्ट
43. Trustee का हिंदी रूपांतर है—
    (क) संन्यासी (ख) न्यासी
    (ग) प्रवासी (घ) विन्यासी
44. License Officer का हिंदी रूपांतर है—
    (क) विज्ञप्ति अधिकारी
    (ख) अनुज्ञप्ति अधिकारी
    (ग) प्रसूति अधिकारी
    (घ) उपर्युक्त सभी।
45. हिंदी में अपनाए गए अंतरराष्ट्रीय शब्दों को किस लिंग में पारिभाषिक शब्दावली निर्माण करते समय रखा जाना चाहिए।
    (क) स्त्रीलिंग (ख) पुल्लिंग
    (ग) नपुंसकलिंग (घ) उपर्युक्त सभी
46. विषय के आधार पर पारिभाषिक शब्दावली के कितने भेद हैं—
    (क) एक (ख) दो
    (ग) तीन (घ) इनमें से कोई नहीं

47. मानकीकरण निदेशालय को अंग्रेजी भाषा में कहते हैं—
    (क) Employment Exchange
    (ख) Central Directorate of Stanclarance
    (ग) Directorate of Standardiration
    (घ) इनमें से कोई नहीं

48. Protocol Officer का हिंदी शब्द है—
    (क) सीमा शुल्क अधिकारी
    (ख) वित्त अधिकारी
    (ग) न्यायिक अधिकारी
    (घ) न्याचार अधिकारी

49. निम्नांकित में प्रतिवाद अधिकारी का अंग्रेजी शब्द है—
    (क) Defending Officer
    (ख) Efficiency Officer
    (ग) Consolidation Officer
    (घ) इनमें से कोई नहीं

50. निम्नांकित में सुमेलित है—
    (क) Extension Officer—विस्तार अधिकारी
    (ख) Keeper of Records—अभिलेखपाल
    (ग) Litigation Officer—मुकदमा अधिकारी
    (घ) उपर्युक्त सभी

उत्तरमाला

1. (ख), 2. (ख), 3. (ग), 4. (घ), 5. (घ), 6. (घ), 7. (घ), 8. (ग), 9. (घ), 10. (क), 11. (क), 12. (ग), 13. (क), 14. (क), 15. (ख), 16. (क), 17. (ग), 18. (ख), 19. (ख), 20. (ग), 21. (घ), 22. (ग), 23. (घ), 24. (ख), 25. (क), 26. (ख), 27. (घ), 28. (घ), 29. (क), 30. (ग), 31. (ख), 32. (ग), 33. (ग), 34. (घ), 35. (ख), 36. (ग), 37. (घ), 38. (ख), 39. (ग), 40. (ख), 41. (क), 42. (ख), 43. (ख), 44. (ख), 45. (ख), 46. (घ), 47. (ग), 48. (घ), 49. (क), 50. (घ)।

□

इकाई-3

कार्यालयीय हिंदी पत्राचार

आधुनिक युग सूचना प्रौद्योगिकी का युग है। यद्यपि आज वार्त्ता तथा समाचार एवं सूचना प्रेषण हेतु विभिन्न प्रकार के माध्यम उपलब्ध हैं, किंतु पत्र का महत्त्व आज भी कम नहीं हुआ है। सूचना प्रौद्योगिकी ने माध्यम तो प्रदान किए हैं, परंतु पत्रों के प्रारूप अपनी उपयोगिता के अनुरूप परिवर्तित हो रहे हैं। तदापि कार्यालयीय पत्राचार का पारंपरिक स्वरूप आज भी महत्त्वपूर्ण है।

समस्त कार्यालयों में किसी-न-किसी संदर्भ में पत्र का प्रयोग होता है। इन पत्रों में सामान्य रूप से दो प्रकार की श्रेणियाँ उपलब्ध हैं। प्रथम, मंत्रालय, विभाग, कार्यालय का अंतरकार्यालीय तथा अंतर्कार्यालयीय पत्र-व्यवहार तथा द्वितीय, कार्यालयों का जनसामान्य के मध्य सूचनाओं एवं विचारों के आदान-प्रदान से संबंधित पत्र।

शासन के विभिन्न मंत्रालय, विभाग, कार्यालय आदि में परस्पर विचार विनिमय अथवा सूचनाओं के आदान-प्रदान हेतु कार्यालयीय पत्राचार के विभिन्न प्रारूपों का आवश्यकता के अनुसार प्रयोग किया जाता है। इसके अंतर्गत सरकारी-पत्र, अर्द्धसरकारी पत्र, अधिसूचना, परिपत्र, कार्यालय ज्ञाप, कार्यालय आदेश, संकल्प आदि का प्रयोग आवश्यकता के अनुसार किया जाता है।

कार्यालयीय पत्राचार की अनिवार्य विशेषताएँ एवं निर्धारित स्वरूप होते हैं। कार्यालयीय पत्राचार की विशेषताएँ अग्रांकित हैं—प्रथम, कार्यालयीय पत्राचार की भाषा सरल, सहज तथा स्पष्ट होती है एवं शब्दों में अप्रचलित, कृत्रिम तथा बेमेल प्रयोग नहीं किए जाते हैं; द्वितीय, पत्र संक्षिप्त होता है; तृतीय, पत्र में विषय को संपूर्णता से प्रस्तुत किया जाता है; चतुर्थ, कार्यालयीय पत्राचार में क्रमबद्धता अनिवार्य रूप से होती है; पंचम, कार्यालयीय पत्राचार में शुद्धता आवश्यक है; षष्ठ, पत्र में निर्धारित प्रारूप का पालन अवश्य किया जाता है।

कार्यालयीय पत्र के अवयव

कार्यालयीय पत्राचार में प्रारूप सर्वाधिक महत्त्वपूर्ण है। प्रारूप ही पत्र की महत्ता तथा उपयोगिता को स्पष्ट करने हेतु पर्याप्त है। संक्षेप में पत्र के प्रमुख अंगों का परिचय इस प्रकार है—

(1) प्रत्येक पत्र में पत्र संख्या का उल्लेख अनिवार्य रूप से किया जाना चाहिए।

(2) पत्र में प्रेषक का नाम स्पष्ट रूप से उल्लिखित होना चाहिए।

(3) पत्र में विषय का उल्लेख किया जाना चाहिए।

(4) पत्र में प्राप्तकर्ता का नाम, पदनाम, पता आदि स्पष्ट रूप से अंकित किया जाना चाहिए।

(5) पत्र में दिनांक तथा पता अवश्य अंकित किया जाना चाहिए।

(6) पत्र के स्वरूप के आधार पर संबोधन का प्रयोग किया जाना चाहिए।

(7) पत्र में स्वनिर्देश भी प्रारूप के अनुसार हस्ताक्षर सहित यथास्थान प्रयोग किया जाना चाहिए।

(8) पत्र का मूल विषय अथवा कलेवर स्पष्ट तथा संक्षिप्त होना चाहिए।

(9) प्रतिलिपि प्रेषित की जा रही हैं तो पत्र के अंत में इसका उल्लेख किया जाना चाहिए।

कार्यालयीय पत्राचार की सामान्य वाक्य संरचना

कार्यालयीय पत्राचार औपचारिक होता है, अतः पत्र लेखन के पूर्व संबंधित पत्र का स्वरूप तथा प्रयोग की जानेवाली वाक्य संरचना का ज्ञान आवश्यक है। कार्यालयीय पत्र-व्यवहार में अनेक स्थानों पर अन्य पुरुष शैली का प्रयोग किया जाता है। इन पत्रों को लिखने के लिए सूत्रात्मक शैली में कुछ महत्त्वपूर्ण बिंदु निर्धारित हैं, जिनसे पत्र का स्वरूप स्पष्ट, सरल तथा अनुशासित बना रहता है तथा पत्र प्रभावशाली भी होता है। कार्यालयीय पत्र-व्यवहार में प्रयोग की जानेवाली सामान्य वाक्य संरचनाएँ इस प्रकार हैं—

(क) आपके पत्र संख्या .... दिनांक .... के संबंध में मुझे यह कहने का निर्देश हुआ है।

(ख) आपके दिनांक .... के पत्रांक .... में जो अनुरोध किया गया है, उसे स्वीकार करते हुए यह सूचित करने का निर्देश हुआ है कि......

(ग) यदि दिनांक .... तक कोई उत्तर प्राप्त न हुआ तो यह समझा जाएगा कि मंत्रालय/विभाग/कार्यालय इस मामले पर सहमत है।

(घ) कृपया हमारा दिनांक .... का पत्र संख्या .... देखें।

(ङ) आपका दिनांक .... पत्रांक .... हमारे कार्यालय में उपलब्ध नहीं है, कृपया उसकी प्रति भिजवा दें।

(च) इस मामले पर आवश्यक कार्रवाई करें और शीघ्र परिपत्र जारी कर दें।

(छ) मामला सहमति के लिए .... के पास भेजा जाना है। कृपया वांछित सूचना शीघ्र भिजवा दें, आदि

आवेदन-पत्र (Application)

आवेदन–पत्र व्यक्तिगत पत्रों से भिन्न होता है। विद्यार्थी द्वारा अवकाश हेतु प्राचार्य को, रोजगार हेतु, कर्मचारी द्वारा आकस्मिक अवकाश हेतु, सांसद अथवा विधायक को सहायता हेतु तथा किसी प्रशासनिक अथवा अप्रशासनिक अधिकारी से किसी विषय पर निवेदन आदि करना आदि आवेदन–पत्र की श्रेणी में आता है।

ध्यान रखने योग्य महत्त्वपूर्ण बिंदु—

1. सर्वप्रथम बाईं ओर प्रतिष्ठा में अथवा सेवा में लिखा जाता है। इसके नीचे पंक्ति में कुछ स्थान छोड़कर प्राप्तकर्ता का पद तथा उसके नीचे पता लिखा जाता है।
2. इसके पश्चात् विषय का उल्लेख किया जाना चाहिए।
3. विषय के नीचे बाईं ओर महोदय, आदरणीय, श्रीमान, माननीय आदि संबोधनों का प्रयोग करना चाहिए, किंतु इसके पश्चात् अभिवादन का स्थान नहीं होता है।
4. इसके पश्चात् आवेदन–पत्र का मुख्य अंश अथवा कलेवर को लिखा जाता है।
5. अंत में स्वनिर्देश और हस्ताक्षर दाहिनी ओर लिखा जाना चाहिए तथा बाईं ओर दिनांक का उल्लेख करना चाहिए।

उदाहरण-1

सेवा में,

श्रीमान प्रधानाचार्य महोदय,
अ ब स
क ख ग

विषय : गणित के शिक्षक पद हेतु प्रार्थना–पत्र

महोदय,

सविनय निवेदन है कि दैनिक भास्कर समाचार–पत्र में दिनांक 12 अप्रैल, 2021 को गणित के शिक्षक के लिए विज्ञापन प्रकाशित किया गया था, उसी के संदर्भ में मैं गणित शिक्षक के पद के लिए आवेदन करना चाहता हूँ।

मेरा नाम विजय कुमार है और मैं वर्तमान में एक निजी विद्यालय में गणित शिक्षक के पद पर कार्यरत हूँ। मुझे गणित विषय अध्यापन का 5 वर्ष का अनुभव है। मेरे द्वारा पढ़ाए गए अनेक विद्यार्थी आज सरकारी और निजी संस्थानों में उच्च पदों पर आसीन हैं।

मैं नवीनतम और सरल पद्धति द्वारा विद्यार्थियों को पढ़ाता हूँ, जिससे कम समय में विद्यार्थी अधिक ज्ञान प्राप्त कर पाते हैं। मैंने इस प्रार्थना–पत्र के साथ संक्षिप्त बायोडाटा संलग्न किया है।

अतः मैं आशा करता हूँ कि आप मुझे विद्यालय में अध्यापन का अवसर देंगे। मेरा यह आग्रह स्वीकार करने के लिए मैं आपका बहुत-बहुत आभारी रहूँगा।

धन्यवाद

दिनांक - 11/4/2020

संलग्नक

1.

भवदीय

श ष स

पता

चलभाष

ई-मेल

उदाहरण-2

सेवा में,

मुख्य अभियंता

अबस विद्युत् निगम (अपने बिजली विभाग का नाम लिखें)

अबस, कखग (अपने शहर/गाँव का नाम)

विषय : बिजली कटौती कम करने हेतु (शिकायत का विषय लिखें)

माननीय महोदय,

मेरा नाम...................... (अपना नाम लिखें) हैं। मैं वार्ड नंबर ....(अपना वार्ड नंबर लिखें) का निवासी हूँ। मेरा बिजली मीटर संख्या .... (मीटर का नंबर लिखें) है। महोदय मैं आपको सूचित करना चाहता हूँ कि मे रे... (अपनी समस्या/शिकायत लिखें)।

अतः आपसे निवेदन है कि मेरी इस समस्या का जल्द-से-जल्द समाधान करने की कृपा करें, इसके लिए मैं आपका सदा आभारी रहूँगा।

धन्यवाद

दिनांक ..../...../..........

प्रार्थी

अजय सिंह (अपना नाम लिखें)

पता : .... (अपना पता लिखें)

सरकारी-पत्र

सरकारी-पत्र का प्रयोग कार्यालय से इतर राज्य सरकारों, स्वैच्छिक संगठनों, संस्थाओं, कंपनियों तथा व्यक्तियों आदि से सूचनाओं के आदान-प्रदान हेतु किया जाता है। इसके अंतर्गत विभिन्न देशों के आधिकारिक कार्यालय; अंतरराष्ट्रीय संस्थाएँ, यथा—संयुक्त राष्ट्र संघ, सार्क, अंतरराष्ट्रीय मुद्रा कोष आदि; संवैधानिक निकाय, यथा—लोक सेवा आयोग, निर्वाचन आयोग आदि; सांविधिक निकाय, अधीनस्थ एवं संबद्ध कार्यालय, सार्वजनिक उपक्रम, राष्ट्रीय तथा सहकारी बैंक, निगम, स्वायत्तशासी निकाय तथा विभिन्न प्रकार के संगठन, संघ सम्मिलित हैं।

ध्यान रखने योग्य महत्त्वपूर्ण बिंदु—

1. भाषा सरकारी-पत्र की सर्वाधिक महत्त्वपूर्ण विशेषता होती है। इसकी भाषा सरल, स्पष्ट, एक ही अर्थ देनेवाली शब्दावली से युक्त होनी चाहिए।
2. इन पत्रों में उत्तम पुरुष एकवचन, अर्थात् मैं का प्रयोग नहीं किया जाता है। मात्र मुझे कहने का निर्देश हुआ है आदि संदर्भों में ही 'मुझे' शब्द का प्रयोग अनुमन्य है। इसमें प्रथम पुरुष एकवचन का प्रयोग अप्रत्यक्ष रूप से किया जाता है।
3. इन पत्रों के द्वारा सरकार के विचारों, निर्णयों आदि की सूचना प्रदान की जाती है।
4. इसमें संख्या, भारत/राज्य सरकार (राज्य का नाम), मंत्रालय, विभाग, कार्यालय का नाम आदि का नाम पृष्ठ के मध्य में सबसे ऊपर अंकित किया जाता है।
5. इसके पश्चात् दाहिनी ओर पता तथा दिनांक अंकित की जाती है।
6. इसके पश्चात् पत्र में जिन अधिकारियों को पत्र प्रेषित किया जाना है, उनका पदनाम तथा यदि व्यक्तियों को प्रेषित किया जाना है तो उनके नाम अंकित किए जाते हैं।
7. 'विषय' के अंतर्गत पत्र के मूल आशय को संक्षेप में व्यक्त किया जाता है।
8. संबोधन में महोदय/महोदया का प्रयोग किया जाता है।
9. पत्र का मुख्य भाग सर्वाधिक महत्त्वपूर्ण है। इसमें विषय से संबंधित विचारों तथा सूचनाओं को क्रमबद्ध रूप से प्रस्तुत किया जाता है।
10. पत्र के अंत में भवदीय/भवदीया शब्द का प्रयोग किया जाता है।

क्रमांक उनि/सशि/एफ-501/निशु/पापु/2020-21/412

कार्यालय निदेशक
माध्यमिक शिक्षा
कखग सरकार,
अबस
दिनांक 20/07/2020

सेवा में,
समस्त मुख्य जिला शिक्षा अधिकारी,
उत्तर प्रदेश

विषय :शैक्षिक सत्र 2020-21 में ब्लॉक नोडल विद्यालय से पी.ई.ई.ओ./ शहरी नोडल विद्यालयों तक निःशुल्क पाठ्य पुस्तक के संबंध में।

प्रसंग : इस कार्यालय के समसंख्यक पत्रांक 410 दिनांक 17.07.2020।

महोदय,

उपर्युक्त विषयांतर्गत प्रासंगिक पत्र द्वारा शैक्षिक सत्र 2020-21 में ब्लॉक नोडल विद्यालय से पी.ई.ई.ओ./शहरी नोडल विद्यालयों तक निःशुल्क पाठ्य पुस्तक वितरण, शाला दर्पण पर प्राप्ति, वितरण एवं निविदा से पूर्व ब्लॉक नोडल विद्यालयों से पी.ई.ई.ओ./शहरी नोडल को वितरित निःशुल्क पाठ्य पुस्तकों की सूचना निर्धारित प्रपत्र में प्रेषित करने के निर्देश दिए गए थे।

उक्त क्रम में यह स्पष्ट किया जाता है कि परिवहनकर्ता को उन्हीं निःशुल्क पाठ्य पुस्तकों के परिवहन का भुगतान किया जाए, जिनका परिवहन वास्तव में उनके द्वारा किया गया है। प्रासंगिक प्रपत्र के बिंदु संख्या 3 की निर्धारित संशोधित प्रपत्र में सूचना तैयार कर इस कार्यालय को आधिकारिक ई-मेल से सॉफ्ट कॉपी में एवं हार्ड कॉपी में प्रेषित करें—

क्र.सं.	ब्लॉक का नाम	कक्षा	विषय	पुस्तक का नाम	संख्या
1	2	3	4	5	6

भवदीय
(श ष स)
आई.ए.एस.
निदेशक, माध्यमिक शिक्षा
क ख ग अ ब स

प्रतिलिपि सूचनार्थ एवं आवश्यक कार्रवाई बाबत—

1. निजी सचिव, सचिव, क ख ग राज्य पाठ्य पुस्तक मंडल, त थ द ।
2. समस्त मंडल संयुक्त निदेशक, स्कूल शिक्षा विभाग।
3. समस्त मुख्य ब्लॉक शिक्षा अधिकारी।
4. रक्षित पत्रावली।

उपनिदेशक
समाज शिक्षा, क ख ग
अ ब स

सरकारी पत्राचार में पत्र प्राप्ति की सूचना, अंतरिम उत्तर तथा निर्धारित अवधि में कार्रवाई न होने पर अनुस्मारक की व्यवस्था भी है।

पावती (Acknowledgement)

जब पत्र प्राप्त करनेवाला मंत्रालय/विभाग/कार्यालय/संगठन/कंपनी आदि प्रेषक कार्यालय को पत्र प्राप्ति की सूचना प्रेषित करता है। इस प्राप्ति की सूचना को पावती कहा जाता है। यह एक औपचारिक पत्र होता है, जिसमें पत्र की संख्या तथा दिनांक अंकित कर निर्धारित प्रारूप में प्रेषित कर दिया जाता है।

सामान्य रूप से सरकारी कार्यालयों के प्रकाशन अनुभाग इसका सर्वाधिक प्रयोग करते हैं। इसकी भाषा तथा प्रारूप सरकारी-पत्र के समान होता है।

सं. ....

भारत सरकार
मानव संसाधन विकास मंत्रालय
केंद्रीय हिंदी निदेशालय, प्रकाशन विभाग

अ ब स
क ख ग

दिनांक ....

सेवा में,
श्री..........................
....

विषय : प्राप्ति सूचना।

महोदय,

आपका लेख शीर्षक ....प्राप्त हुआ। धन्यवाद। लेख की

उपयोगिता से आपको यथासमय अवगत करा दिया जाएगा। कृपया पत्राचार न करें।

धन्यवाद

भवदीय

ह.

(क.ख.ग.)

पदनाम

अंतरिम उत्तर (Interim Reply)

जब पत्र प्राप्त करनेवाला मंत्रालय/विभाग/कार्यालय/संगठन/कंपनी पत्र में माँगी गई सूचनाओं को तत्काल प्रदान करने की स्थिति में नहीं होता है, तब वह पावती के रूप में अंतरिम उत्तर प्रेषित कर देता है। इसकी भाषा सरल एवं स्पष्ट होती है। अंतरिक उत्तर का प्रारूप भी सरकारी-पत्र की भाँति होता है।

सं. 20630/11/2021 के.हिं.प्र.सं.

भारत सरकार

केंद्रीय हिंदी प्रशिक्षण संस्थान

राजभाषा विभाग, गृह मंत्रालय

अ ब स

क ख ग, श ष स

दिनांक ....

सेवा में,

निदेशक राजभाषा

राजभाषा विभाग, गृह मंत्रालय

अ ब स क ख ग 110003

विषय : हिंदी पखवाड़ा के अंतर्गत किए जाने कार्यक्रमों तथा अतिथियों की सूची उपलब्ध कराने के संदर्भ में।

महोदय,

कृपया उपर्युक्त विषय पर आपके कार्यालय के पत्रांक.................दिनांक 10 जुलाई, 2021, रा.भा.का. अवलोकन करें। आपके द्वारा माँगी गई सूचना समस्त संबद्ध, अधीनस्थ एवं क्षेत्रीय कार्यालयों से एकत्र की जा रही है। सूचना प्राप्त होते ही आपको प्रेषित कर दी जाएगी।

भवदीय

हस्ताक्षर

(क.ख.ग.)

पदनाम

अनुस्मारक या स्मरण-पत्र (Reminder)

जब किसी विषय पर कार्रवाई हेतु मंत्रालय/विभाग/कार्यालय/संगठन को पत्र प्रेषित किया जाता है, किंतु निर्धारित अवधि के भीतर अपेक्षित उत्तर प्राप्त नहीं होता है, तब प्रेषक मंत्रालय/विभाग/कार्यालय संबंधित मंत्रालय/विभाग/कार्यालय को स्मरण कराने हेतु पत्र प्रेषित करता है। इस पत्र को ही अनुस्मारक या स्मरण-पत्र कहा जाता है। इसका प्रारूप सरकारी-पत्र के समान ही होता है। इसकी भाषा सरल, स्पष्ट तथा कार्यालयीय विशेषताओं से युक्त होती है। अनुस्मारक अथवा स्मरण-पत्र सरकारी-पत्र से दो बिंदुओं पर पृथक् होता है—

1. अनुस्मारक में दाहिनी ओर अनुस्मारक लिखा रहता है तथा यदि यह दूसरा अथवा तीसरा अनुस्मारक है तो क्रमशः अनुस्मारक-2 तथा अनुस्मारक-3 अंकित किया जाता है।
2. अनुस्मारक में विषय के बाद संदर्भ लिखना भी अनिवार्य होता है।

अर्द्धसरकारी-पत्र

यह एक ऐसा पत्र है, जो एक शासकीय अधिकारी द्वारा दूसरे शासकीय अधिकारी अथवा व्यक्ति विशेष अपने समकक्ष अथवा अधीनस्थ किसी शासकीय अधिकारी को लिखा जाता है। इसका प्रयोग सरकारी अधिकारियों द्वारा आपसी पत्र-व्यवहार के लिए किया जाता है। इसका प्रयोग किसी अधिकारी का ध्यान व्यक्तिगत रूप से किसी मामले की ओर दिलाने हेतु भी किया जाता है। यह मूलपत्र तथा अनुस्मारक दोनों रूपों में प्रयोग किया जाता है।

ध्यान रखने योग्य महत्त्वपूर्ण बिंदु—

1. इस पत्र में उत्तम पुरुष एकवचन का प्रयोग किया जाता है।
2. इसकी भाषा व्यक्तिगत पत्र के समान मित्रवत् तथा आत्मीयतापूर्ण भी हो सकती है।
3. इसका प्रयोग समान स्तर के अधिकारियों अथवा अपने अधीनस्थों के मध्य किया जाना उचित होता है।
4. इसकी भाषा सरल और स्पष्ट होनी चाहिए।
5. इसमें सहयोग हेतु प्रयोग किए जानेवाले क्रियारूपों का प्रयोग किया जाता है।
6. अर्द्धसरकारी पत्र का शीर्ष सामान्य रूप से मुद्रित होता है।
7. अर्द्धसरकारी पत्र में सबसे ऊपर दाहिनी ओर अ.स.प.सं. अनिवार्य रूप से अंकित की जाती है।

8. प्रतीक चिह्न के दाहिनी ओर प्रेषक अधिकारी का नाम, पदनाम, दूरभाष, पता आदि लिखा जाता है।
9. इस पत्र में विषय तथा संदर्भ नहीं लिखा जाता है।
10. संबोधन हस्ताक्षरकर्ता अधिकारी स्वयं लिखता है। वह प्रिय, प्रिय श्री आदि संबोधनों को प्राप्तकर्ता के स्तर को ध्यान में रखकर लिखता है।
11. पत्र के अंत में शुभकामनाओं सहित का प्रयोग भी किया जाता है।
12. अधोलेख के रूप में भवदीय, भवनिष्ठ, शुभेच्छु आदि भी लिखा जाता है।
13. प्राप्तकर्ता अधिकारी का नाम, पदनाम, कार्यालय का नाम, पता आदि बाईं ओर सबसे नीचे लिखा जाता है।
14. 'सेवा में' लिखना पूर्ण रूप से वर्जित है।

प्रारूप

अ.स.प.सं. ....

दिनांक ....

नाम ....भारत सरकार

प्रतीक चिह्न पदनाम ....वाणिज्य मंत्रालय

दूरभाष .... कार्यालय

ई-मेल ....नई दिल्ली ....

प्रिय श्री .... जी,

....................................कलेवर..

....

....

....

सद्भावनाओं सहित

आपका

ह.

(नाम)

प्राप्तकर्ता
पदनाम
पूरा पता

प्रतीक चिह्न
क.ख.ग. अ.स.प.सं.
निदेशक भारत सरकार
दूरभाष : गृह मंत्रालय, राजभाषा विभाग
केंद्रीय हिंदी प्रशिक्षण संस्थान

7वाँ तल, पर्यावरण भवन
सी.जी.ओ. कॉम्प्लेक्स, लोदी रोड
नई दिल्ली-110003

दिनांक : ....

माननीय श्री अ ब स जी,

जैसा कि आपको विदित है कि यह संस्थान केंद्र सरकार व उनके नियंत्रणाधीन उपक्रमों, बैंकों आदि के हिंदी का कार्यसाधक ज्ञान प्राप्त अधिकारियों/कर्मचारियों के लिए गहन हिंदी कार्यशालाओं का आयोजन करता आ रहा है, ताकि वे हिंदी में अपना सरकारी कामकाज दक्षतापूर्वक कर सकें। इसी अनुक्रम में एक गहन हिंदी कार्यशाला का आयोजन दिनांक .... से दिनांक .... तक के.हि.प्र.सं. के अ ब स, परिसर में किया जा रहा है। आप जैसे विषय विशेषज्ञ से हम प्रतिभागियों को लाभान्वित कराना चाहेंगे। कार्यशाला का विषय, समय आदि निम्नवत् है—

विषय : पारिभाषिक शब्दावली और अनुवाद दिनांक .... समय .... आशा है, आप उक्त तिथि को पधारकर हमें अनुगृहीत करेंगे।

शुभकामनाओं सहित,

भवन्निष्ठ
ह.
(क.ख.ग.)

अ ब स
1 2 3
श ष स

कार्यालय आदेश (Office Order)

यह किसी भी मंत्रालय/कार्यालय/विभाग के कर्मचारियों को सूचना प्रदान करने हेतु निर्गत किया जाता है। इसके अंतर्गत नियुक्ति, अवकाश की स्वीकृति, पदोन्नति आदि सूचनाएँ प्रदान की जाती हैं। इनका संबंध कार्यालय के एक अथवा अनेक कर्मचारियों से हो सकता है।

ध्यान में रखने योग्य महत्त्वपूर्ण बिंदु—

1. कार्यालय आदेश में सबसे ऊपर संख्या (फाइल संख्या का संक्षिप्त रूप) लिखा जाता है।
2. कार्यालय आदेश के दाहिनी ओर स्थान के नीचे आदेश निर्गत करने की दिनांक का उल्लेख किया जाता है।
3. इसके पश्चात् आदेश के मध्य में कार्यालय आदेश लिखा जाता है।
4. इसमें संबोधन तथा अधोलेख यथा भवदीय, शुभेच्छु आदि प्रयोग नहीं किया जाता है।
5. इसमें विषय तथा संदर्भ का उल्लेख भी नहीं किया जाता है।
6. यदि कार्यालय आदेश में एक से अधिक अनुच्छेद हैं तो प्रथम अनुच्छेद को छोड़कर अन्य में संख्या क्रम 2,3,4 आदि का प्रयोग किया जाता है।
7. प्रेषक अधिकारी का नाम दाईं ओर कोष्ठक के बीच में लिखा जाता है। उसके ऊपर हस्ताक्षर हेतु पर्याप्त स्थान छोड़ना अनिवार्य होता है। उसके नीचे पदनाम और अधिकारी की दूरभाष संख्या, ई-मेल आदि का उल्लेख किया जाता है।
8. सबसे नीचे बाईं ओर प्राप्तकर्ता के नाम, पदनाम तथा विभाग का उल्लेख किया जाता है। इसमें उन सभी अधिकारियों तथा कर्मचारियों को प्रतिलिपि भेजनेवालों का नाम अंकित किया जाता है।

उदाहरण

सं. ए 32014/1/2007 के.हिं.प्र.सं./—1024

भारत सरकार

राजभाषा विभाग, गृह मंत्रालय

केंद्रीय हिंदी प्रशिक्षण संस्थान

7वाँ तल, पर्यावरण भवन,
सी.जी.ओ. कॉम्प्लेक्स,
लोधी रोड, नई दिल्ली–110003
दिनांक : ....

कार्यालय आदेश

विभागीय पदोन्नति समिति की सिफारिश पर राजभाषा विभाग के दिनांक .... के पत्र सं. 14034/56/98 रा.भा. (प्रशि.) के द्वारा स्थायी हिंदी प्राध्यापकों को सहायक निदेशक हिंदी शिक्षण योजना कें.हिं.प्र.सं. के पद पर वेतनमान पी.बी. 3—15600–39100 ग्रेड वेतन 5400 में पदोन्नत किए जाने के परिणामस्वरूप उनके नाम के सामने दर्शाए गए केंद्रों पर तैनात किया जाता है। यह पदोन्नति सहायक निदेशक के पदभार ग्रहण करने की तिथि से प्रभावी होगी—

क्र.सं.	अधिकारी का नाम	वर्तमान तैनाती	पदोन्नति पर तैनाती स्थान
1.	अ ब स द	मेंगलुरु	बेंगलुरु
2.	क ख ग घ	विशाखापत्तनम	चैन्नई

उपर्युक्त अधिकारी पदोन्नति की तारीख से दो वर्ष की अवधि तक परिवीक्षा पर रहेंगे।

जिन्हें हिंदी अपग्रेडेशन का लाभ दिया जा चुका है, उन्हें अब पदोन्नति पर मूलभूत नियमावली के नियम 22(1)(क)(2) के तहत पुनः वेतन निर्धारण का अवसर नहीं दिया जाएगा।

ह.
(क.ख.ग.)
निदेशक

प्रतिलिपि सूचना व आवश्यक कार्रवाई हेतु—

1. वेतन एवं लेखा अधिकारी (सचिवालय) गृह मंत्रालय, नई दिल्ली।
2. क्षेत्रीय वेतन तथा लेखा अधिकारी, सी.आई.एस.एफ., चैन्नई।

3. सभी उपनिदेशक, हिंदी शिक्षण योजना, नई दिल्ली, मुंबई, चैन्नई, कोलकाता, गुवाहाटी।

परिपत्र (Circular)

परिपत्र का प्रयोग किसी मंत्रालय/कार्यालय/विभाग द्वारा तब किया जाता है, जब अधीनस्थ कार्यालयों या कर्मचारियों से कोई सूचना मँगानी हो अथवा कोई सूचना एक साथ अनेक कार्यालयों को प्रेषित करनी हो। सामान्यतः इसका प्रयोग मंत्रालय/कार्यालय/विभाग द्वारा आंतरिक कार्यों हेतु किया जाता है। निर्गतकर्ता मंत्रालय/विभाग/कार्यालय के अतिरिक्त अन्य मंत्रालय/विभाग/कार्यालय परिपत्र के अनुपालन हेतु बाध्य नहीं हैं। यदि परिपत्र के अनुदेशों का किसी अन्य मंत्रालय/विभाग/कार्यालय द्वारा अनुपालन किया जाना है तो संबंधित मंत्रालय/विभाग/कार्यालय द्वारा अलग से परिपत्र निर्गत करना आवश्यक है।

परिपत्र का उद्‌देश्य सरकारी नियमों या अनुदेशों के संबंध में मंत्रालय/विभाग/कार्यालय द्वारा कर्मचारियों को सूचना प्रदान करना है। परिपत्र में उत्तर की अपेक्षा नहीं की जाती है। यदि किसी कर्मचारी से कोई सूचना प्राप्त करनी है तो आदेश का प्रयोग किया जाता है।

ध्यान रखने योग्य महत्त्वपूर्ण बिंदु—

1. परिपत्र में सबसे ऊपर पृष्ठ के मध्य भाग में परिपत्र की संख्या, मंत्रालय, विभाग तथा दाईं ओर कार्यालय का पता तथा दिनांक लिखा जाता है।
2. इसमें संबोधन यथा—प्रिय, आदरणीय आदि तथा अधोलेख, यथा—भवदीय, शुभेच्छु आदि का प्रयोग नहीं किया जाता है।
3. परिपत्र में विषय तथा संदर्भ का उल्लेख नहीं किया जाता है।
4. मूल विषय के पश्चात् नीचे दाईं ओर निर्गत करनेवाले अधिकारी के हस्ताक्षर, नाम तथा पदनाम का उल्लेख किया जाता है।
5. इसके नीचे बाईं ओर सेवा में लिखकर जिन-जिन अधिकारियों को प्रेषित किया जाना है, उनका उल्लेख किया जाता है। यदि सूचना समस्त कर्मचारियों के लिए है तो 'समस्त संबंधित कर्मचारियों हेतु' लिख दिया जाता है।

उदाहरण

सं. ....

भारतीय डाक विभाग

महाडाकपाल का कार्यालय
तमिलनाडु परिमंडल,
चैन्नई–600002

दिनांक ....

परिपत्र

विषय : बचत बैंक खाता।

इस कार्यालय के दिनांक ....के पत्र सं. .... के अनुसार, जिसमें बचत बैंक खाते में जमा होनेवाली न्यूनतम राशि के संबंध में आदेश दिया गया था, अब यह निर्णय किया गया है कि पहली अप्रैल, सन् .... से बचत बैंक के खाते में जमा की जानेवाली न्यूनतम धनराशि पाँच सौ रुपए होगी। यह भी निर्णय किया गया है कि डाकघरों में जिन व्यक्तियों के खाते में उक्त राशि से कम जमा हो, उनको यह सूचना दे दी जानी चाहिए कि यदि वे उक्त रकम जमा करने को तैयार न हों तो उनका खाता पहली अप्रैल, सन् .... से बंद कर दिया जाएगा और उनकी जमा राशि उन्हें वापस कर दी जाएगी।

ह.
(क.ख.ग.)
महाडाकपाल

सेवा में

....
....
....

अधिसूचना

केंद्र तथा राज्य सरकारों द्वारा की गई घोषणाएँ गजट में प्रकाशित की जाती हैं। इन घोषणाओं के अंतर्गत शासकीय अधिकारियों की नियुक्ति, स्थानांतरण, वेतन वृद्धि, अवकाश, त्यागपत्र, कार्यकारी अधिकार, अधिनियम तथा आदेश सम्मिलित हैं। इन घोषणाओं को अधिसूचना कहा जाता है।

भारत के राजपत्र में पाँच भाग होते हैं। द्वितीय भाग के अतिरिक्त शेष भाग भारत सरकार प्रेस, फरीदाबाद से प्रकाशित होता है। इसके द्वितीय भाग का प्रकाशन भारत सरकार प्रेस, नई दिल्ली से प्रकाशित होता है। पहला, दूसरा तथा तीसरा भाग चार-चार खंडों में विभाजित होता है। चौथे तथा पाँचवें भाग में क्रमशः गैर-सरकारी व्यक्तियों एवं निकायों के विज्ञापन और जन्म तथा मृत्यु संबंधी आँकड़े प्रकाशित किए जाते हैं। आवश्यकता पड़ने पर राजपत्र का असाधारण अंक भी प्रकाशित किया जाता है।

ध्यान रखने योग्य महत्त्वपूर्ण बिंदु—

1. अधिसूचना में सबसे ऊपर भारत के राजपत्र के भाग तथा खंड का उल्लेख किया जाता है। इसके पश्चात् फाइल संख्या का उल्लेख किया जाता है। इसके पश्चात् भारत सरकार, मंत्रालय/विभाग/कार्यालय का नाम, पता, स्थान तथा दिनांक का नाम लिखा जाता है।
2. इसके पश्चात् मध्य में अधिसूचना लिखा जाता है।
3. अधिसूचना में संबोधन तथा अधोलेख नहीं लिखा जाता है।
4. अधिसूचना में हस्ताक्षर के ऊपर फाइल संख्या भी दी जाती है।
5. इसके पश्चात् बाईं ओर सेवा में, प्रबंधक भारत सरकार मुद्रणालय तथा पता का उल्लेख किया जाता है।
6. अंत में जिन-जिनको अधिसूचना की प्रतियाँ पृष्ठांकित की जानी हैं, उनका उल्लेख होता है। प्रकाशन प्रति पर पृष्ठाकंन नहीं किया जाता है।
7. अधिसूचना में किसी प्रकार की काट-छाँट नहीं की जा सकती है।
8. प्रकाशन हेतु कॉर्बन कॉपी या साइक्लोस्टाइल्ड प्रति नहीं भेजी जाती है।

उदाहरण

भारत के राजपत्र भाग-1, खंड-2 में प्रकाशनार्थ)

सं.ए-32014/1/2008 केंहिंप्रसं/198

भारत सरकार

राजभाषा विभाग, गृह मंत्रालय

केंद्रीय हिंदी प्रशिक्षण संस्थान

सातवाँ तल, पर्यावरण भवन,
सी.जी.ओ. कॉम्प्लेक्स, लोधी रोड,
नई दिल्ली-110003
दिनांक : ....

अधिसूचना

विभागीय पदोन्नति समिति की सिफारिश पर सचिव (राजभाषा), राजभाषा विभाग, गृह मंत्रालय निम्नलिखित हिंदी प्राध्यापकों को केंद्रीय हिंदी प्रशिक्षण संस्थान/हिंदी शिक्षण योजना में सहायक निदेशक के पद पर पदोन्नति पर पी.बी.-3 में रु. 15600-39100+5400 ग्रेड पे के वेतनमान में उनके नाम के सामने दर्शाई गई तारीख से सहर्ष नियुक्त करते हैं—

क्र.सं.	नाम	नियुक्ति की तारीख
1.	अ ब स	....
2.	क ख ग	....
3.	श ष स	....

(क.ख.ग.)
निदेशक

सेवा में
प्रबंधक,
भारत सरकार मुद्रणालय,
फरीदाबाद

ह.
(च.छ.ज.)
अवर सचिव, भारत सरकार

कार्यालय ज्ञाप अथवा कार्यालय ज्ञापन

केंद्र तथा राज्य सरकार के विभिन्न मंत्रालयों/कार्यालयों/विभागों के मध्य सूचना देने अथवा प्राप्त करने हेतु कार्यालय ज्ञाप का प्रयोग किया जाता है। संबद्ध एवं अधीनस्थ कार्यालयों के साथ पत्र-व्यवहार के लिए भी ज्ञाप का प्रयोग किया जाता है।

ध्यान रखने योग्य महत्त्वपूर्ण बिंदु—

1. कार्यालय ज्ञाप में सबसे ऊपर पृष्ठ के मध्य में संख्या का उल्लेख किया जाता है। उसके नीचे भारत सरकार अथवा संबंधित राज्य सरकार, उसके नीचे मंत्रालय तथा उसके नीचे विभाग के नाम का उल्लेख किया जाता है।
2. इसके पश्चात् दाहिनी ओर स्थान तथा कार्यालय का पता लिखा जाता है। इसी स्थान पर नीचे दिनांक का उल्लेख भी किया जाता है।
3. इसके नीचे मध्य में 'कार्यालय ज्ञाप' शीर्षक लिखा जाता है।

4. इसके पश्चात् बाईं ओर विषय लिखा जाता है।
5. इसके पहले अनुच्छेद में क्रमांक का उल्लेख नहीं किया जाता है, किंतु इसके बाद के अनुच्छेद को क्रम संख्या दो, तीन, चार आदि लिखा जाता है।
6. अनुच्छेद के पश्चात् दाहिनी ओर प्रेषक अधिकारी का नाम कोष्ठक में लिखा जाता है। इसके ऊपर अधिकारी के हस्ताक्षर हेतु स्थान होता है। इसके नीचे अधिकारी का पदनाम तथा दूरभाष संख्या का उल्लेख किया जाता है।
7. इसके पश्चात् प्रतिलिपि प्राप्तकर्ताओं का उल्लेख बाईं ओर किया जाता है।

उदाहरण

सभी मंत्रालयों/कार्यालयों को सूचना देने हेतु

सं. 12013/1/2005-रा.भा. (प्रशि.)

भारत सरकार

गृह मंत्रालय

राजभाषा विभाग

लोकनायक भवन, खान मार्केट

नई दिल्ली

दिनांक: ....

कार्यालय ज्ञापन

विषय : भारत सरकार के स्वामित्वाधीन या उसके नियंत्रणाधीन सरकारी उपक्रमों/बैंकों/स्वायत्त संगठनों/निगमों/निकायों आदि के कर्मचारियों को हिंदी प्रबोध, प्रवीण, प्राज्ञ और हिंदी टंकण एवं हिंदी आशुलिपि की पाठ्य-पुस्तकों नि:शुल्क उपलब्ध कराना।

केंद्र सरकार के सभी कर्मचारियों तथा भारत सरकार के स्वामित्वाधीन या उसके नियंत्रणाधीन सरकारी उपक्रमों, बैंकों, स्वायत्त संगठनों, निगमों, निकायों आदि के सभी कर्मचारियों के लिए हिंदी भाषा, हिंदी टंकण एवं हिंदी आशुलिपि का सेवाकालीन प्रशिक्षण अनिवार्य है। हिंदी शिक्षण योजना/केंद्रीय हिंदी प्रशिक्षण संस्थान द्वारा संचालित हिंदी, प्रबोध, प्रवीण, प्राज्ञ और हिंदी टंकण एवं हिंदी आशुलिपि प्रशिक्षण पाठ्यक्रमों की पाठ्य-पुस्तकें केवल केंद्र सरकार के कर्मचारियों को नि:शुल्क उपलब्ध कराई जा रही हैं।

2. अब यह निर्णय लिया गया है कि भारत सरकार के स्वामित्वाधीन या उसके नियंत्रणाधीन सरकारी उपक्रमों, बैंकों, स्वायत्त संगठनों, निगमों, निकायों आदि के जो कर्मचारी हिंदी शिक्षण योजना/केंद्रीय हिंदी प्रशिक्षण संस्थान द्वारा संचालित प्रशिक्षण

पाठ्यक्रमों में भाग लेते हैं, उन्हें भी हिंदी प्रबोध, प्रवीण, प्राज्ञ और हिंदी टंकण एवं हिंदी आशुलिपि की पाठ्य-पुस्तकें तथा अन्य प्रशिक्षण सामग्री निःशुल्क उपलब्ध कराई जाएगी और प्रशिक्षण की समाप्ति पर वापस नहीं ली जाएगी।

3. यह कार्यालय ज्ञापन वित्त प्रभाग, गृह मंत्रालय की दिनांक 11/3/2005 की टिप्पण डायरी संख्या 10888/ए.एस. एवं एफ.ए. (एच.) द्वारा दी गई सहमति से जारी किया जा रहा है।

ह.
(अ.ब.स.)
अवर सचिव, भारत सरकार
दूरभाष :

प्रतिलिपि प्रेषित

1. भारत सरकार के सभी मंत्रालय/विभाग (अनुरोध है कि कृपया इस कार्यालय ज्ञापन की विषयवस्तु को अपने नियंत्रणाधीन सभी सरकारी उपक्रमों/बैंकों/स्वायत्त संगठनों/निगमों/निकायों आदि के ध्यान में लाएँ)।
2. निर्वाचन आयोग, नई दिल्ली।
3. संघ लोक सेवा आयोग, नई दिल्ली।
4. केंद्रीय सतर्कता आयोग, नई दिल्ली।
5. योजना आयोग, नई दिल्ली।
6. भारत के नियंत्रक एवं महालेखापरीक्षक का कार्यालय, नई दिल्ली।
7. गृह मंत्रालय और राजभाषा विभाग के सभी अनुभाग/डेस्क।
8. केंद्रीय हिंदी प्रशिक्षण संस्थान/केंद्रीय अनुवाद ब्यूरो/राजभाषा समिति/क्षेत्रीय कार्यान्वयन कार्यालय।
9. गार्ड फाइल।

ह.
(अ.ब.स.)
अवर सचिव, भारत सरकार

विज्ञापन

विज्ञापन का अर्थ विशिष्ट ज्ञान प्रदान करने से है। सरकार में मंत्रालय/विभाग/कार्यालय अनेक प्रकार के विज्ञापनों को समय-समय पर प्रकाशित करते हैं। इन विज्ञापनों का उद्देश्य सूचना प्रदान करना होता है। यह सूचना किसी जनकल्याणकारी योजना, रोजगार आदि से संबंधित हो सकती है। यह सरकार द्वारा किसी कार्य हेतु सेवा प्रदान

करने के संबंध में भी हो सकती है अथवा किसी उत्पाद का क्रय-विक्रय, उत्पादों की तुलनात्मक जानकारी, शिविर का आयोजन आदि के संबंध में भी हो सकती है।

ध्यान देने योग्य महत्त्वपूर्ण बिंदु—

1. भाषा सरल एवं स्पष्ट होनी चाहिए।
2. इसे अन्य पुरुष शैली में लिखा जाना चाहिए।
3. सूचना को पूर्णता तथा स्पष्टता के साथ प्रकट किया जाना चाहिए।
4. विज्ञापन प्रकाशित समय प्रकाशित दिनांक से आवेदन प्राप्ति की दिनांक तक आवेदक को निर्धारित एवं उपयुक्त समय प्रदान किया जाना चाहिए।
5. इसमें संबोधन एवं भवदीय आदि शब्दों का प्रयोग नहीं किया जाना चाहिए।
6. सबसे नीचे सक्षम अधिकारी का हस्ताक्षर, नाम, पदनाम लिखा जाना चाहिए।

विज्ञापन

शिक्षुता प्रशिक्षण बोर्ड (दक्षिण क्षेत्र)

(शिक्षा मंत्रालय का स्वायत्त निकाय, उच्चतर शिक्षा विभाग, भारत सरकार)

चौथी गली, सी.आई.टी. अहाता, तरमणि, चेन्नई-600 113

दूरभाष 044-22554 1292 / 2254 2236 / 22542702

कनिष्ठ हिंदी अनुवादक के पद के लिए आवेदन

शिक्षुता प्रशिक्षण बोर्ड (दक्षिण क्षेत्र), शिक्षा मंत्रालय का स्वायत्त निकाय, उच्चतर शिक्षा विभाग, भारत सरकार, नीचे दिए गए विवरण के अनुसार कनिष्ठ हिंदी अनुवादक के रूप में नियुक्त होने के लिए प्रासंगिक अनुभव वाले पात्र उम्मीदवारों से आवेदन आमंत्रित करता है—

क्रम सं	पद	वेतनमान	रिक्तता की संख्या	आयु सीमा
1.	कनिष्ठ हिंदी अनुवादक	Level 6 of Pay scale Index 1- रु. 35,400/-	एक/अनारक्षित	30 वर्ष

शैक्षिक योग्यता, अनुभव आदि जैसे अधिक विवरण के लिए कृपया हमारी वेबसाइट को देखें।

आवेदन उपर्युक्त वेबसाइट से डाउनलोड किया जा सकता है। सभी नियमों और शर्तों को पूरा करने वाला विधिवत् भरा हुआ आवेदन उसमें उल्लेखित पते पर भेजा जाए।

प्रशिक्षण निदेशक/

शिक्षुता प्रशिक्षण बोर्ड (द.क्षे.), चेन्नई

संकल्प

शासन द्वारा संकल्प का प्रयोग सरकार के निर्णयों, समितियों तथा आयोगों का गठन, इन समितियों तथा आयोगों के अध्यक्ष एवं सदस्यों की नियुक्तियाँ आदि की घोषणा हेतु किया जाता है। संकल्प का प्रकाशन भी भारत के राजपत्र में किया जाता है।

अधिसूचना तथा संकल्प का प्रारूप एक समान होता है। संकल्प में प्रारंभ में ही यह निर्देश भी किया जाता है कि इसे राजपत्र के किस भाग एवं खंड में प्रकाशित किया जाएगा। संकल्प की मूल प्रति प्रकाशन हेतु प्रबंधक, भारत सरकार मुद्रणालय को प्रेषित की जाती है।

प्रकाशन हेतु कॉर्बन या साइक्लोस्टाइल्ड प्रति प्रेषित नहीं की जाती है। इस प्रति पर सक्षम प्राधिकारी के हस्ताक्षर होना अनिवार्य हैं, कृते के रूप में किसी अन्य अधिकारी के द्वारा हस्ताक्षर नहीं किए जाने चाहिए। हस्ताक्षर स्याही से वास्तविक स्वरूप में होने चाहिए।

संकल्प की मुद्रण/प्रकाशन हेतु प्रेषित प्रति के अतिरिक्त अन्य प्रतियों पर संबद्ध व्यक्ति/कार्यालय का पृष्ठांकन किया जाना चाहिए। इन प्रतियों पर सक्षम अधिकारी के स्थान पर प्राधिकृत अधिकारी भी हस्ताक्षर कर सकता है।

संकल्प का प्रारूप अधिसूचना की भाँति होता है, अतः अधिसूचना के प्रारूप में प्रदत्त समस्त महत्त्वपूर्ण तथ्यों का ध्यान संकल्प के समय भी ध्यान रखना आवश्यक है।

(भारत के राजपत्र के भाग-1 खंड-1 में प्रकाशनार्थ)

भारत सरकार

वस्त्र मंत्रालय

विकास आयुक्त (हस्तशिल्प) का कार्यालय

वेस्ट ब्लॉक नं. 7, आर.के. पुरम
नई दिल्ली-110066
दिनांक ....

संकल्प

सं. के-12012/5/16/2006-पी.एंड आर संकल्प से के-16/4/98 पी एंड आर दिनांक 10/12/2004 द्वारा गठित अखिल भारतीय हस्तशिल्प बोर्ड को तत्काल प्रभाव से समाप्त कर दिया गया है।

1. अब भारत सरकार ने इस बोर्ड को दो वर्ष की अवधि के लिए फिर से पुनर्गठित करने का निर्णय किया है।
2. इस बोर्ड की अवधि इस संकल्प के भारत के राजपत्र में प्रकाशन की तारीख से दो वर्ष तक की होगी।
3. बोर्ड के अध्यक्ष श्री .... वस्त्र मंत्री होंगे।
4. बोर्ड के निम्नलिखित सदस्य होंगे—
    1. सचिव (वस्त्र), वस्त्र मंत्रालय
    2. ....
    3. ....
5. बोर्ड, भारत सरकार को हस्तशिल्प के क्षेत्र में इसके समग्र विकास कार्यक्रमों की रूपरेखा तैयार करने में सलाह देगा।

बोर्ड की भूमिका निम्नानुसार होगी—

1. हस्तशिल्प क्षेत्र में समग्र विकास कार्यक्रमों को तैयार करने हेतु सरकार को सलाह देना।
2. हस्तशिल्पकारों के उच्च जीवन स्तर प्राप्त करने के लिए नीतियाँ तैयार करने हेतु सरकार को सलाह देना।
3. देश-विदेश में हस्तशिल्प के बाजार को बढ़ावा देने हेतु नीतियाँ तैयार करने में सरकार को सलाह देना।

ह.

(क. ख. ग.)

अपर विकास आयुक्त (हस्तशिल्प)

सेवा में

प्रबंधक

भारत सरकार मुद्रणालय

फरीदाबाद-121001 (हरियाणा)

आदेश : आदेश दिया जाता है कि इस संकल्प की प्रतिलिपि प्रस्तावित समिति के अध्यक्ष तथा सदस्यों को दी जाए।

यह भी आदेश दिया जाता है कि इसे भारत के राजपत्र में तथा जनसाधारण के सूचनार्थ देश के प्रमुख समाचार-पत्रों में प्रकाशित कराने का प्रबंध किया जाए।

ह.

(क.ख.ग.)

अपर विकास आयुक्त (हस्तशिल्प

प्रेस विज्ञप्ति

शासन द्वारा सूचनाओं, कार्यक्रमों, योजनाओं तथा नीतियों की व्यापक जानकारी सीधे जनसामान्य तक प्रेषित करने हेतु समाचार-पत्रों, दृश्य एवं श्रव्य माध्यमों, यथा—रेडियो, टेलीविजन आदि में इनका प्रकाशन तथा प्रसारण कराया जाता है, इसके लिए प्रेस विज्ञप्ति का प्रयोग किया जाता है।

प्रेस विज्ञप्ति औपचारिक होती है, अतः प्रकाशित अथवा प्रसारित करनेवाले संपादक को इसमें संशोधन का अधिकार नहीं होता है। प्रेस विज्ञप्ति के प्रकाशन का निर्धारित शुल्क भी संबंधित मंत्रालय/विभाग/कार्यालय द्वारा देय होता है। प्रेस विज्ञप्ति प्रकाशन हेतु निर्धारित तिथि तथा समय के पूर्व प्रकाशन न करने का निर्देश भी होता है।

ध्यान रखने हेतु महत्त्वपूर्ण बिंदु—

1. प्रेस विज्ञप्ति का सर्वाधिक महत्त्वपूर्ण बिंदु है कि प्रारूप में सर्वप्रथम यह निर्देश अवश्य प्रदान किया जाए कि इसे अंकित दिनांक तथा समय से पूर्व प्रकाशित अथवा प्रसारित न किया जाए।
2. इसके पश्चात् मध्य में 'प्रेस विज्ञप्ति' लिखा जाता है, तत्पश्चात् विषय का उल्लेख किया जाता है।
3. विषय के पश्चात् प्रेस विज्ञप्ति का मुख्य भाग, अर्थात् कलेवर होता है, जिसमें प्रकाशित होनेवाली संपूर्ण जानकारी होती है।
4. मुख्य अंश के पश्चात् प्रेस विज्ञप्ति निर्गत करनेवाले मंत्रालय/विभाग/कार्यालय का नाम मध्य में लिखा जाता है। इसके नीचे दाहिनी ओर स्थान तथा दिनांक लिखा जाता है।
5. दिनांक के नीचे बाईं ओर संख्या अंकित की जाती है।
6. प्रेस विज्ञप्ति सीधे प्रधान सूचना अधिकारी, प्रेस सूचना ब्यूरो, नई दिल्ली अथवा संबंधित संपादक को प्रेषित की जाती है, जिसमें प्रकाशन अथवा प्रसारण का समय तथा दिनांक भी दी जाती है।
7. अंत में प्रेस विज्ञप्ति निर्गत करनेवाले अधिकारी के हस्ताक्षर नाम, पदनाम तथा दूरभाष संख्या लिखी जाती है।

उदाहरण

(दिनांक .... समय .... से पूर्व प्रकाशित किया जाए)

प्रेस विज्ञप्ति

विषय : प्रवर श्रेणी लिपिकों हेतु आयोजित लिखित परीक्षा का परिणाम।

कर्मचारी चयन आयोग, नई दिल्ली द्वारा जनवरी 2022 में प्रवर श्रेणी लिपिकों हेतु आयोजित लिखित परीक्षा का परिणाम इसके साथ संलग्न कर समाचार-पत्रों/समाचार-पत्र में प्रकाशनार्थ प्रेषित है।

कर्मचारी चयन आयोग

नई दिल्ली

दिनांक ....

संख्या ....

मुख्य सूचना अधिकारी, प्रेस सूचना ब्यूरो, भारत सरकार, नई दिल्ली/संपादक........ नई दिल्ली/मुंबई/कोलकाता को यह प्रेस विज्ञप्ति विस्तृत प्रचार और प्रकाशनार्थ भेजी जाती है।

ह.

(क.ख.ग.)

क्षेत्रीय निदेशक

कर्मचारी चयन आयोग

नई दिल्ली

दूरभाष सं. ....

निविदा (Tender)

शासकीय अथवा अशासकीय कार्यालयों की दैनिक आवश्यकताओं तथा गतिविधियों के सुचारु क्रियान्वयन तथा कार्यों को संपन्न करने हेतु सार्वजनिक समाचार-पत्रों में सूचना प्रकाशित की जाती है। इसे 'निविदा' कहते हैं। इसका उद्देश्य मितव्ययिता के साथ गुणवत्तापूर्ण कार्य करना होता है।

निविदा का शाब्दिक अर्थ आवश्यक धनराशि लेकर वांछित कार्य करने का लिखित वचन है। निविदा तीन प्रकार भी होती है—सीमित निविदा, खुली निविदा तथा अल्पकालीन निविदा।

ध्यान रखने हेतु महत्त्वपूर्ण बिंदु—

1. सर्वप्रथम मध्य में मंत्रालय/विभाग/कार्यालय का उल्लेख किया जाता है।
2. तत्पश्चात् बाईं ओर निविदा क्रमांक का उल्लेख किया जाता है।
3. दाहिनी ओर दिनांक लिखी जाती है।
4. इसके पश्चात् मध्य में 'निविदा' लिखा जाता है।
5. इसके पश्चात् कार्य का संपूर्ण विवरण प्रदान किया जाता है। इसके अंतर्गत निविदा प्रस्तुत करने का दिनांक तथा समय, निविदा खोलने का दिनांक, समय तथा स्थान, अनुमानित लागत राशि, कार्य पूर्ण करने की समय सीमा निविदा प्रपत्र का मूल्य, धरोहर राशि तथा जमा करने की विधि आदि सम्मिलित हैं।
6. इसके पश्चात् निविदा निर्गत अधिकारी हस्ताक्षर, नाम, पदनाम लिखा जाता है।

उत्तर मध्य रेलवे, प्रयागराज

क्रमांक : NCRPU_W_CNB_03_2022 दिनांक : 25-03-2022

ई-निविदा सूचना

भारत के राष्ट्रपति की ओर से एवं उनके लिए उप मुख्य संकेत एवं दूरसंचार अभियंता/सी.टी.सी./एन.सी.आर.पी.यू./टूंडला के निम्नलिखित कार्य हेतु ऑनलाइन (ई-टेंडरिंग) के माध्यम से खुली निविदा आमंत्रित करते हैं—

कार्य का नाम	एस.एस.ई./सिंग/पी.यू./स्टोर झकरकटी, कानपुर की मरम्मत एवं नवीनीकरण।
ई-निविदा सूचना संख्या	NCRPU_W_CNB_01_2022 Date-25-03-2022
अनुमानित लागत (रु.)	Rs. 45,48,460 पैंतालीस लाख अड़तालीस हजार चार सौ साठ रुपए मात्र
अमानत राशि (रु.)	0.00
निविदा प्रपत्र का मूल्य	0.00
निविदा बंद होने की तिथि तथा समय	17/04/2022, 12.00 बजे रात्रि
स्वीकृत पत्र जारी होने के समय से कार्य समापन/अवधि की तिथि	09 माह
वैधता अवधि	45 दिन

नोट : 1. निविदा प्रपत्र के साथ समस्त जानकारी वेबसाइट www.ireps.gov.in पर दिनांक 17.04.2022 को रात्रि 12 बजे तक उपलब्ध रहेगी। 2. ई-बिड्स के अलावा किसी प्रकार की बिड्स स्वीकार नहीं की जाएगी। इस कार्य के लिए वेंडर्स अपने क्लास-III, डिजिटल सिग्नेचर सर्टिफिकेट (CCA अंडर आई.टी. ऐक्ट 2000 द्वारा जारी) के साथ ireps वेबसाइट में पंजीकृत होने चाहिए। 3. मूल्य, जोकि फाइनेंसियल रेट पेज में प्रविष्ट किए गए हैं और डिजिटल सिग्नेचर किए गए हैं, वही विचार किए जाएँगे, मूल्य और कोई भी वित्तीय स्थिति किसी भी रूप में या लैटर हेड संलग्न किया गया हो, उस पर ध्यान नहीं दिया जाएगा और विचार नहीं किया जाएगा। 4. जो भी प्रपत्र संलग्न किए गए हैं, वे ठेकेदार के द्वारा डिजिटल सिग्नेचर किए गए होने चाहिए। 5. सभी विवरणों के लिए तथा बिड जमा करने के लिए भारतीय रेल की वेबसाइट www.ireps.gov.in को देखें।

अभ्यास कार्य

लघु एवं दीर्घ उत्तरीय प्रश्न

1. महाविद्यालय अथवा विश्वविद्यालय में शुल्क प्रतिपूर्ति हेतु प्राचार्य अथवा विभागाध्यक्ष को प्रार्थना-पत्र लिखिए।
2. स्वास्थ्य मंत्रालय द्वारा राज्य सरकारों को कोरोना से सावधानी हेतु सरकारी-पत्र लिखिए। संबंधित पत्र की पावती भी बनाइए।
3. आपके जिले के जिलाधिकारी द्वारा किसी अन्य जिलाधिकारी को प्रेषित अर्द्धसरकारी पत्र का प्रारूप बनाइए।
4. विधानसभा कार्यालय के कर्मचारियों के सामूहिक बीमा की राशि की कटौती हेतु सूचना प्रदान करने हेतु निर्धारित सरकारी पत्राचार प्रारूप का प्रयोग करते हुए पत्र लिखिए।
5. अपने कार्यालय के कंप्यूटरीकरण हेतु निविदा बनाइए।
6. अधिकारी की पदोन्नति हेतु अधिसूचना निर्गत कीजिए।
7. कोरोना नियमों के परिपालन हेतु कार्यालय ज्ञाप लिखिए।
8. सरकारी-पत्र की चार विशेषताएँ लिखिए।

प्रायोगिक कार्य

1. किसी सरकारी कार्यालय में जाकर वहाँ के पत्राचार पर एक संक्षिप्त रिपोर्ट तैयार करना।

दक्षता परीक्षण

1. सरकारी कार्यालयों के पत्राचार पर पावर पॉइंट प्रस्तुतीकरण दीजिए।

परियोजना कार्य

1. पाठ्यक्रम में निर्धारित प्रारूपों के एक-एक उदाहरण लिखिए तथा प्रत्येक की विशेषताओं को रेखांकित करते हुए परियोजना कार्य जमा कीजिए।
2. विभिन्न कार्यालयों में प्रयुक्त एक ही प्रारूप के पत्रों का संग्रह कर फाइल बनाइए।
3. एक ही कार्यालय द्वारा निर्गत सरकारी पत्राचार के विभिन्न प्रारूपों को संगृहीत कर फाइल बनाइए।

वस्तुनिष्ठ प्रश्न

1. निम्नांकित में कार्यालयी पत्र के विषय में सत्य है—
   (क) पत्र संख्या का उल्लेख आवश्यक है
   (ख) दिनांक अवश्य अंकित की जानी चाहिए
   (ग) संबोधक पत्र के प्रारूप के आधार पर निर्धारित होगा
   (घ) उपर्युक्त सभी
2. कार्यालयी पत्र के प्रमुख अवयवों में नहीं है—
   (क) प्रेषक का नाम तथा पदनाम
   (ख) प्रेषक के हस्ताक्षर
   (ग) अभिवादन
   (घ) दिनांक
3. प्रतिलिपि पत्र के किस भाग में अंकित की जानी चाहिए?
   (क) सबसे ऊपर
   (ख) प्राप्तकर्ता के नाम के पश्चात
   (ग) विषय के नीचे
   (घ) सबसे अंत में
4. आवेदन-पत्र के विषय में सत्य है।
   (क) यह व्यक्तिगत पत्रों से भिन्न होता है
   (ख) किसी विषय पर निवेदन करना आवेदन-पत्र की श्रेणी में आता है
   (ग) आदरसूचक संबोधन का प्रयोग किया जाता है
   (घ) उपर्युक्त सभी
5. सरकारी-पत्र का मुख्य उद्देश्य है—
   (क) सरकार द्वारा सूचनाओं का आदान-प्रदान
   (ख) सरकार द्वारा मात्र आदेश निर्गत करना
   (ग) सरकार द्वारा कार्यों का क्रियान्वयन
   (घ) इनमें से कोई नहीं
6. सरकार द्वारा सरकारी-पत्र का प्रयोग निम्नलिखित में से किसके साथ किया जाता है?
   (क) मंत्रालय
   (ख) विभाग
   (ग) अनुभाग
   (घ) उपर्युक्त सभी

7. सरकारी–पत्र के विषय में सत्य है—
   (क) भाषा सर्वाधिक महत्त्वपूर्ण होती है
   (ख) इनमें उत्तम पुरुष एकवचन का प्रयोग किया जाता है
   (ग) संख्या का उल्लेख अनिवार्य नहीं है
   (घ) संबोधन का प्रयोग वर्जित है
8. सरकारी–पत्र की संरचना के संबंध में असत्य है।
   (क) पत्र में मंत्रालय का नाम अवश्य उल्लेखित किया जाना चाहिए
   (ख) भवदीय शब्द का प्रयोग अनुमन्य है
   (ग) प्रथम पुरुष एकवचन का प्रयोग अप्रत्यक्षतः किया जाना चाहिए
   (घ) इनमें से कोई नहीं
9. सरकारी–पत्र में सबसे ऊपर पृष्ठ के मध्य भाग में क्या उल्लेख नहीं किया जाता है।
   (क) संख्या
   (ख) सरकार का नाम (भारत/राज्य)
   (ग) विभाग
   (घ) प्राप्तकर्ता
10. सरकारी–पत्र की प्राप्ति की सूचना हेतु प्रयोग किया जाता है।
   (क) अनुस्मारक (ख) पावती
   (ग) अंतरिम (घ) उपर्युक्त सभी
11. सरकारी–पत्र की प्राप्ति पर अंतरिम उत्तर का प्रयोग किया जाता है।
   (क) जब वांछित सूचना को प्राप्तकर्ता तत्काल प्रेषित करने की स्थिति में न हो
   (ख) जब तत्काल सूचना प्रदान कर दी जाती है
   (ग) जब उत्तर पहले से ही तैयार होता है
   (घ) इनमें से कोई नहीं
12. अनुस्मारक का प्रयोग निम्नांकित में से किस स्थिति में प्रयोग किया जाता है।
   (क) जब प्राप्तकर्ता मंत्रालय/विभाग/कार्यालय का किसी पत्र से संबंधित पूरक सूचना भेजी जाती है
   (ख) जब वांछित सूचना प्राप्त नहीं होती है
   (ग) जब सूचना प्राप्ति पर धन्यवाद प्रेषित किया जाता है
   (घ) उपर्युक्त सभी

13. विज्ञापन के विषय में सत्य है—
   (क) भाषा सरल और स्पष्ट होनी चाहिए
   (ख) अन्य पुरुष शैली का प्रयोग किया जाना चाहिए
   (ग) सूचना को पूर्णता तथा स्पष्टता के साथ प्रकट करता हो
   (घ) उपर्युक्त सभी
14. निम्निलिखित में से विज्ञापन में प्रयोग नहीं किया जाता है—
   (क) प्रेषक अधिकारी मापता (ख) संबोधन
   (ग) भवदीय (घ) उपर्युक्त सभी
15. निविदा के प्रकाशन का उद्देश्य है—
   (क) कार्यों को संपन्न कराने हेतु
   (ख) मितव्ययिता के साथ गुणवत्तापूर्ण कार्य
   (ग) आवश्यक धनराशि लेकर वांछित कार्य कराने हेतु
   (घ) उपर्युक्त सभी
16. निम्निलिखित में निविदा का प्रवाह नहीं है—
   (क) सीमित निविदा (ख) असीमित निविदा
   (ग) खुली निविदा (घ) अल्पकालीन निविदा
17. निविदा प्रारूप के संबंध में असत्य है।
   (क) सर्वप्रथम कार्यालय का उल्लेख किया जाता है
   (ख) दाहिनी ओर निविदा क्रमांक लिखा जाना है
   (ग) दाहिनी ओर दिनांक लिखी जाती है
   (घ) पृष्ठ के मध्य में निविदा लिखा जाता है
18. शासन द्वारा समितियों तथा आयोगों के गठन हेतु निर्गत किया जाता है।
   (क) अधिसूचना (ख) कार्यालय ज्ञाप
   (ग) संकल्प (घ) परिपत्र
19. निम्नांकित में से संकल्प का प्रारूप किसके समान होता है ?
   (क) अधिसूचना (ख) परिपत्र
   (ग) विज्ञप्ति (घ) निविदा
20. संकध के विषय में सत्य है—
   (क) प्रकाशन प्रति में सक्षम अधिकारी के हस्ताक्षर अनिवार्य हैं
   (ख) कृते के रूप में कोई अन्य अधिकारी के भी हस्ताक्षर हो सकते हैं
   (ग) प्रकाशन हेतु मूल प्रति प्रेषित नहीं की जाती है
   (घ) उपर्युक्त सभी

21. सरकारी अधिकारियों द्वारा आपसी पत्र-व्यवहार हेतु प्रयोग किया जाता है।
(क) सरकारी-पत्र (ख) अर्धसरकारी पत्र
(ग) परिपत्र (घ) अनौपचारिक पत्र

22. अर्धसरकारी पत्र में किस पुरुष शैली का प्रयोग किया जाता है ?
(क) प्रथम पुरुष (ख) मध्यम पुरुष
(ग) उत्तम पुरुष (घ) इनमें से कोई नहीं

23. अर्धसरकारी पत्र की विशेषता नहीं है।
(क) इसकी भाषा सरल और स्पष्ट होती है
(ख) इसकी शैली आत्मीयतापूर्ण होती है
(ग) इसमें प्रथम पुरुष शैली का प्रयोग किया जाता है
(घ) इसका शीर्षक सामान्य रूप से मुद्रित होता है

24. अर्धसरकारी पत्र की विशेषता है/हैं।
(क) संबोधन में प्रिय, आदरणीय आदि शब्दों का प्रयोग किया जाता है
(ख) पत्र के अंत में सादर, शुभकामनाओं सहित आदि शब्दों का प्रयोग होता है
(ग) अंत में भवदीय, शुभेच्छु आदि शब्दों का प्रयोग किया जाता है
(घ) उपर्युक्त सभी

25. निम्नलिखित में किस शब्द का प्रयोग अर्धसरकारी पत्र में वर्जित है।
(क) सेवा में (ख) सादर
(ग) शुभेच्छु (घ) आदरणीय

26. किसी कार्यालय द्वारा कर्मचारियों को सूचना प्रदान करने हेतु प्रयोग किया जाता है।
(क) अनुस्मारक (ख) विज्ञप्ति
(ग) कार्यालय आदेश (घ) परिपत्र

27. सरकारी कार्यालयों में नियुक्ति, पदोन्नति आदि की सूचना प्रदान की जाती है।
(क) कार्यालय आदेश (ख) निविदा
(ग) विज्ञप्ति (घ) इनमें से कोई नहीं

28. कार्यालय आदेश में सबसे ऊपर लिखी जानेवाली संख्या का संबंध है।
(क) सरकारी-पत्र से
(ख) फाइल से
(ग) विज्ञापन से
(घ) इनमें से कोई नहीं

29. कार्यालय आदेश की विशेषता है।
    (क) दाहिनी ओर आदेश के निर्गत करने की दिनांक लिखी जाती है
    (ख) पृष्ठ के मध्य में कार्यालय आदेश लिखा जाता है
    (ग) विषय और संदर्भ नहीं लिखा जाता है
    (घ) उपर्युक्त सभी
30. कार्यालयों द्वारा परिपत्र का प्रयोग किया जाता है।
    (क) कर्मचारियों से सूचना मँगाने हेतु
    (ख) कर्मचारियों को सूचना प्रदान करने हेतु
    (ग) 'क' तथा 'ख' दोनों के लिए
    (घ) केवल 'क' सत्य है
31. गृह मंत्रालय का परिपत्र लागू होता है—
    (क) मात्र गृह मंत्रालय पर
    (ख) सभी मंत्रालयों पर
    (ग) संबंधित मंत्रालयों पर
    (घ) अन्य मंत्रालय मानने हेतु बाध्य नहीं हैं
32. निम्नलिखित में परिपत्र की विशेषता नहीं है—
    (क) इसमें संबोधन का प्रयोग नहीं किया जाता है
    (ख) इसमें विषय तथा संदर्भ का उल्लेख नहीं किया जाता है
    (ग) अधोलेख में भवदीय, शुभेच्छु आदि का प्रयोग नहीं किया जाता है
    (घ) प्रेषक अधिकारी के नाम तथा पदनाम का उल्लेख नहीं किया जाता है
33. निम्नलिखित में अधिसूचना के अंतर्गत सम्मिलित विषय हैं—
    (क) वेतनवृद्धि (ख) स्थानांतरण
    (ग) अधिनियम (घ) उपर्युक्त सभी
34. भारत सरकार के राजपत्र में कितने भाग होते हैं?
    (क) तीन (ख) पाँच
    (ग) सात (घ) नौ
35. भारत सरकार के राजपत्र का अधिकांश भाग प्रकाशित होता है।
    (क) भारत सरकार प्रेस, फरीदाबाद
    (ख) भारतीय मुद्रणालय, दिल्ली
    (ग) भारत सरकार प्रेस, औरंगाबाद
    (घ) इनमें से कोई नहीं।

36. भारत सरकार के राजपत्र का द्वितीय भाग प्रकाशित होता है।
    (क) भारत सरकार प्रेस, फरीदाबाद
    (ख) भारत सरकार प्रेस, दिल्ली
    (ग) भारत सरकार प्रेस, औरंगाबाद
    (घ) इनमें से कोई नहीं
37. अधिसूचना में सबसे ऊपर अंकित किया जाता है—
    (क) अधिसूचना (ख) फाइल संख्या
    (ग) राजपत्र के भाग तथा खंड (घ) निर्गतकर्ता मंत्रालय
38. निम्नलिखित में अधिसूचना की विशेषता नहीं है।
    (क) संबोधन और अधोलेख नहीं लिखा जाता है
    (ख) हस्ताक्षर के ऊपर फाइल संख्या भी दी जाती है
    (ग) इसमें किसी प्रकार की काँट-छाँट नहीं की जाती है
    (घ) प्रकाशन हेतु साइक्लोस्टाइल्ड कॉपी प्रेषित की जाती है
39. निम्नलिखित में कार्यालय ज्ञाप की विशेषता नहीं है।
    (क) संबद्ध तथा अधीनस्थ कार्यालयों के साथ पत्र-व्यवहार हेतु प्रयोग किया जाता है
    (ख) इसके प्रथम अनुच्छेद से लेकर अंत तक क्रम संख्या लिख दी जाती है
    (ग) इसके मध्य में कार्यालय ज्ञाप लिखा जाता है
    (घ) प्रेषक अधिकारी का नाम, पदनाम, हस्ताक्षर आवश्यक है
40. सरकारी कार्यालय के आंतरिक पत्र-व्यवहार का पत्र नहीं है।
    (क) सरकारी-पत्र (ख) अर्धसरकारी पत्र
    (ग) विज्ञप्ति (घ) उपर्युक्त सभी
41. शासन द्वारा जनसामान्य तक सीधे सूचनाओं हेतु प्रेषित करने हेतु प्रयोग किया जाता है।
    (क) परिपत्र (ख) संकल्प
    (ग) प्रेस विज्ञप्ति (घ) अधिसूचना
42. प्रेस विज्ञप्ति के विषय के सत्य है—
    (क) यह औपचारिक होती है
    (ख) संपादक को संशोधन अधिकार होता है
    (ग) प्रकाशन का शुल्क नहीं दिया जाता है
    (घ) उपर्युक्त सभी

43. कार्यालयी पत्राचार की विशेषता नहीं है।

(क) संक्षिप्तता (ख) शुद्धता

(ग) कृत्रिमता (घ) क्रमबद्धता

44. अतः कार्यालयीय पत्र से तात्पर्य है।

(क) एक कार्यालय के भीतर दी सूचनाओं का आदान-प्रदान

(ख) दो या दो से अधिक कार्यालयों के मध्य सूचनाओं का आदान-प्रदान

(ग) सरकार और जनसामान्य के मध्य सूचनाओं का आदान-प्रदान

(घ) इनमें से कोई नहीं

45. सरकारी-पत्र में निम्न सूचनाओं का पत्र में ऊपर से नीचे की ओर का क्रम है।

(क) संख्या, मंत्रालय, दिनांक, विषय

(ख) मंत्रालय, दिनांक, संख्या, विषय

(ग) संख्या, दिनांक, मंत्रालय, विषय

(घ) दिनांक, संख्या, विषय, मंत्रालय

46. कार्यालय आदेश में प्रदत्त अनुच्छेदों में किस संख्या का प्रयोग नहीं किया जाता है ?

(क) 4 (ख) 3

(ग) 2 (घ) 1

47. यदि परिपत्र समस्त कर्मचारियों से संबंधित है तो प्रतिलिपि में लिखा जाता है ?

(क) मंत्रालय का नाम्र

(ख) कार्यालय का नाम

(ग) विभाग का नाम

(घ) इनमें से कोई नहीं

48. यदि कोई अधिकारी त्यागपत्र दे देता है तो शासन द्वारा नियति किया जाता है।

(क) परिपत्र (ख) कार्यालय ज्ञाप

(ग) अधिसूचना (घ) कार्यालय आदेश

49. शासन द्वारा प्रेस विज्ञप्ति किसे प्रेषित की जाती है ?

(क) संबंधित मंत्री (ख) राष्ट्रपति

(ग) प्रधान सूचना अधिकारी (घ) राज्यपाल

50. निम्नांकित में से किस कार्यालयी पत्र में लिखा जाता है कि इसे अंकित दिनांक तथा समय से पूर्व प्रकाशित न किया जाए।

(क) अधिसूचना (ख) प्रेस विज्ञप्ति

(ग) विज्ञापन (घ) निविदा

उत्तरमाला

1. (घ), 2. (ग), 3. (घ), 4. (घ), 5. (क), 6. (घ), 7. (क), 8. (घ), 9. (घ), 10. (घ), 11. (क), 12. (ख), 13. (घ), 14. (घ), 15. (घ), 16. (ख), 17. (ख), 18. (ग), 19. (क), 20. (क), 21. (ख), 22. (ग), 23. (ग), 24. (घ), 25. (क), 26. (ग), 27. (क), 28. (ख), 29. (ख), 30. (ग), 31. (घ), 32. (घ), 33. (घ), 34. (ख), 35. (क), 36. (ख), 37. (ग), 38. (घ), 39. (ख), 40. (ग), 41. (ग), 42. (क), 43. (ग), 44. (क), 45. (क), 46. (घ), 47. (घ), 48. (ग), 49. (ग), 50. (ख)।

□

इकाई-4

प्रारूपण का अर्थ, सामान्य परिचय, प्रारूपण लेखन की पद्धति

1. प्रारूपण का अर्थ : प्रारूपण या प्रारूप आलेख या प्रालेखन या मसौदा—ये सभी एक ही अर्थ देते हैं, प्रारूपण के लिए इन विभिन्न नामों का उल्लेख मिलता है। किसी भी सरकारी कार्यालय में सरकारी–पत्र तैयार करने के लिए लिखे गए कच्चे पत्र को प्रारूपण का नाम दिया जाता है। जब किसी सरकारी कार्यालय में आए हुए पत्रों के उत्तर देने हों या वहाँ से निकलने वाले पत्र तैयार किए जाने हों, तो इसके कच्चे प्रारूप या पत्र को आलेख या मसौदा का नाम दिया जाता है।

जब शासकीय अथवा निजी संस्थाओं के जवाब में आए पत्र के उत्तर देने के लिए और सरकारी नीतियों के निर्धारण संबंधी सूचनाएँ, अनुस्मरण, ज्ञापन तथा परिपत्रों के प्रेषण के लिए टिप्पणी की समुचित कार्रवाई के पश्चात् अधिकारियों के आदेश पर अन्य सहायक कर्मचारियों द्वारा आलेख तैयार किए जाते हैं तो इन्हें प्रारूपण की संज्ञा दी जाती है। प्रारूपण प्रायः सादे कागज पर लिखे जाते हैं। किसी पारित आदेश अथवा पूर्व स्वीकृत सूचना, छोटे पत्रों, सूचना पत्रों, पावती पत्रों की प्रति हेतु प्रारूपण तैयार नहीं किया जाता। बड़े कार्यालयों में इनके फार्म भी उपलब्ध होते हैं।

प्रारूपण विभिन्न प्रकार के पत्रों के लेखन का ही विकसित रूप है। इसका उपयोग सरकारी दफ्तरों या व्यावसायिक संस्थाओं में प्रतिदिन किया जाता है। शाब्दिक दृष्टि से आलेख का अर्थ—जो लिखना है, उसका प्रारूप (ढाँचा) तैयार करना होता है। दरअसल, आ+लिख्+ल्यूट् से बने 'आलेख' का अर्थ होता है—लिखना, उर्दू में (तहरीर करना) भी कहते हैं। डॉ. कैलाश चंद्र भाटिया इस बात को अधिक प्रामाणिक तथा ठोस रूप अख्तियार कराते हुए लिखते हैं कि आलेखन का सीधा संबंध 'आलेखन' [आ+लिख्+ल्यूट्] संस्कृत शब्द से है, जिसका अर्थ है—लिखना, चित्रण करना। आलेखन के लिए उर्दू शब्द तहरीर है, जिसका अर्थ है—हाथ की लिखावट, लेख–पत्र, लिखत, दस्तावेज।

इसके लिए प्रयुक्त अंग्रेजी शब्द Drafting है, जिसका अन्य अर्थों के अतिरिक्त प्रशासन से संबंधित अर्थ किसी प्रस्ताव योजना, विधेयक आदि का वह प्रारंभिक रूप, जो शीघ्रता में तैयार कर लिया जाता है, किंतु जिसमें बाद में कुछ काट-छाँट या संशोधन की आवश्यकता पड़ती है। इसे मसौदा या प्रालेख तथा 'खर्रा' नाम से भी जाना जाता है।

प्रारूपण की विशेषताएँ

(क) भाषागत सजगता : कार्यालय की प्रतिष्ठा अच्छी भाषा में लिखे गए प्रारूपण से तय होती है। इसीलिए प्रारूपण में भाषा और व्याकरण का विशेष ध्यान रखा जाता है। प्रारूपण का कार्य, चूँकि नपी-तुली भाषा में किया जाता है, अत: यहाँ कवित्वपूर्ण भाषा का प्रयोग वांछनीय नहीं है। अतिशयोक्तिपूर्ण शब्दावली भाषा प्रारूप के स्वरूप को ठेस पहुँचाती है। प्रारूप की भाषा ऐसी होनी चाहिए, जिससे प्रारूप में व्यक्त विचार आसानी से समझे जा सकें।

(ख) शैली और शिल्प : जिस प्रकार प्रारूपण की भाषा में भ्रमपूर्ण, विवादास्पद तथा लोकोक्तियों, कहावतों, मुहावरों का प्रयोग निषिद्ध है, ठीक उसी तरह से असंगत और अशिष्ट शैली का प्रयोग भी यहाँ वर्जित है। इसकी शैली प्रभावोत्पादक होनी चाहिए, लचरता उसमें नहीं होनी चाहिए। छोटे-छोटे टुकड़ों में बँटे वाक्यों में विशिष्ट शब्दावली-शैली में लिपटा प्रारूप सुंदर माना जाता है।

(ग) विषयगत सजगता : आलेखन की निर्मिति में मूल विषय पर गंभीरता से विचार होना चाहिए, प्रारूपण में कहीं ऐसा न हो कि मूल विषय की जगह कोई अन्य गौण विषय प्रारूपण में स्थान पा जाए, इससे एक नया संकट आ सकता है, इसलिए मूल ढाँचे में परिवर्तन नहीं होना चाहिए।

(घ) अनावश्यक विस्तार का ध्यान : इसका निर्माण एक निश्चित 'फ्रेम' के भीतर ही होना चाहिए। प्रारूपण में अनावश्यक विस्तार प्रारूप को बोझिल व दुर्बोध बना देता है, वैसे भी हर कार्यालय बड़ी-बड़ी फाइलों के हिमालय पर बैठा हुआ है, वहाँ काम की बड़ी अधिकता है। यदि वहाँ अनावश्यक विस्तार से युक्त फाइल आती है तो यह अधिकारी में तनाव ही पैदा करेगी, अत: मूल कथ्य को बहुत ही संक्षिप्त रूप में लिखना चाहिए, लेकिन संक्षेपीकरण ऐसा होना चाहिए, जिसमें कोई महत्त्वपूर्ण मुद्दा छूटना नहीं चाहिए।

(ङ) अनुच्छेदों की संख्या और उनका लघु उपशीर्षक : यदि प्रारूपण बड़ा है तो उसे अनुच्छेदों व लघु उपशीर्षक में बाँटना बेहतर होता है। बड़े प्रारूपण को बाँटने का प्रमुख उद्देश्य यह होता है कि वह विषय, नई बात, नए सवाल एवं

समाधान को सहज कर सके। यह विभाजन प्रारूप पाठक को पढ़ने में सहज लगता है। इससे समस्या के समाधान में सुविधा होती है। प्रारूप को सहज बनाने के लिए वह अपनी व प्रेषिती की सुविधा की दृष्टि से अनुच्छेदों को संदर्भानुसार लघु उपशीर्षक भी दे सकता है।

(च) पदनाम व कार्यालय का नाम : एक अच्छे प्रारूप में कई तरह की औपचारिकताएँ करनी पड़ती हैं। इनकी असावधानी से प्रारूप का चेहरा ही खंडित हो जाता है। एक अच्छे प्रारूपण में कार्यालय का नाम, पता, अनुलग्नक, तिथि, विषय, संबोधन, स्वनिर्देश, भेजने वाले के हस्ताक्षर, नाम, पदनाम तथा पृष्ठाकंन आदि का क्रमबद्ध उल्लेख करना जरूरी होता है। यह भी ध्यान रखा जाना चाहिए कि अर्द्धसरकारी पत्र के अलावा कोई भी पत्र अधिकारी के नाम से नहीं भेजा जाए। इस तरह के पत्र सदैव पदनाम व कार्यालय के नाम से भेजे जाते हैं।

प्रारूपण का उदाहरण

(सरकारी कार्यालयों की प्रारूपण विधि)

1. विभाग का नाम (भारत सरकार वित्त मंत्रालय)
2. पत्र संख्या 326/45

प्रेषक : श्री नवनीत द्विवेदी, आई.ए.एस. उपसचिव, भारत सरकार

सेवा में,

प्रमुख सचिव

उत्तर प्रदेश शासन, लखनऊ

स्थान-दिनांक

नई दिल्ली, 1 जनवरी, 2005

विषय का सदर्भ : राज्यों की शिक्षा

संबोधन-महोदय,

संदर्भ : आपके 2025/अ/50 दिनांक-20 फरवरी, 2005 के उत्तर में मुझे यह सूचित करने का निर्देश हुआ है कि...

स्वनिर्देश आपका विश्वासपात्र

हस्ताक्षर

अभिषेक कुमार

संलग्न-प्रपत्र-2

पृष्ठांकन

पत्र की प्रतिलिपियाँ निम्नलिखित सज्जनों को प्रेषित की गई हैं—

(1)

(2)

(3)

टिप्पण का अर्थ व सामान्य परिचय

टिप्पण या टिप्पणी लेखन का संबंध कार्यालयीय कार्य प्रणाली से होता है। कार्यालय में प्रतिदिन बहुत से पत्र आते हैं, जिनके निष्पादन (Disposal) हेतु कार्यालय के लिपिकों, सहायकों और कार्यालय अधीक्षकों द्वारा जो टिप्पणियाँ लिखी जाती हैं, उन्हें टिप्पणी लेखन की संज्ञा दी जाती है। संपूर्ण टिप्पणियों के समूह को टिप्पण कहते हैं। टिप्पण में प्रमुख रूप से तीन बातें आवश्यक हैं—

(1) उस पत्र से पूर्व के पत्र आदि का सारांश, (2) अधिकारी द्वारा जिस प्रश्न पर निर्णय किया जाता है, उसका विवरण या विश्लेषण और (3) उस संबंध में क्या कार्रवाई की जाए, इसमें दिए जानेवाले सुझाव तथा क्या आदेश दिया जाए, इस विषय में भी सुझावों का उल्लेख करना पड़ता है। उपर्युक्त विवेचन का अर्थ है कि टिप्पणी-लेखन में विचाराधीन प्रश्न के बारे में वह सब बातें लिखी जाती हैं, जिससे उस समस्या के संबंध में निर्णय करने व आदेश देने में अधिकारी को सुविधा रहती है।

टिप्पण लेखन में यह भी लिखना आवश्यक होता है कि विचाराधीन प्रश्न का पुराना इतिहास क्या है ? इस संबंध में विधिक नियम क्या हैं ? इसमें सरकारी नीति का भी उल्लेख करना पड़ता है, इसमें अधिकारी को सुझाव देना चाहिए कि इस विषय में इस प्रकार का निर्णय लेना उचित होगा। इसके बाद वह पत्र सक्षम अधिकारी के पास निर्णय करने के लिए भेजा जाता है। उपर्युक्त बातों के उल्लेख से अधिकारी को निर्णय लेने में सुविधा रहती है।

टिप्पण या टिप्पणी लेखन के संबंध में ध्यान देने वाली प्रमुख बातें निम्नलिखित हैं—

1. टिप्पण लेखन बहुत लंबा या विस्तृत नहीं होना चाहिए, उसे यथासंभव संक्षिप्त एवं सुस्पष्ट होना चाहिए।
2. कोई भी टिप्पणी, मूल पत्र (Original Letter) पर नहीं लिखनी चाहिए, उसके लिए कोई अन्य कागज या बफ-शीट का प्रयोग करना चाहिए।
3. टिप्पणी पत्र में यदि किसी पत्र का खंडन करना होता है तो वह बहुत ही

शिष्ट व संयत भाषा में की जानी चाहिए। उसमें किसी भी दशा में किसी प्रकार का व्यक्तिगत आरोप या आक्षेप नहीं किया जाना चाहिए।

4. यदि एक ही मामले में कई बातों पर अलग-अलग आदेश दिए जाने की आवश्यकता हो तो उनमें से हर बात पर अलग-अलग टिप्पणी लिखनी चाहिए।
5. टिप्पणी लिखने के बाद कार्यालय सहायक को नीचे बाईं ओर अपना हस्ताक्षर करना चाहिए। दाईं ओर का स्थान उच्च अधिकारी के हस्ताक्षर के लिए छोड़ना चाहिए।
6. लिपिक या सहायक को टिप्पणी में उन सभी बातों या तथ्यों का सही-सही उल्लेख करना चाहिए, जो उस पत्रावली के निस्तारण के लिए जरूरी होती है।
7. टिप्पण में लिपिक या सहायक को उपदेशक या विचारक की तरह न पेश आकर उसे एकदम तर्कसंगत, न्यायपूर्ण एवं नियम सम्मत भाषा का प्रयोग करना चाहिए। यह भी ध्यान रखा जाना जरूरी होता है कि टिप्पणी बिल्कुल निष्पक्ष होने के साथ ही निष्काम भाव की होनी चाहिए।
8. टिप्पण लेखन में यथासंभव एक विषय पर एक ही टिप्पणी कार्यालय की ओर से लिखी जानी चाहिए।
9. जहाँ तक संभव हो, टिप्पणी इस ढंग से लिखी जानी चाहिए कि पत्रावली में पदक्रम जिस क्रम में लगे हों, टिप्पणी भी उसी क्रम में होनी चाहिए।
10. टिप्पण सदा स्याही से लिखी या अंकित होनी चाहिए।
11. टिप्पण में लिपिक या सहायक कार्यालय अधीक्षक को कागज की बाईं और अपने नाम के प्रथमाक्षरों का प्रयोग करना चाहिए। उच्च अधिकारी को अपना पूरा नाम भी लिखना पड़ता है।
12. टिप्पण में ऐसे शब्दों का प्रयोग नहीं करना चाहिए, जिनके अर्थ समझने में कठिनाई हो।
13. टिप्पण-लेखन के प्रारंभ में वाद-विवाद का उल्लेख होना चाहिए। इसके बाद उसकी पृष्ठभूमि, विभिन्न मंतव्य आदि का लेखन भी होना चाहिए।

टिप्पण और टिप्पणी में अंतर

वास्तव में टिप्पण तो टिप्पणी लिखने की प्रक्रिया का नाम है। प्रायः सरकारी पत्राचार के विविध रूपों का प्रयोग एक कार्यालय से दूसरे कार्यालय के साथ किया

जाता है, किंतु जब किसी कार्यालय में बाहर से आए हुए किसी पत्र आदि पर कार्रवाई या समाधान करना होता है तो कार्रवाई करने वाले कार्यालय में एक या एक से अधिक अधिकारियों तथा सहायकों को आपस में वस्तुस्थिति को समझने व संक्षेप में प्रस्तुत करने की आवश्यकता होती है।

लिपिक या संबोधित कर्मचारी को महत्त्वपूर्ण बातें उस आवती से संबंधित लिखनी पड़ती हैं। इसके साथ ही इसे अधिकारी के समक्ष प्रस्तुत करने की आवश्यकता होती है। इस स्थिति में लिपिक को उस पत्र की सभी महत्त्वपूर्ण बातें संक्षेप में लिखकर प्रस्तुत करनी पड़ती हैं। प्रस्तुतीकरण में यदि कोई अस्पष्टता रह जाती है तो अधिकारी संबंधित कर्मचारी से उनका समाधान करने के लिए पूछताछ करता है। कार्यालय में उपर्युक्त इन सभी कामों को करने, कराने के लिए फाइलों आदि पर लिखित रूप से जो टिप्पणी आदि प्रस्तुत की जाती है, उसे टिप्पण लेखन कहा जाता है।

कुल मिलाकर टिप्पणी लिखने की कला या विधि ही 'टिप्पण' है। डॉ. ईश्वरदत्त शील टिप्पण और टिप्पणी के बीच अंतर को इस रूप में स्पष्ट करते हैं—'जिस प्रकार संक्षेप की कला संक्षेपण, विस्तारीकरण करने की कला 'विस्तारण' कहलाती है, उसी प्रकार टिप्पणी लेखन की प्रक्रिया टिप्पण है। इसे यों भी कहा जा सकता है कि टिप्पण 'प्रक्रिया' है, 'टिप्पणी' उसका प्रतिफलित रूप।

निष्कर्ष : टिप्पण का उद्देश्य उन तथ्यों अथवा प्रश्नों को, जिस पर निर्णय लेना होता है, तटस्थ, संक्षिप्त किंतु स्पष्ट, क्रमबद्ध और तर्कसंगत टिप्पणी प्रस्तुत करना है।

टिप्पणी-लेखन का एक उदाहरण

उत्तर प्रदेश राज्य के विश्वविद्यालय के सहआचार्य ने राज्यसभा सचिवालय के सचिव को पत्र लिखकर होने वाले उपनिवेशन में अनेक सह-आचार्यगण के नेतृत्व में सौ छात्र-छात्राओं के साथ उपस्थित होने के लिए प्रवेश-पत्रों की व्यवस्था के संदर्भ में प्रार्थना-पत्र लिखा है। प्रत्युत्तर में उस कार्यालय के लिपिक ने निम्नलिखित टिप्पणी लिखी—

प्राप्त पत्र संख्या-19, पृष्ठांक-11

टिप्पणी : यह पत्र डॉ. शकुंतला मिश्रा राष्ट्रीय पुनर्वास विश्वविद्यालय, लखनऊ, उत्तर प्रदेश राज्य के सह आचार्य ने भेजा है। इसमें प्रार्थना की गई है कि उक्त विश्वविद्यालय के सौ छात्र-छात्राएँ तथा सात प्राध्यापकों के लिए राज्यसभा के होनेवाले उपनिवेशन में उपस्थित होने के लिए आवश्यक प्रवेश-पत्रों की व्यवस्था की जाए।

प्रवेश-पत्र-वितरण संबंधी विनियम-संख्या 10 के अधीन हम उक्त प्रार्थना को

स्वीकार कर सकते हैं, किंतु हमें उक्त विश्वविद्यालय के सभी सह-आचार्यगण को यह सूचित करना होगा कि हमारी दर्शक दीर्घा (Audience Gallery) में स्थान अत्यंत सीमित है, अतः एक साथ केवल 20 छात्र ही दीर्घा में उपस्थित रह सकेंगे। इसके लिए इन छात्रों को 20-20 के समूहों में विभक्त होकर ही दीर्घा में जाना होगा। हमें सह-आचार्यगण को यह भी सूचित करना होगा कि जिन छात्रों के लिए प्रवेश-पत्रों की प्रार्थना की गई है, उनमें से प्रत्येक का नाम, पिता का नाम, स्थायी पता तथा दिल्ली में ठहरने का पता इत्यादि की सूचना प्राप्त होने पर ही प्रवेश-पत्र जारी किए जा सकते हैं। साथ ही प्रत्येक छात्र के लिए पृथक् प्रवेश-पत्र जारी करने के स्थान पर यदि हम 20-20 के समूह के नाम एक-एक प्रवेश-पत्र बना दें तो इससे कार्य में अधिक सुविधा होगी।

आदेशार्थ निवेदित

डी.रा.

20/11/2021

अपर सचिव-व्यवस्था मैंने आलेख में कुछ परिवर्तन कर दिए हैं। टंकित आलेख प्रेषित करें।

सूर्यप्रकाश

20/11/2021

संक्षेपण का अर्थ, परिभाषा, संक्षेपण की पद्धति

संक्षेपण का अर्थ व सामान्य परिचय-वस्तुतः संक्षेपण का अर्थ होता है—छोटा कर देना। संक्षेपण शब्द (समक्षिप्+ल्युट+अन्) शब्दों के मेल से बना है, जिसका अर्थ है—विस्तार घटा देने की प्रक्रिया (Abridgment), संक्षेपीकरण, न्यूनतम, घटाव या काट-छाँट। Precis शब्द फ्रेंच भाषा का शब्द है, जिसे हिंदी में संक्षेपण अथवा सार लेखन कहा जाता है, अर्थात् संक्षेपण एक स्वतः पूर्ण रचना है। इसे पढ़ लेने के बाद मूल संदर्भ को पढ़ने की कोई आवश्यकता नहीं रहती है।

प्रायः किसी भाव, विचार, भाषण, घटना, कथन या अवतरण को किसी 'प्लेटफार्म' पर दो तरह से प्रस्तुत किया जाता है—(1) व्यास शैली और (2) समास शैली में। व्यास शैली में किसी कथ्य की प्रस्तुति विस्तार में या फैलाकर की जाती है तो समास शैली में वही वस्तु सिकुड़कर संक्षेप में लघु आकार में प्रस्तुत होती है। प्रश्न उठना स्वाभाविक है कि आखिर भावाभिव्यक्ति में उक्त दोनों शैलियों में उपर्युक्त सटीक, सार्थक कौन हो

सकती है। दरअसल, इस सवाल का उत्तर देना बड़ा सरल-सहज नहीं है, क्योंकि 'को बड़ छोट कहत अपराधू'।

संक्षेपण के अभ्यास से प्रश्न-पत्र में दिए हुए गद्यांश अथवा पद्यांश को समझने में विशेष सुविधा होती है। वर्तमान में संक्षेपण/सार लेखन की आवश्यकता इसलिए बढ़ गई है, क्योंकि समय की कमी और दैनिक जीवन में व्यस्तता को ध्यान में रखते हुए कोई बात संक्षेप में समझनी पड़ती है, इसलिए इससे कम-से-कम शब्दों में अधिक-से-अधिक विचारों, भावों और तथ्यों को प्रस्तुत किया जाता है। संक्षेपण के द्वारा मूल में दिए गए पैरा में से आवश्यक बातें निकालकर केवल मूल बातें ही ग्रहण की जाती हैं। इसके लिए अभ्यास और एकाग्रता की जरूरत रहती है।

संक्षेपण की भाषा व्याकरणसम्मत होनी चाहिए। संक्षेपण ऐसा होना चाहिए, जिसमें ज्ञात हो कि इसमें विचार एक-दूसरे से संबद्ध हैं तथा भाषा संक्षेपण वाली है। इसके लिए छोटे-छोटे शब्दों को जोड़कर-जोड़कर उन्हें साधारण तरह से वाक्य का रूप देकर अपने शब्दों में बनाकर प्रयोग करना चाहिए।

संक्षेपण में प्रथम पुरुष का प्रयोग नहीं करना चाहिए, इसके पीछे वजह यह है कि प्रथम पुरुष के प्रयोग से यह स्पष्ट होगा कि विचार उसी के हैं, जो संक्षेपण कर रहा है। संक्षेपण में सदैव अन्य पुरुष के सर्वनाम का प्रयोग करना चाहिए, क्योंकि यह विचार अन्य पुरुष के हैं, इसलिए अन्य पुरुष का प्रयोग उचित रहेगा। संक्षेपण के समय कार्य अवतरण के अनुरूप ही होना चाहिए।

संक्षेपण में आए हुए संवाद अप्रत्यक्ष कथन के रूप में किए जाने चाहिए, अर्थात् उद्धरण चिह्न, अवतरण, विराम आदि को अप्रत्यक्ष कथन के रूप में प्रयोग करना चाहिए। अवतरण के आकार/लंबाई पर अकसर विद्वानों में मतभेद देखने को मिलते हैं। परंपरागत तरह से अवतरण को शब्दों के मानकों के अनुसार तीन से भाग देकर उसी सीमा में लिखना उचित होगा। इसलिए बहुत अधिक या कम शब्दों का प्रयोग नहीं होना चाहिए, लेकिन एक तिहाई से बहुत कम अथवा बहुत अधिक न हों।

स्पष्ट है संक्षेपण एक प्रकार का मानसिक प्रशिक्षण होने के साथ ही मानसिक व्यायाम होता है। एक उत्कृष्ट संक्षेपक/सार-लेखक के लिए निर्णयात्मक बुद्धि, सूक्ष्म रचना बुद्धि के साथ-साथ भाषा पर संतोषजनक अधिकार होना चाहिए।

संक्षेपण की पद्धति

यद्यपि संक्षेपण की कोई पद्धति नहीं है, लेकिन अभ्यास के लिए कुछ पद्धतियों का उल्लेख करना आवश्यक है—किसी गद्य का संक्षेपण करते समय संक्षेपणकर्ता को

उसके मूल संदर्भ को ध्यान से पढ़ना चाहिए, जब तक उसका भावार्थ (Substance) समझ में न आ जाए, तब तक इसे बार-बार पढ़ना चाहिए। अर्थात् उसके केंद्रीय भाव को भलीभाँति समझने का प्रयत्न करना चाहिए। इसके लिए मूल अवतरण को कम-से-कम दो-तीन बार अवश्य पढ़ना चाहिए। ऐसा करने से उसके मूल भाव का पता हो जाने पर उसके शीर्षक को जानने में आसानी होगी।

अनावश्यक शब्दों की काट-छाँट

मूल अनुच्छेद को ध्यान से पढ़कर समझ लेना चाहिए। आवश्यक एवं महत्त्वपूर्ण वाक्यखंडों को रेखांकित करते हुए निरर्थकता या अनावश्यक वर्णनों, अलंकारों, मुहावरों, कहावतों को काट देना चाहिए तथा यह भी ध्यान देना आवश्यक है कि यह सब करते समय मूल भावों या विचारों का योग इसमें बना रहे। अंत में गद्यांश को क्रम से मिलाकर संक्षेपीकरण की प्रक्रिया संपन्न की जा सकती है।

संक्षेपण का मूल संदर्भ

संक्षेपण मूल संदर्भ का संक्षिप्तीकरण है, इसलिए संक्षेपण करते समय इस बात का विशेष ध्यान रखना चाहिए कि इसमें अपनी ओर से संक्षेपणकर्ता किसी तरह की कोई टीका-टिप्पणी अथवा आलोचना-प्रत्यालोचना न करे, उसे मूल भाषा को केंद्र में रखते हुए अपनी निजी राय और किसी मत विशेष से बचना चाहिए।

सामासिक शब्दों का प्रयोग

अधिक लंबे-लंबे वाक्यों के स्थान पर सामूहिक शब्दों का प्रयोग किया जाना चाहिए, बहुधा एक ही शब्द के प्रयोग से कार्यसिद्धि हो जाती है।

रेखांकित वाक्यों की व्याख्या

रेखांकित वाक्यों की रूपरेखा तैयार कर उसमें जोड़-घटाव करते हुए उचित संशोधन करना चाहिए। मूल संदर्भ के विचारों की क्रम व्यवस्था में आवश्यक परिवर्तन संभव है। इसके लिए कोई नियम नहीं है कि संक्षेपण को अवतरण की तरह से क्रम में लिखा जाए, लेकिन इसके लिए विचारों में परिवर्तन संभव नहीं है तथा वाक्य एक-दूसरे से सीधे तरह से जुड़े होने आवश्यक हैं।

मौलिकता तथा आकार निर्धारण

इसके तहत अवतरण में दी गई विषय वस्तु को ध्यान में रखते हुए मूल भावों में

कोई परिवर्तन न करते हुए उसकी लंबाई एवं आकार को ध्यान में रखते हुए संक्षेपण अवतरण का 1/3 से अधिक नहीं रखना चाहिए। इसमें उक्त सभी प्रकरणों को ध्यान में रखते हुए यह आवश्यक है कि कई बार दोहराने से आवश्यक एवं मूल विचार छूट न जाएँ और जहाँ तक हो, सभी विचार आ जाएँ।

उपर्युक्त सभी प्रक्रियाओं को करने के उपरांत संक्षेपक को संक्षेपण के भावों और विषयों के अनुकूल इसे एक उचित शीर्षक दे देना चाहिए, शीर्षक ऐसा हो, जो पूरे अवतरण के तथ्यों को समेटने की क्षमता रखे। अवतरण का शीर्षक छोटा होना चाहिए। इसके साथ ही संक्षेपण में भावों की क्रमबद्धता, भाषा का प्रवाह, वार्त्तालाप एवं संवाद अन्य पुरुष में लिखे जाने चाहिए। भूतकालिक क्रियाओं का प्रयोग करते हुए भ्रमपूर्ण शब्दों से बचकर साथ ही मौलिक भाषा का प्रयोग एवं व्याकरण की त्रुटियों का निवारण कर श्रेष्ठ संक्षेपण विधि संपन्न की जा सकती है।

संक्षेपण/सार-लेखन और सारांश-लेखन में अंतर

संक्षेपण/सार–लेखन या सारांश के समान होता है, लेकिन दोनों में सैद्धांतिक भेद स्पष्ट दृष्टिगोचर होते हैं। संक्षेपण करते समय दिए हुए अवतरण के तारतम्य को बदलकर अपने तथ्यों–विषयों में सामंजस्य बनाया जा सकता है, लेकिन वहीं पर सारांश में दिए अवतरण में आए हुए तथ्यों के तारतम्य में परिवर्तन संभव नहीं है। संक्षेपण कला की श्रेणी में अपना स्थान पाने में सफल हो जाती है तथा उत्तरोत्तर विशेष क्षमता प्राप्त करने के लिए इसके लिए अभ्यास की माँग करती है।

संक्षेपण का उदाहरण

मूल अवतरण : रचना और पाठक की तकरार से आलोचना का विकास होता है। कोई भी रचना पाठकों के संदर्भ में अपना अर्थ और महत्त्व दोनों पाती है। पाठकों का अभाव रचना की संप्रेषणीयता पर प्रश्नचिह्न खड़ा करता है और यह सवाल भी उठाता है कि लोकप्रियता लेखक की शक्ति है या कमजोरी? यह आलोचना कृतियों के मूल्यांकन के केंद्र में लोकप्रियता के मानदंड को खड़ा करती है। परंपरित आलोचना के केंद्र में शास्त्र हैं, पाठक नहीं जो उसके रूढ़िवादी स्वरूप की परिचायक है। पाठकों को केंद्र में रखने से पूरे हिंदी साहित्य का परिदृश्य बदल जाता है। यह आलोचना पद्धति उन तमाम सवालों के उत्तर ढूँढ़ने की कोशिश करती है, जो साहित्य के बुनियादी सरोकारों से जुड़े हैं। रचना और आलोचना की टकराहट से रचना की चमक बढ़ती है। आलोचना की कसौटी पर कसने के बाद अच्छी रचना हीरे की तरह चमकने लगती है, जबकि सामान्य, भुरभुरी रचनाएँ शीशे की तरह बिखर जाती हैं। परंपरित आलोचना पद्धतियाँ

अच्छी रचनाओं से टकराने के बजाय उसे उप-साहित्य कहकर विवेचन-विश्लेषण के दायरे के बाहर कर देती हैं। साहित्य का समाजशास्त्र इस प्रकार की अभिजात प्रवृत्ति का विरोध करता है और हर रचना को विवेचन-विश्लेषण के योग्य समझता है, जिसका अपना पाठक-संसार है।

मूल अवतरण का संक्षेपण : रचना और पाठक के आत्ममंथन से आलोचना को समझने में आसानी होती है। हिंदी साहित्य में रचना पाठकों के संपर्क में आने पर अपना विशेष महत्त्व प्राप्त करती है, क्योंकि कोई भी रचना आलोचना के विमर्श से हीरे की भाँति चमक उत्पन्न करती है; हालाँकि सामान्य रचनाओं का कोई भविष्य नहीं रहता, लेकिन साहित्य का समाजशास्त्र प्रत्येक रचना को मूल्यांकन के दायरे में लेने का प्रयास करता है, जिसको पढ़ने वाले उसके अपने पाठक होते हैं।

पल्लवन का अर्थ

पल्लवन संक्षेपण का विपरीत होता है, जहाँ एक ओर संक्षेपण में संकुचित, अर्थात् छोटा का भाव होता है, वहीं पल्लवन में अर्थ का विस्तार होता है। यह एक प्रकार से विस्तारण का समानार्थी है, जिसमें किसी विचार या विषय को विस्तार दिया जाता है। अंग्रेजी में इसे (Amplification Expansion) के रूप में जाना जाता है। जिसका अर्थ विस्तार होता है। विस्तारण को हिंदी में पल्लवन के रूप में प्रयोग किया जाता है। इसके लिए गवेषण, विश्लेषण, अभिवर्धन, भाव संवर्धन जैसे शब्दों का प्रयोग भी किया जाता है।

पल्लवन शब्द की व्युत्पत्ति पल्लव से मानी गई है, जिसका भावार्थ—'नया पत्ता निकलना' होता है, अर्थात् किसी गद्यांश के भाव-विस्तार को पल्लवन से अभिहित किया जाता है। भाव विस्तार के द्वारा किसी भी गद्यांश को सरल और बोधगम्य बनाया जाता है। डॉ. शिवमूर्ति शर्मा का मानना है कि पल्लवन में लेखक की मानसिक विचारधारा, कल्पना शक्ति, मौलिक उद्भावना, क्षमता तथा उसकी भाषा सामर्थ्य का परिचय मिलता है। पल्लवन प्रतिभा के साथ-साथ निरंतर अभ्यास की भी अपेक्षा करता है। पल्लवन सकर्मक क्रिया से जुड़े होते हैं, जो श्रेष्ठता, उपयोगिता और महत्त्व की दृष्टि से व्यावहारिक धरातल पर नपी-तुली शब्दावली में होते हैं। पल्लवन को बिहारी के दोहे—

सतसैया के दोहरे, ज्यों नावक के तीर।
देखन में छोटन लगें, घाव करै गंभीर॥

से तुलना कर परिभाषित किया जा सकता है। विस्तारण-पल्लवन शब्द के प्रयोग को

विद्वानों ने परिभाषाओं के आधार पर निम्नलिखित प्रकार से व्याख्यायित किया है—

बेकन के अनुसार, "विस्तारण किसी एक विचार को एक अनुच्छेद में विस्तृत करना है।" इसका उद्‌देश्य नियंत्रित होता है तथा इसमें मूल विचार को विकृत करने तथा अवांछनीय सामग्री देने का निषेध होता है। अपनी पुस्तक 'हिंदी भाषा-सर्वेक्षण' में डॉ. मुंशीराम शर्मा 'सोम' लिखते हैं कि वस्तुत: किसी सूत्रबद्ध अथवा सगुंफित विचार या भाव के संवकासन को विस्तारण कहते हैं। अपनी पुस्तक—'प्रयोजनमूलक हिंदी' में मधुबाला नयाल लिखती हैं कि किसी संक्षिप्त एवं संश्लिष्ट कथन का ऐसा विस्तार करना, जिससे वक्ता/लेखक की अभिव्यक्ति सामान्य व्यक्ति के लिए बोधगम्य हो सके। सामान्य शब्दों में पल्लवन वह विधा है, जिसमें किसी कथन या सूक्ति का अभिवर्धन तथा विकास नए-नए शब्दों, रचनाओं, उदाहरणों से उस सूक्ति को युक्त करके किया जाता है।

पल्लवन के द्वारा मूल कथन या सूक्ति का विस्तार किया जाता है। पल्लवन में कथन को परिवर्तित करने की बहुत अधिक स्वतंत्रता नहीं होती है। पल्लवन में भावपूर्ण कथन को विचारधारा के स्तर पर निबंधात्मक स्वरूप दिया जा सकता है, किंतु निबंध का दर्जा नहीं दिया जा सकता है। पल्लवन करते समय अतिशयोक्तियों के प्रयोग से बचना उचित रहता है, लेकिन यह ध्यान देना आवश्यक है कि विस्तारण में मूल सामग्री का रहना बहुत जरूरी है। पल्लवन करते समय इन प्रवृत्तियों का विशेष ध्यान रखने की आवश्यकता है—

1. पल्लवन में मूल भाव का विस्तारण अन्य पुरुष में होना चाहिए।
2. विस्तारण की प्रक्रिया मूल अवतरण के अनुसार क्रमबद्ध तरीके से एवं व्यवस्थित रूप में होनी चाहिए।
3. पल्लवन करते समय यह विशेष ध्यान देना होगा कि उसके मूल भाव में कोई परिवर्तन न आए।
4. पल्लवनकर्ता को यह भी ध्यान में रखना होगा कि पहले से ही उल्लिखित नियम और निश्चित किए गए शब्दों का अतिक्रमण न हो पाए।
5. पल्लवन का भाव परिवर्तित किए बिना अनावश्यक एवं क्लिष्ट शब्दों को निकालकर बोधगम्य एवं सुगम भाषा लिखनी चाहिए, जिससे सभी को इसे समझने में आसानी हो सके।
6. पल्लवन करते समय इसे व्यास शैली में पूरा किया जाना चाहिए तथा अंत में एक बार पुन: पूरे अवतरण को ध्यान से पढ़कर इसकी अशुद्धियों को दूर कर लेना चाहिए।

पल्लवन के सिद्धांत

पल्लवन के लिए कुछ आवश्यक 'तत्त्व' या अनुशासन निश्चित किए गए हैं। इन

सिद्धांतों को पल्लवनकर्ता को ध्यान में रखना चाहिए। पल्लवनकर्ता यदि इन सिद्धांतों का पालन नहीं करेगा तो पल्लवन के स्खलित या खंडित हो जाने का खतरा बना रहता है। पल्लवन के कुछ महत्त्वपूर्ण सिद्धांत निम्नलिखित हैं—

(क) भाषा सरल और सीधी हो : पल्लवन की भाषा कठिन न हो, सामान्य पाठक उसे सुगम्यता से ग्रहण कर सके। उसे चमत्कारिकता के मोह से मुक्त होना चाहिए। कहीं किसी भाषिक फंतासी और कुहासे की छुअन दूर-दूर तक नहीं होनी चाहिए और शिल्प का गठन संप्रेषणीय होना चाहिए। कुल मिलाकर भाषा पारदर्शी होनी चाहिए।

(ख) सुंदर और श्रेष्ठ शब्दचित्र : श्रेष्ठ शब्दचित्र किसी भी रचना के पाठकीय आस्वाद को बढ़ाते हैं, अतः पल्लवन करते समय हमेशा इस बात का ध्यान रखना चाहिए कि इन शब्दचित्रों में किसी तरह की दुरूहता-कठिनता, समझ का धुँधलापन और अस्पष्टता न आने पाए।

(ग) वस्तुगत गहराई : पल्लवन में कलात्मक प्रौढ़ता और वस्तुगत गहराई का ध्यान रखा जाना चाहिए। एक अच्छे पल्लवनकर्ता को यह सदैव ध्यान रखना चाहिए कि पल्लवन करते समय जीवन के उपेक्षित और साधारण अनुभवों का अंकन छूटने न पाए, क्योंकि ये अनुभव मामूली दिखने के बावजूद जिंदगी के नाजुक पहलुओं से हमारा अनुभव कराते हैं। पल्लवन में दिखने वाली बात भी कभी-कभी दैनिक जीवन में बड़े हर्ष व विषाद का कारण बन जाती है। पल्लवन में अनुभूत सत्य के करीब तथ्यों का उल्लेख होना चाहिए।

(घ) संतुलित कलेवर : पल्लवन का दायरा निश्चित सीमा और कलेवर में होना चाहिए। पल्लवनकर्ता को चाहिए कि पल्लवन का शिल्प एवं गठन उसे सुंदर 'कैरीकेचर' दे। पल्लवन को लोकशैली और लोकभाषा के लुभावने बाने में ढाला जाना चाहिए।

(ङ) आश्वस्तकारी : पल्लवन नए विन्यास में तो प्रस्तुत होना ही चाहिए; वह आश्वस्तकारी एवं विचारोत्तेजक भी होना चाहिए। इसमें प्रत्येक वाक्य क्रमबद्ध होना चाहिए। कहीं किसी तरह की शिथिलता और बिखरापन नहीं होना चाहिए।

पल्लवन का महत्त्व एवं उपयोगिता

पल्लवन दिमागी कसरत का विस्तृत रूप है। इसका महत्त्व बहुविध होता है। पल्लवन के महत्त्व को विद्यालयों से लेकर कार्यालयों तक नकारा नहीं जा सकता। वर्तमान ग्लोबल समाज में इसका महत्त्व निरंतर बढ़ रहा है। मानव जीवन के छोटे-छोटे ब्योरे पल्लवन की प्रक्रिया में वैचारिक प्रौढ़ता को प्राप्त कराते हैं। कार्यालयों के सामान्य बाबू से लेकर अधिकारियों तक संक्षिप्त भाषा में टाँके गए नियमों को स्थूल और वृहद आकार देकर, उन्हें सहज भाषा में विन्यस्त कर उसको बोधगम्य बनाते हैं। पल्लवन में सूक्ष्म और सूत्र

शैली में वर्णित बातें फैलती हैं, इससे अल्प और अनभ्यासी लोग लाभान्वित होते हैं, इसका कारण यह होता है कि पल्लवन में सारी बातें दर्पण की तरह साफ और परिभाषित होती हैं। पल्लवन से अबूझ और गहन अर्थ दरवाजे की तरह खुलता है। किसी भी कार्यालय का मसौदा या प्रारूपण तैयार करने में पल्लवन की महती भूमिका होती है। सूक्तिपरक तथ्य विस्तारण विधि के माध्यम से ही प्रारूप सरकारी-पत्र का दर्जा हासिल करते हैं।

पल्लवन प्रविधि के माध्यम से प्रशासनिक नियमों को बोधगम्य ढंग से प्रचारित करके अनावश्यक विवादों एवं आशंकाओं से बचा जा सकता है। पल्लवन प्रविधि से मसौदा प्रक्रिया में प्रौढ़ता लाई जा सकती है। कार्यालयीय कार्य को यथाशीघ्र करने में पल्लवन प्रक्रिया का विशेष महत्त्व होता है। पल्लवन से पत्रों एवं सूचनाओं में बोधगम्यता और कार्यकुशलता आने से परस्पर आत्मविश्वास और निष्ठा का वातावरण सृजित होता है। इससे कार्यालयों के काम-काज में प्रगतिशीलता बनी रहती है।

पल्लवन और निबंध लेखन में अंतर

निबंध हिंदी की एक स्वतंत्र विधा है, जिसके माध्यम से लेखक अपने विचारों को व्यक्त करता है। निबंध में आकार और आकृति विस्तारण होता है। निबंध विधा के विषय में स्पष्ट शब्दों में कहा जा सकता है कि इसमें कोई भी स्वतंत्र भाव अंकुरित होने से लेकर बढ़ा दरख्त बनने तक स्वतंत्र ही होता है। इसके विपरीत पल्लवन स्वतंत्र विधा नहीं है। पल्लवन स्वतंत्र और मुक्त नहीं होता है। पल्लवन किसी वाक्य विशेष को विस्तारित करता है। पल्लवन जिस स्थल-विशेष को बड़ा फलक देता है, उसका मूल अनुगामी होता है। पल्लवन और निबंध लेखन में महत्त्वपूर्ण अंतर होने के बाद भी लोग इन्हें एक ही मान लेते हैं।

पल्लवन में एक से अधिक अनुच्छेद हो सकते हैं, क्योंकि पल्लवन का आकर अनुच्छेद से जरूरत से अधिक होता है, जबकि अनुच्छेद एक ही पैराग्राफ में लिखा जाता है। निबंध में तीन चरण विशेष महत्त्व रखते हैं। ये भूमिका, विकास और उपसंहार होते हैं, किंतु लघु रचना होने के कारण अनुच्छेद में लेखक प्रथम वाक्य से ही विषय का प्रतिपादन शुरू कर देता है। अनुच्छेद लेखन के माध्यम से किसी विषय पर थोड़े, किंतु चुने हुए शब्दों में अपने विचार प्रकट करने का प्रयास किया जाता है। अनुच्छेद लेखन किसी लेख, निबंध या रचना का अंश हो सकता है, लेकिन यह अंश अपने आप में पूर्ण होना चाहिए।

पल्लवन का उदाहरण

मूल अवतरण : विदेशी भाषा का विद्यार्थी होना बुरा नहीं, पर अपनी भाषा सर्वोपरि है।

मूल अवतरण का पल्लवन : भाषा का संबंध जन्मना होता है, इसलिए किसी भाषा की अहमियत कम नहीं होती है। हर भाषा की अपनी निजी विशेषताएँ होती हैं। अपनी मातृभाषा पर हर व्यक्ति गौरवान्वित होता है। भले ही अन्य के लिए कोई भाषा मात्र भाषा हो, लेकिन उसके बोलने वाले के लिए वह मातृभाषा ही होगी, इसलिए किसी भी भाषा या मातृभाषा को बुरा मानना संस्कारों के खिलाफ और छोटी सोच का प्रतीक (संकीर्णता) माना जाएगा। दुनिया के किसी भी देश में बोली जानेवाली भाषा की अपनी साहित्यिक विशेषताएँ होती हैं और उसमें उपलब्ध उच्चकोटि का साहित्य हर मानव के लिए जीवनोपयोगी होता है। इसे कोई भी विद्यार्थी अध्ययन कर सीख सकता है।

मानवीयता की दृष्टि से हर भाषा का ज्ञान उपयोगी एवं महत्त्वपूर्ण होता है, इसलिए विदेशी भाषाओं को सीखना कोई गलत बात नहीं है। इसका देशहित में यह फायदा है कि इससे मानवीय दृष्टि व्यापक होने के साथ ही अंतरराष्ट्रीय संबंध सुदृढ़ होते हैं, अर्थात् विदेशी भाषा का विद्यार्थी होना कोई गलत बात नहीं है, लेकिन यह भी जरूरी है कि विदेशी भाषा को पढ़ने के पहले अपनी राष्ट्रभाषा एवं मातृभाषा के प्रति ज्ञान एवं लगाव हो, क्योंकि अपनी भाषा में हृदय बोलता है; इसमें माँ की ममता, राष्ट्रीय संबंधों का माधुर्य और अपने को जानने-पहचानने की सरलता रहती है। अपनी भाषा में अपनापन रहता है। इसके लिए हमें विशेष श्रम नहीं करना पड़ता, व्यर्थ की माथापच्ची और समय की बरबादी नहीं करनी पड़ती। हिंदी हमारी मातृभाषा है। इसलिए इसके व्यवहार में हमें जितनी सहजता और सुविधा का बोध होता है, उतनी सहजता और सुविधा का बोध विदेशी भाषाओं में नहीं होता। कारण यह है कि हिंदी हम घर-बाहर सभी जगह बोलते है; इसी में हम अपने मन में बातें सोचते हैं, किसी विदेशी भाषा में नहीं।

दूसरे देशों की भाषा सीखना कोई अपराध या बुरी बात नहीं है, लेकिन वह कभी अपनी नहीं हो सकती है। वह दिमाग की वस्तु हो सकती है, परंतु हृदय की वाणी नहीं हो सकती है। उसमें माँ की ममता, पिता का प्यार, अपनों का स्नेह, साथ ही अपने देश के सुख-दुख को दर्द के अहसास को महसूस नहीं किया जा सकता है। कोई भी विदेशी भाषा गाँव, समाज और देश के स्वाभाविक विकास में रुकावट (बाधा) पैदा करती है। भाषा अन्य विद्याओं को जानने-समझने का एक माध्यम होने के साथ ही भाव प्रकट करने का एक जरिया होती है। इसलिए बचपन की भाषा पढ़ाई से लेकर कारोबार तक में सहायक होती है। अत: ठीक ही कहा गया है कि "विदेशी भाषा का विद्यार्थी होना बुरा नहीं, पर अपनी भाषा सर्वोपरि है।"

प्रतिवेदन, रपट या रिपोर्ट (Report)

(क) परिभाषा तथा अर्थ : जिस प्रकार अंग्रेजी भाषा का 'एकेडमी' (Academy) शब्द हिंदी में सहज रूप में 'अकादमी' के रूप में स्वीकार कर लिया गया है, उसी प्रकार 'रिपोर्ट' (Report) शब्द लोक भाषाओं में 'रपट' शब्द के रूप में स्वीकार कर लिया गया है। रपट शब्द अंग्रेजी के रिपोर्ट का तद्भव रूप है। कोशकार फादर कामिल बुल्के ने कोश ग्रंथ में 'रिपोर्ट' शब्द के विविध अर्थों को इस प्रकार बताया है—

1. Verb (क्रिया), (Officil) रिपोर्ट (या प्रतिवेदन) प्रस्तुत करना, लिखना या देना, 2. (Give an account) विवरण देना, 3. (For Press) संवाद लिखना या भेजना, 4. (Inform) खबर, समाचार या सूचना देना, बतलाना, कहना, 5. (Complain) के विरुद्ध शिकायत करना, 6. समुपस्थित या उपस्थित हो जाना, Noun—1. रिपोर्ट, प्रतिवेदन, 2. विवरण, 3. संवाद, सूचना, 4. (To Police) रपट आदि।

हिंदी में प्रतिवेदन शब्द प्रयोग में लाया जाता है। अंग्रेजी का रिपोर्टिंग (Reporting) शब्द भी इसी अर्थ में प्रचलित है। डॉ. विजयपाल सिंह लिखते हैं कि प्रतिवेदन शब्द का प्रयोग अंग्रेजी के दो शब्दों रिपोर्ट (Report) तथा 'रिप्रेजेंटेशन' (Representaion) के हिंदी पर्याय के रूप में किया जाता है। रिपोर्ट शब्द को 'प्रतिवेदन' के रूप में भी प्रयोग किया जाता है। रिप्रेजेंटेशन के लिए हिंदी में 'अभ्यावेदन' शब्द उपयुक्त प्रतीत होता है। सुप्रसिद्ध भाषा विज्ञानी डॉ. कैलाश चंद भाटिया अपनी पुस्तक 'हिंदी भाषा का प्रयोजनमूलक स्वरूप' में लिखते हैं कि प्रतिवेदन तो (रिपोर्ट) Re=back+port=to carry का रूपांतर मात्र है, जिसका प्रयोग निम्नलिखित अर्थों में किया जाता है। 'प्रति' संस्कृत का उपसर्ग है, जिसको लगा देने से—(1) की ओर/की दिशा में, (2) लौटकर वापस, (3) के मुकाबले/के विरुद्ध/के विपरीत, (4) ऊपर आदि अर्थ अभिव्यक्त होते हैं। प्रत्येक वेद में या 'प्रत्येक वेद के लिए' अर्थ में प्रयोग प्रतिवेदम् आता है। आज इसका प्रयोग किसी घटना, कार्य, योजना आदि के संबंध में छानबीन, पूछताछ आदि करने के लिए किया गया है, विवरण जो किसी अधिकारी या सभा आदि के सामने प्रस्तुत करने में किया जाता है। संस्कृत में इसका (आख्या) प्रयोग नाम अभिधान के लिए होता था। बहुधा समास के अंत में जब प्रयुक्त हो तो इसका अर्थ नामक या नामवाला अर्थ का प्रयोग होता है। वस्तुतः 'आख्या' किसी 'टिप्पणी' के लिए प्रयोग में लाया जा सकता है।

(ख) रपट या प्रतिवेदन का क्षेत्र : (रपट) शब्द का प्रयोग हिंदी पर्याय यद्यपि 'प्रतिवेदन' अवश्य किया जाता है, किंतु दोनों शब्दों के अर्थ अलग-अलग अर्थों का निरूपण करते हैं। 'प्रतिवेदन' शब्द से जहाँ अर्थ की मीठी-मद्धिम आँच निकलती है,

वहीं 'रपट' शब्द का नाम लेते ही थाना, कचहरी का खौफनाक मंजर उपस्थित होता है। संभवतः इसीलिए ये दोनों शब्द हिंदी में अलग-अलग संदर्भों और क्षेत्रों में प्रयुक्त भी किए जाते हैं।

जब किसी गंभीर और रहस्यमय मामले की छानबीन करने में पूरे मामले की 'रिपोर्ट' तैयार की जाती है, तब यह रपट है, जबकि सामान्य घटना के विवरण में भी 'रिपोर्ट' या प्रतिवेदन जरूरी होती है। पत्र-पत्रिकाओं में छपने वाली किसी भी तरह की खबर 'रिपोर्ट' या किसी व्यक्ति का किसी नौकरी में चयन, स्थानांतरण, समायोजन या पदोन्नति हो तो ऐसी स्थिति में 'रिपोर्ट' करनी पड़ती है। यदि किसी बड़े गाँव में कोई थाना हो तो गाँव वाले दिन भर थाने में 'रपटा-रपटी' करते रहते हैं। वहाँ अनपढ़ आदमी भी थाने के अधिकारियों से 'रपट' के लिए प्रचलित कानूनी भाषा का शब्द 'एफ.आई.आर.' (First Information Report) के लिए करता है। हिंदी साहित्य में ये 'रिपोर्ट' शब्द 'रिपोर्ताज' के रूप परिवर्तित हो जाता है, किंतु इसी का हिंदी रूप 'प्रतिवेदन' उक्त झंझटों से दूर है। किसी समिति, उपसमिति, गोष्ठी, विभाग, संस्थान, यथा—विद्यालय, महाविद्यालय आदि द्वारा प्रस्तुत किए जाने वाले विवरणों, लेखा-जोखा के अर्थ में इसे प्रयुक्त किया जाता है। किसी उत्सव, बैठक, उद्घाटन, समारोह के अंत में भी प्रतिवेदन का विशेष महत्त्व होता है।

(ग) रपट या प्रतिवेदन के प्रकार : प्रतिवेदन के मुख्यरूप से दो प्रकार माने जाते हैं—

(1) समिति, उपसमिति, गोष्ठी आदि का प्रतिवेदन तथा (2) व्यक्तियों द्वारा दिए गए प्रतिवेदन, किंतु कुछ भाषाविद् इसके पाँच प्रकार मानते हैं, यथा—(1) व्यक्ति द्वारा प्रस्तुत किया गया प्रतिवेदन, (2) किसी विभाग/मंत्रालय का वार्षिक प्रतिवेदन, जो कभी-कभी पाँच वर्ष या दस वर्ष की अवधि का हो सकता है। रजत जयंती के अवसर पर पच्चीस वर्ष का लेखा-जोखा प्रस्तुत किया जाता है, (3) किसी संस्था /संस्थान द्वारा उसकी वार्षिक बैठक के समय, सूचनार्थ प्रस्तुत की गई रिपोर्ट, (4) समिति/आयोग (यह जाँच समिति अथवा आयोग भी हो सकता है) द्वारा प्रस्तुत प्रतिवेदन तथा (5) किसी संगोष्ठी/सम्मेलन की समाप्ति पर तैयार किया गया प्रतिवेदन।

(घ) प्रतिवेदन या रिपोर्ट तैयार करने की विधि तथा अच्छे प्रतिवेदन की विशेषताएँ : प्रतिवेदन या रिपोर्ट तैयार करते समय प्रतिवेदक को कुछ विशेष बातें ध्यान में रखनी चाहिए, क्योंकि कोई भी प्रतिवेदन किसी संस्थान, गोष्ठी, सेमिनार, आयोजन या उत्सव का मूर्त रूप या दर्पण होता है। रिपोर्ट या प्रतिवेदन तैयार करने से पहले यह ध्यान रखना चाहिए कि जिस समिति, गोष्ठी या बैठक का प्रतिवेदन तैयार किया जा रहा है, क्या उस समिति की बैठक निर्बाध गति से सामान्य रूप में संपन्न हुई, बहस के मुद्दों

की चर्चा/आम राय का उल्लेख, बैठक के बीच उत्पन्न बाधाएँ, कुल मिलाकर वातावरण कैसा था? आदि का भी विशेष रूप में उल्लेख होना चाहिए। दूसरी बात यह है कि प्रतिवेदन में यह भी दर्ज करना चाहिए कि बीच-बहस में क्या लोगों ने अपनी राय व्यक्त की, क्या कुछ लोगों ने अपनी बातों की पुष्टि के लिए साक्ष्य भी प्रस्तुत किए। तीसरी बात प्रतिवेदन तैयार करने से पूर्व यह भी देखना आवश्यक है कि क्या उक्त कार्यालय में उपस्थित सदस्यों को सवाल-जवाब के लिए कुछ प्रश्नावलियाँ भी दी गई थीं। सदस्यों ने अपनी-अपनी क्या सिफारिशें दीं। चौथी, सबसे महत्त्वपूर्ण बात यह है कि प्रतिवेदन की भाषा भ्रम पैदा करने वाली नहीं होनी चाहिए। शब्द दो अर्थ व्यक्त करने वाले कदापि नहीं होने चाहिए। भाषा सादी, अनलंकृत, किंतु सारगर्भित होनी चाहिए और पाँचवीं बात यह है कि प्रतिवेदन का आकार कम होना चाहिए, लंबे वाक्यों और व्यर्थ की बयानबाजी से बचा जाना चाहिए तथा अंत में छठी बात यह है कि प्रतिवेदन के अंत में यह देखना चाहिए कि क्या समिति के सभी सदस्य तथा सचिव एवं अध्यक्ष ने प्रतिवेदन पर हस्ताक्षर किए हैं अथवा नहीं।

(ङ) प्रेस रिपोर्ट का संपादन या प्रेस रिपोर्ट लेखन एक कला है (Art of Report writing) : प्रेस रिपोर्ट एक तरह का लिखित विवरण होता है। इस विवरण में किसी कार्य व्यापार या विषय के विभिन्न तथ्यों का लेखा-जोखा प्रस्तुत किया जाता है। यह लेखा-जोखा या रिपोर्ट किसी समारोह, उत्सव, घटना, गोष्ठी, सेमिनार, समिति की बैठक, सभा, जुलूस, उद्घाटन, विमोचन, लोकार्पण आदि की हो सकती है। इस रिपोर्ट के दायरे में कंपनियाँ, मंत्रालय, कार्यालय, विभाग आदि के कार्यकलाप भी आ सकते हैं।

प्रतिवेदन, रपट या रिपोर्ट का महत्त्व (Significance of Report) : प्रतिवेदन का महत्त्व बीते हुए घटनाक्रम या किसी विशेष परिस्थिति के प्रमुख प्रत्यक्ष ज्ञान को संक्षिप्त रूप में एकत्र करना है, जिससे इसमें आगे किसी तरह की भूल या दुविधा न हो पाए। प्रतिवेदन में उसी सत्य की वार्त्ता रहती है, जिसका प्रतिवेदक को अच्छा या बुरा अनुभव होता है। प्रतिवेदन का दूसरा महत्त्व भूतकाल को वर्तमान से जोड़ना होता है। वर्तमान में प्रतिवेदन लेखन एक महत्त्वपूर्ण कार्य के रूप में प्रचलित हो गया है। प्रतिवेदन लिखने वाला विभिन्न कोणों से संबंधों की जाँच, निरीक्षण, खोज तथा छानबीन करके जो परिणाम निकलता है, उन्हें ध्यान में रखते हुए प्रस्तुत करता है, अर्थात् जब कोई भी विषय, मुद्दा या मामला सामान्य लोगों के विरुद्ध होता है तो वहाँ उस विषय की छानबीन करना आवश्यक होता है। ऐसी स्थिति में प्रतिवेदन की आवश्यकता होती है। सरकारी या गैर-सरकारी कार्यालयों और संस्थाओं में छोटे-बड़े नियमों के उल्लंघन, घोटाला और विवादों की जाँच तथा उनमें प्रतिवेदन आदि की आवश्यकता बनी ही रहती है।

प्रतिवेदन में किसी प्रकरण, घटना, कार्ययोजना या प्रसंग की महत्त्वपूर्ण बातें लिखी जाती हैं। प्रतिवेदन में सभी बातें क्रमानुसार ही लिखी जानी चाहिए। प्रतिवेदन की विषय-वस्तु संक्षिप्त होनी चाहिए। प्रतिवेदन की भाषा में स्पष्टता होनी चाहिए, जो उसे एक श्रेष्ठ प्रतिवेदन का रूप देती है। प्रतिवेदन की बातें सच्ची होनी चाहिए, उसमें कल्पना, पक्षपात और निजी भावना के लिए स्थान नहीं होता है। प्रतिवेदन की भाषा साहित्य-संबंधी नहीं होनी चाहिए, बल्कि सरल व दिचलस्प होनी चाहिए। एक अच्छा प्रतिवेदन सुनने या पढ़नेवाले के मन में किसी प्रकरण, घटना या विषय की साफ तथा जीवित तस्वीर खींच देता है।

अभ्यास कार्य

लघु एवं दीर्घ उत्तरीय प्रश्न

1. प्रारूपण का अर्थ स्पष्ट करते हुए इसकी प्रमुख विशेषताओं पर प्रकाश डालिए।
2. टिप्पण का सामान्य परिचय दीजिए।
3. संक्षेपण को परिभाषित करते हुए इसकी प्रमुख पद्धतियों पर प्रकाश डालिए।
4. पल्लवन का अर्थ स्पष्ट करते हुए इसके महत्त्व एवं उपयोगिता को निरूपित कीजिए।
5. प्रतिवेदन का अर्थ स्पष्ट करते हुए इसके प्रमुख प्रकारों की चर्चा कीजिए।

परियोजना कार्य

1. प्रारूपण लेखन की पद्धति पर परियोजना कार्य जमा कीजिए।
2. टिप्पण और टिप्पणी पर परियोजना कार्य जमा कीजिए।
3. संक्षेपण की पद्धति पर परियोजना कार्य जमा कीजिए।
4. प्रतिवेदन, रपट या रिपोर्ट पर परियोजना कार्य जमा कीजिए।

दक्षता परीक्षण

1. पल्लवन विषय पर पॉवरपॉइंट प्रस्तुतीकरण दीजिए।
2. संक्षेपण विषय पर पॉवरपॉइंट प्रस्तुतीकरण दीजिए।
3. प्रारूपण और टिप्पण लेखन विषय पर पॉवरपॉइंट प्रस्तुतीकरण दीजिए।
4. प्रतिवेदन विषय पर पॉवरपॉइंट प्रस्तुतीकरण दीजिए।

वस्तुनिष्ठ प्रश्न

1. प्रारूपण का क्या अर्थ है?
   (क) मसौदा (ख) स्थान
   (ग) वस्तु (घ) मकान
2. प्रारूपण को और किस नाम से जाना जाता है?
   (क) आलेखन (ख) मसविदा
   (ग) प्रालेखन (घ) उपर्युक्त सभी
3. 'कच्चा पत्र' क्या होता है?
   (क) संक्षेपण (ख) प्रारूपण
   (ग) ई-मेल (घ) ब्लाग
4. एक अच्छे प्रारूपण की क्या विशेषताएँ होती हैं?
   (क) कार्यालय का नाम, पता होना चाहिए
   (ख) तिथि, विषय, संबोधन, स्वनिर्देश होने चाहिए
   (ग) पदनाम तथा पृष्ठांकन आदि का क्रमबद्ध उल्लेख करना जरूरी होता है
   (घ) उपर्युक्त सभी
5. कार्यालय की प्रतिष्ठा...........लिखे गए प्रारूपण से निर्धारित होती है। उक्त खाली स्थान में उचित शब्द का चयन कीजिए?
   (क) अनैतिकता से
   (ख) बुरे कार्य से
   (ग) अच्छे बरताव में
   (घ) अच्छी भाषा में
6. आलेखन के लिए अंग्रेजी में किस शब्द का प्रयोग किया जाता है?
   (क) Book (ख) Pencil
   (ग) Drafting (घ) Writing
7. प्रारूपण की विशेषताएँ क्या हैं?
   (क) भाषा व्याकरण सम्मत होनी चाहिए
   (ख) भाषा स्पष्ट होनी चाहिए
   (ग) भाषा संक्षिप्त, संयत और विनम्र होनी चाहिए
   (घ) उपर्युक्त सभी

8. प्रारूपण में क्या निषिद्ध रहता है—
   (क) लोकोक्तियाँ और मुहावरे
   (ख) भ्रमपूर्ण व विवादास्पद कथन
   (ग) कहावतों का प्रयोग
   (घ) उपर्युक्त सभी
9. आलेखन का ही समानार्थी शब्द है?
   (क) संक्षेपण (ख) मुखौटा
   (ग) पत्रावली (घ) पल्लवन
10. कच्चे पत्र को क्या कहा जाता है?
   (क) प्रारूपण
   (ख) व्यक्तिगत पत्र
   (ग) व्यावसायिक पत्र
   (घ) अर्धसरकारी पत्र
11. 'टिप्पण' या 'टिप्पणी' लेखन का संबंध किससे होता है?
   (क) समझदारी से
   (ख) आपसी बातचीत से
   (ग) व्यक्तिगत कार्य से
   (घ) कार्यालयीय कार्य प्रणाली से
12. कार्यालय के लिपिक, सहायक और कार्यालय अधीक्षकों द्वारा जो टिप्पणियाँ लिखी जाती हैं, उन्हें किस नाम से जाना जाता है?
   (क) टिप्पण (ख) आलेखन
   (ग) प्रारूपण (घ) मसौदा
13. 'टिप्पण लेखन' में किस प्रमुख बात का ध्यान रखना चाहिए?
   (क) उस पत्र के पूर्व के पत्र आदि का सारांश
   (ख) अधिकारी द्वारा लिये गए निर्णय के प्रश्न का विवरण
   (ग) उस संबंध में क्या कार्रवाई की जाए
   (घ) उपर्युक्त सभी
14. 'टिप्पणी लेखन' में किस बात का ध्यान रखना आवश्यक है?
   (क) यह बहुत लंबा या विस्तृत नहीं होना चाहिए
   (ख) इसे मूल पत्र पर नहीं लिखना चाहिए
   (ग) इसमें व्यक्तिगत आरोप या आक्षेप नहीं किया जाना चाहिए
   (घ) उपर्युक्त सभी

15. 'टिप्पण' और किस नाम से जाना जाता है?
    (क) टिप्पणी लिखने की प्रक्रिया
    (ख) मसौदा लिखने की प्रक्रिया
    (ग) प्रारूपण लिखने की प्रक्रिया
    (घ) आलेखन लिखने की प्रक्रिया
16. 'टिप्पणी' को अंग्रेजी में किस नाम से जाना जाता है?
    (क) Drafting (ख) Noting
    (ग) Writing (घ) Fighting
17. संक्षेपण का अर्थ क्या होता है?
    (क) बहुत विस्तृत करना
    (ख) बहुत ऊँचा कर देना
    (ग) छोटा कर देना
    (घ) बड़ा कर देना
18. अंग्रेजी में Precis शब्द का हिंदी रूपांतर क्या होगा?
    (क) संक्षेपण (ख) टिप्पणी
    (ग) प्रारूपण (घ) आलेखन
19. Precis शब्द किस भाषा से लिया गया है?
    (क) जापानी (ख) फ्रेंच
    (ग) मलयालम (घ) हिंदी
20. संक्षेपण की विशेषताएँ हैं—
    (क) संक्षेपण एक स्वतः पूर्ण रचना है
    (ख) इसमें वाक्यों का संक्षेपीकरण किया जाता है
    (ग) इसे पढ़ लेने के बाद मूल संदर्भ को पढ़ने की जरूरत नहीं होती है
    (घ) उपर्युक्त सभी
21. संक्षेपण में मूल का कितना अंश होना चाहिए?
    (क) 1/3 (ख) 1/2
    (ग) 2/3 (घ) 1/4
22. संक्षेपण की विशेषताएँ हैं?
    (क) इसमें विचार एक-दूसरे से संबद्ध होते हैं
    (ख) संक्षेपण की भाषा व्याकरणसम्मत होनी चाहिए
    (ग) साधारण वाक्य में शब्दों का प्रयोग होना चाहिए
    (घ) उपर्युक्त सभी

23. 'संक्षेपण' में किस पुरुष का प्रयोग करना चाहिए?
(क) अन्य पुरुष (सर्वनाम) (ख) मध्यम पुरुष
(ग) प्रथम पुरुष (घ) उत्तम पुरुष

24. 'संक्षेपण' में किस पुरुष का प्रयोग नहीं करना चाहिए?
(क) मध्यम पुरुष (ख) उत्तम पुरुष
(ग) प्रथम पुरुष (घ) अन्य पुरुष

25. संक्षेपण में आए हुए संवाद को किस कथन के रूप में प्रयोग किया जाना चाहिए?
(क) अप्रत्यक्ष कथन (ख) प्रत्यक्ष कथन
(ग) अस्पष्ट कथन (घ) अपरोक्ष कथन

26. संक्षेपण किसके समान दिखता है?
(क) निबंध (ख) सार लेखन
(ग) उपन्यास (घ) कहानी

27. अवतरण का पल्लवन करते समय कितनी विधियाँ महत्त्वपूर्ण मानी गई हैं?
(क) तीन (ख) चार
(ग) पाँच (घ) सात

28. 'संक्षेपण' करते समय क्या आवश्यक होता है?
(क) लेखक के नाम और उसके व्यक्तिगत परिचय का उल्लेख नहीं होना चाहिए
(ख) लेखक का नाम होना चाहिए
(ग) लेखक का व्यक्तिगत परिचय होना चाहिए
(घ) लेखक का पता भी होना चाहिए

29. 'संक्षेपण' के लिए क्या आवश्यक नहीं है?
(क) निर्णयात्मक बुद्धि
(ख) बुद्धि के साथ भाषा संतोषजनक
(ग) इसके लिए मानसिक व्यायाम आवश्यक है
(घ) व्यक्तिगत परिचय आवश्यक है

30. किसी गद्य का संक्षेपण करते समय संक्षेपणकर्ता को किस बात का ध्यान रखना चाहिए?
(क) मूल संदर्भ को ध्यान से पढ़ना चाहिए
(ख) केंद्रीय भाव को समझना चाहिए
(ग) मूल अवतरण को कम-से-कम दो-तीन बार अवश्य पढ़ना चाहिए
(घ) उपर्युक्त सभी

31. 'पल्लवन' का क्या अर्थ होता है?
(क) अर्थ का विस्तार (ख) अर्थ संकुचन
(ग) लघुता का प्रतीक (घ) निबंध

32. 'पल्लवन' का अंग्रेजी रूपांतरण क्या है?
(क) Notification (ख) Simplification
(ग) Simple (घ) Amplification

33. 'पल्लवन' शब्द की व्युत्पत्ति किससे हुई है?
(क) पल्लव (ख) करुणा
(ग) दया (घ) प्रेम

34. 'पल्लवन' को और किन नामों से जाना जाता है?
(क) गवेषण (ख) विश्लेषण
(ग) भाव संवर्धन (घ) उपर्युक्त सभी

35. 'विस्तारण किसी एक विचार को एक अनुच्छेद में विस्तृत करना है।' उक्त कथन किस विद्वान् का है?
(क) मुक्तिबोध (ख) मिल्टन
(ग) बेकन (घ) प्रसाद

36. 'पल्लवन' के लिए क्या आवश्यक होता है?
(क) मूल कथन या सूक्ति का विस्तार होता है
(ख) पल्लवन में कथन के परिवर्तन करने की स्वतंत्रता रहती है
(ग) पल्लवन में मूल सामग्री का रहना अनिवार्य है
(घ) उपर्युक्त सभी

37. 'पल्लवन' का मूल भाव किस पुरुष में होना चाहिए।
(क) अन्य पुरुष (ख) मध्यम पुरुष
(ग) उत्तम पुरुष (घ) प्रथम पुरुष

38. पल्लवन....................विस्तृत रूप है। उक्त खाली स्थान को भरिए?
(क) धन का (ख) सूक्ति का
(ग) वस्तु का (घ) स्थान का

39. पल्लवन प्रविधि के क्या लाभ हैं?
(क) मसौदा प्रक्रिया में प्रौढ़ता लाई जा सकती है
(ख) प्रशासनिक नियमों को बोधगम्य बनाया जा सकता है
(ग) कार्यालयीय कार्य को यथाशीघ्र करने में मदद मिलती है
(घ) उपर्युक्त सभी

40. 'प्रतिवेदन' को अन्य किस नाम से जाना जाता है ?
(क) रपट या रिपोर्ट (ख) बहस करना
(ग) लघुता (घ) विस्तारण

41. 'प्रतिवेदन' का अर्थ क्या है ?
(क) प्रस्तुत करना, लिखना
(ख) बहस करना
(ग) समझौता करना
(घ) विस्तार करना

42. प्रतिवेदन का अंग्रेजी रूपांतरण क्या है ?
(क) Site (ख) Write
(ग) Note (घ) Reporting

43. 'रपट' के लिए कानूनी भाषा के किस शब्द का प्रयोग किया जाता है ?
(क) FIR (ख) BTL
(ग) RTI (घ) WTO

44. हिंदी साहित्य में 'रिपोर्ट' शब्द किसका प्रतीक है ?
(क) लघुकथा का (ख) रिपोर्ताज का
(ग) उपन्यास का (घ) कहानी का

45. 'रिपोर्ट' के अन्य विस्तृत प्रयोग क्या हैं ?
(क) चयन
(ख) रूपांतरण
(ग) समायोजन या पदोन्नति में
(घ) उपर्युक्त सभी

46. 'प्रतिवेदन' का प्रयोग अन्यत्र कहाँ पर किया जा सकता है ?
(क) समिति में (ख) उपसमिति में
(ग) विभाग में (घ) उपर्युक्त सभी

47. किसके अंत में 'प्रतिवेदन' का विशेष महत्त्व होता है ?
(क) उत्सव (ख) उद्घाटन
(ग) समारोह (घ) उपर्युक्त सभी

48. 'प्रतिवेदन' कितने प्रकार के होते हैं ?
(क) एक या चार (ख) दो या पाँच
(ग) तीन या सात (घ) चार या नौ

49. 'प्रतिवेदन' तैयार करते समय किन बातों का ध्यान रखना आवश्यक होता है ?
   (क) बैठक का निर्बाध रूप से संपन्न होना
   (ख) आम राय का उल्लेख
   (ग) बहस के मुद्दों की चर्चा
   (घ) उपर्युक्त सभी

50. 'प्रतिवेदन' या 'रिपोर्ट' का महत्त्व क्या है ?
   (क) बीते हुए घटनाक्रम का वर्णन
   (ख) प्रत्यक्ष ज्ञान का संक्षिप्त एकत्र करना
   (ग) भूतकाल को वर्तमान से जोड़ना
   (घ) उपर्युक्त सभी

उत्तरमाला

1. (क), 2. (घ), 3. (ख), 4. (घ), 5. (घ), 6. (ग), 7. (घ), 8. (घ), 9. (घ), 10. (क), 11. (घ), 12. (क), 13. (घ), 14. (घ), 15. (क), 16. (ख), 17. (ग), 18. (क), 19. (ख), 20. (घ), 21. (क), 22. (घ), 23. (क), 24. (ग), 25. (क), 26. (ख), 27. (ग), 28. (क), 29. (घ), 30. (घ), 31. (क), 32. (घ), 33. (क), 34. (घ), 35. (ग), 36. (घ), 37. (क), 38. (ख), 39. (घ), 40. (क), 41. (क), 42. (घ), 43. (क), 44. (ख), 45. (घ), 46. (घ), 47. (घ), 48. (ख), 49. (घ), 50. (घ)।

□

इकाई-5

हिंदी भाषा और कंप्यूटर का विकास-क्रम

कंप्यूटर का सामान्य परिचय और इतिहास

कंप्यूटर के आविष्कार की एक रोचक कहानी इतिहास में दर्ज है। सूचना संचार की कामधेनु एवं वटवृक्ष कहे जानेवाले कंप्यूटर को हिंदी में कई प्रमुख नामों से जाना जाता है। गणक, संगणक, शब्द विश्लेषक तथा संख्या विश्लेषक, विचारशील मशीन, इलेक्ट्रॉनिक मशीन आदि। एक समय ऐसा था, जब सरकारी एवं गैर-सरकारी स्तर पर गणना करने के लिए कुछ भी नहीं था। व्यवस्था को चलाने के लिए लकड़ी के छोटे-छोटे टुकड़ों का इस्तेमाल किया जाता था। इसके साथ ही दिन-महीने याद रखने के लिए दीवारों पर चिह्नों का प्रयोग किया जाता था।

तीसरी सदी में गणना करने के लिए, जो मशीन बनाई गई, उसे 'एबाकस' नाम दिया गया। इस मशीन में तारों को एकत्र किया जाता था, जिसमें अनेक मालाएँ लिपटी होती थीं। इन मालाओं को बदलकर गणना का कार्य किया जाता था। सन् 1832 ई. के आसपास चार्ल्स बैबेज ने स्वचालित संगणना के लिए एक मशीन का आविष्कार किया, यह मशीन मुलर के महत्त्वपूर्ण कार्य पर आधारित थी। बैबेज अपने उद्देश्य में तकनीकी ज्ञान के अभाव के कारण सफल नहीं हो सका।

आज कंप्यूटर विज्ञान के लिए अचंभित करने वाली विशिष्ट व उपयोगी उपलब्धि है। वास्तविकता यह है कि सूचना प्रौद्योगिकी की तकनीकी उत्तरोत्तर यात्रा के बाद इस स्थान तक पहुँच पाने में कामयाब हुई है। कंप्यूटर के विस्तार होने से लगातार विश्व सिकुड़ता जा रहा है, अर्थात् सूचना क्रांति ने पूरी दुनिया को समेटकर ग्लोबल विलेज (Global Village), अर्थात् गाँव में बदली दुनिया की अवधारणा को जीवंत कर दिया है। कंप्यूटर के प्रमुख प्रकारों, यथा—डिजिटल कंप्यूटर, एनालॉग कंप्यूटर, मिनी कंप्यूटर, सुपर कंप्यूटर, होम कंप्यूटर, लैपटॉप तथा पॉम-टॉप कंप्यूटर ने सूचना जगत् में एक नई क्रांति की शुरुआत की है। वर्तमान युग में टेलीफोन, फैक्स, रेडियो, टेलीविजन, सेलुलर फोन, कंप्यूटर, पेजर, ई-मेल, इंटरनेट, फोटोकॉपियर एवं

वीडियोफोन, जैसे उपकरणों की महत्त्वपूर्ण भूमिका रही है। इन सबमें सर्वश्रेष्ठ भूमिका कंप्यूटर की रही है।

कंप्यूटर के बिना पूरा सूचना तंत्र अधूरा सा लगता है। तकनीकी के क्षेत्र में हो रहे विकास में कंप्यूटर का उपयोग लगातार बढ़ता जा रहा है। प्रत्येक क्षेत्र में कंप्यूटर उत्तरोत्तर अपनी उपस्थिति दर्ज कर रहा है—आज कंप्यूटर का प्रयोग मनोरंजन, व्यापार, शिक्षा, चिकित्सा, औद्योगिक क्षेत्र, शिक्षा तथा अनुसंधान के क्षेत्र में लगातार बढ़ता जा रहा है।

आजकल पश्चिमी देशों विशेषकर अमेरिका में इलाज के लिए कंप्यूटर द्वारा टेली मेडिसिन चिकित्सा से उपचार हो रहा है। वीडियो कॉन्फ्रेसिंग के माध्यम से डॉक्टर हजारों किलोमीटर दूर बैठकर टेलीमेडिसिन द्वारा इलाज कर रहे हैं। भारत में अपोलो ग्रुप के अस्पतालों में, लखनऊ में एस.जी. पी.जी.आई. अस्पताल में इस विधि से चिकित्सा की जा रही है और इन सबका अधिकतर लाभ लोग ले रहे हैं। चाहे इलाज की बात हो, चाहे राजनीतिक प्रचार-प्रसार की हो, राजनेता इंटरनेट पर अपनी वेबसाइट बनाकर चुनाव का प्रचार-प्रसार कर रहे हैं; हालाँकि इससे पहले आधुनिक सूचना तकनीक का इस्तेमाल व्यवसायीगण अपने उद्योगों के प्रचार-प्रसार के लिए करते रहे हैं। सूचना तकनीकी के बढ़ते दखल से टेली मेडिसिन की भाँति साइबर सर्वेंट, टेली शॉपिंग, टेली बिजनेस और टेली डेमोक्रेसी जैसी अवधारणाओं का उत्तरोत्तर विकास हुआ है। आज पूरी दुनिया में औद्योगिक रूप से विकसित समाज सूचना प्रौद्योगिकी के समाज में परिवर्तित हो रहा है, इसके लिए कंप्यूटर प्रौद्योगिकी तथा उसके तंत्रजाल प्रमुख उपकरण के रूप में महत्त्वपूर्ण भूमिका का निर्वहन कर रहे हैं।

सूचना प्रौद्योगिकी का प्रयोग आज भारत में तेजी से अपने चरण बढ़ा रहा है। भारत अब सूचना क्रांति के द्वार पर खड़ा पूरे विश्व को चुनौती दे रहा है। उपग्रह, कंप्यूटर, टेलीविजन, इंटरनेट, वीडियो एवं मल्टीमीडिया आदि के रूप भारत में तेजी से विकसित हुए हैं। सूचना क्रांति धीरे-धीरे भारत समेत दुनिया के खास एवं आमजन के जीवन का महत्त्वपूर्ण हिस्सा बनती जा रही है।

कंप्यूटर को प्रथम बार सन् 1770 ई. में ह्यूमन नामक एक जर्मन ने व्यावहारिक तौर पर तैयार किया, परंतु तकनीकी दृष्टि से यह बहुत सही साबित नहीं हुआ। सन् 1920 ई. में वाल्डविन एवं मुनरो ने मिलकर एक विद्युत् मशीन मुनरो कंप्यूटर का आविष्कार किया। जोजेफ जैक्वार्ड ने बुनने के लिए एक मशीन का आविष्कार किया, बड़े-बड़े छेदन कार्डों से नियंत्रित होनेवाली मशीन कपड़े में जटिल व सुंदर तरह की बुनाई कर सकती थी। जैक्वार्ड की इस मशीन को लियान ने जब प्रारंभ किया तो शहर के लोगों ने उस पर हमला कर इस मशीन रूपी करघे को नष्ट कर दिया। इसके पीछे मुख्य वजह यह

थी कि जुलाहे इस बात से डरते थे कि इस करघे से उनका रोजगार छिन जाएगा, लेकिन जोजेफ जैक्वार्ड ने हार नहीं मानी और फ्रांसीसी सरकार से इसकी स्वीकृति लेकर इसे पुनः चालू किया और इससे व्यावसायिक सफलता मिलने के साथ ही जोजेफ जैक्वार्ड को सामाजिक सम्मान भी खूब मिला। इसके कुछ समय बाद सन् 1832 ई. के लगभग चार्ल्स बैबेज नामक एक अंग्रेज ने स्वचालित संगणना के क्षेत्र में मुलर नामक एक जर्मन द्वारा तैयार की गई मशीन एवं उसके सिद्धांतों का प्रयोग करके मशीन तैयार की। बैबेज का उद्देश्य इस मशीन से गणित की सारणी तैयार करना था। उस समय तकनीकी ज्ञान इतना नहीं बढ़ा था कि बैबेज अपने उद्देश्य में सफल हो पाता और उसकी मशीन सूक्ष्म तथा यथार्थ गणित सारणी तैयार करने में सफल हो पाती। चार्ल्स बैबेज ने तभी जोजेफ जैक्वार्ड के काम के बारे में सुना और वह मशीन के समानांतर एक विश्लेषणात्मक इंजन मशीन बनाने की योजना को कार्य रूप देने में लग गया। छेदित कार्डों के उपयोग से कार्य करने वाली यह मशीन बहुत सफल नहीं हो पाई, लेकिन बैबेज द्वारा तैयार किया हुआ कार्य इतना अच्छा था कि आगे चलकर इससे विश्लेषणात्मक इंजन का मॉडल तैयार किया गया, यह बैबेज का अधूरा स्वप्न था, जो बाद में पूरा किया गया।

सन् 1890 ई. में हरमैन होलेरिथ ने गणक के इतिहास में महत्त्वपूर्ण कार्य किया। उसने छेदित कागज के टेप पर सूचना संग्रह करती मशीन जनगणना में प्रयुक्त विधि में सुधार करने के कठिन काम के लिए तैयार की। होलेरिथ और पावर्थ ने मिलकर इस कार्य को छेदित काडों के माध्यम से जारी रखा। इसमें प्रत्येक छेद कुछ विशिष्ट सूचना को इंगित करता था, जैसे राज्य, शहर, गाँव, पैसा आदि। छेदित करने के बाद कार्ड विद्युत् मशीन में डाल दिए जाते थे, तब मशीन नतीजों को अलग करके उनकी गणना करके उनको सारणीबद्ध करती थी। इसके शीघ्र बाद कार्ड छेदन मशीन टेबलेटर, साइटर मशीनों का आविष्कार हुआ। ये अधिकतर मशीनें बिजली से चलती थीं।

हार्वर्ड विश्वविद्यालय के प्रोफेसर डॉ. हॉवर्ड ऐकेन ने सन् 1944 ई. में आई.बी.एम. (IBM : Inernational Business Machine) कंपनी के साथ मिलकर मार्कवन गणक तैयार किया। रिले और छेदित कार्ड टेप इस्तेमाल करने वाली यह मशीन बहुत ही धीरे-धीरे काम करती थी। डॉ. जॉन वान न्यूमैन ने सन् 1930 ई. में कंप्यूटर डिजाइन पर कार्य करना शुरू किया। संयुक्त राष्ट्र अमेरिका प्रवास के दौरान गोल्ड स्टाइन के साथ मिलकर न्यूमैन ने सन् 1946 ई. में एक कंप्यूटर तैयार किया। डॉ. न्यूमैन का अधिकतर कार्य कंप्यूटर की स्मृति से संबंधित था।

न्यूमैन का सुझाव था कि आँकड़े और अनुदेश कंप्यूटर की मेमोरी में एकल होने चाहिए।

चार्ल्स बैबेज द्वारा परिकल्पित दो मशीनें बनाई गईं। सन् 1946-49 ई. के बीच

तीन बहुत ही महत्त्वपूर्ण इलेक्ट्रॉनिक कंप्यूटर निर्मित किए गए—Eniae SSEC और EDVACL। इनमें ENIAC, पहला इलेक्ट्रॉनिक कंप्यूटर था, जिसमें लगभग 20,000 वैक्युम ट्यूब निर्मित थे। इन कंप्यूटरों के बाद अनेक कंपनियों ने प्रौद्योगिक संस्थाओं के प्रयोगार्थ कंप्यूटर निर्मित किए। इन कंप्यूटरों के निर्माण में कंप्यूटर के सिद्धांत में कोई परिवर्तन नहीं किया गया। इसके बाद भी उसमें अनेक सुधार अवश्य किए गए, जिनके परिणामस्वरूप कंप्यूटर की गणना शक्ति में अत्यधिक वृद्धि हुई। प्रारंभ में 1 सेकेंड में सिर्फ 5 गणना हो पाती थीं, जो अब लाखों में हैं। कंप्यूटर की स्मृति शक्ति में भी अप्रत्याशित वृद्धि हुई। पहले 256 सेल थे, जो अब लाखों में हो गए हैं। कंप्यूटर में अब छेदित कार्ड है, डिस्क हैं, मैगनेटिक टेप हैं, कार्ड स्मृतियाँ हैं, ड्रम हैं, आँकड़े सेल हैं, कागज टेप भी हैं, इसके अलावा अन्य बहुत सी युक्तियाँ भी आ गई हैं।

वर्तमान के छेदन कार्ड प्रामाणिक आकार के होते हैं। प्रत्येक कार्ड 3–1/4 चौड़ा 7–3/8 लंबा और 0.0065 मोटा होता है। छेदन कार्ड में 80 स्तंभ होते हैं तथा प्रत्येक स्तंभ में 12 छेद किए जा सकते हैं। इस कार्ड में छेदों में पठित सूचना अंकित करने के लिए जगह भी होती है। कार्ड के स्तंभों और पंक्तियों में छेदित सुराखों के विन्यास को, 'Hollerith Code' कहते हैं। यह छेदित कार्ड ऐसी सूचना को जिसे हम पढ़ सकते हैं, ऐसी सूचना में बदल देता है, जो कंप्यूटर द्वारा पढ़ी जा सकती है।

चार्ल्स बैबेज ने एनालिटिकल इंजिन बनाने का जो सिद्धांत दिया था, उसे पूरा करने से पूर्व ही चार्ल्स बैबेज की मृत्यु हो गई। बैबेज के इस अधूरे कार्य को उसकी एक प्रिय मित्र श्रीमती एडा (Lady Ada) ने पूरा किया। इस प्रकार दुनिया का सबसे पहला प्रोग्रामर श्रीमती एडा को माना जाता है।

प्रारंभ में चार्ल्स बैबेज और ब्लेज पास्कल द्वारा बनाई मशीनें पूरी तरह से यांत्रिकीय थीं, वहीं हर्मन हॉलरिथ (Herman Hollerith) ने सबसे पहले विद्युत्–शक्ति का प्रयोग करके एक मशीन का आविष्कार किया था, जिसका नाम 'टेबुलेटर' (Tabulatoror) रखा गया।

इस टेबुलेटर मशीन के आविष्कार से अंकगणितीय प्रश्नों के हल आसान हो गए। हर्मन हॉलरिथ ने अपने आविष्कार को बेचने के लिए टेबुलेटिंग कंपनी बनाई। आगे चलकर इस कंपनी में अनेक कंपनियाँ आकर मिल गईं।

'टेबुलेटिंग कंपनी' में अनेक कंपनियों के मिलने से उसका नाम 'आई.बी.एम.' (IBM : Inernational Business Machine) रखा गया। IBM वर्तमान में सबसे ज्यादा कंप्यूटर निर्मित कर रही है।

सन् 1943 ई. में हार्वर्ड यूनिवर्सिटी के 'होवार्ड आइकेन' ने एक अन्य मशीन का आविष्कार किया। उसका नाम MARC-1 रखा गया। दो वर्षों के बाद सन् 1945 ई.

में संयुक्त राज्य अमेरिका में एक इलेक्ट्रॉनिक कंप्यूटर का आविष्कार किया गया। उसका नाम 'एनिएक' (ENIAC : Electronic Numeric Integrator and Calculator) था।

कंप्यूटर का वर्गीकरण

कंप्यूटर अनेक प्रकार के होते हैं, जिसके तीन प्रमुख कारण हैं। इन कारणों के तीन आधार हैं। प्रथम पीढ़ी (जेनरेशन) के आधार पर, दूसरी पीढ़ी कार्य की प्रकृति के आधार पर तथा तीसरी कार्य क्षमता के आधार पर है।

1. पीढ़ी के आधार पर

पीढ़ी के आधार पर कंप्यूटर को पाँच भागों में बाँटा गया है। प्रथम पीढ़ी के कंप्यूटर में 'वॉल्व' (Valve) और 'वैक्यूम ट्यूब' (Vacuam Tube) का प्रयोग किया जाता था। ये आकार में बड़े होने के कारण ऊर्जा की अधिक खपत करते थे एवं इनकी कार्यक्षमता और मेमोरी कम होती थी। वर्ष 1946 तथा 1955 के बीच इसी प्रकार के कंप्यूटर बनते रहे। इस पीढ़ी में MARC-1 और ENIAC को शामिल किया गया।

दूसरी पीढ़ी के कार्यकाल को सन् 1956 से 1965 तक मान सकते हैं। इस पीढ़ी के कंप्यूटरों में 'वॉल्व' और 'वैक्यूम ट्यूब' की जगह 'ट्रांजिस्टर' का प्रयोग किया गया था। इस पीढ़ी के कंप्यूटर में प्रयुक्त ट्रांजिस्टर एक अर्धचालक होता है। यह चालक वॉल्व की भाँति ही कार्य करता है। यह आकार में बहुत छोटा होता है। इसके प्रयोग से कंप्यूटर का आकार व ऊर्जा खपत दोनों ही कम हो गई तथा कंप्यूटर की क्षमता के साथ उसकी मेमोरी भी बढ़ गई।

कंप्यूटर की तीसरी पीढ़ी का कार्यकाल वर्ष सन् 1966 से 1975 तक है। इस कार्यकाल में ट्रांजिस्टर को एक 'सिलिकॉन चिप' पर व्यवस्थित किया जाने लगा। इसे 'आई.सी. (I.C. : Integrated Circuit) कहा जाता है। 'आई.सी.' के प्रयोग से कंप्यूटर का आकार और भी छोटा हो गया। इससे पहले कंप्यूटर ज्यादा देर तक काम करने पर गरम हो जाता था। आई.सी. के आविष्कार होने से इस समस्या का निदान हो गया।

कंप्यूटर की चौथी पीढ़ी का कार्यकाल सन् 1976 से 1985 तक माना गया है। इस कंप्यूटर में सभी गणितीय कार्य एवं बिना गणित वाले कार्य को कराने वाले 'फंक्शन' (Funcation) को एक ही 'चिप' (Chip) पर व्यवस्थित किया जाता है। इसे 'मिरेकल चिप' (Miracle chip) कहते हैं।

पाँचवीं पीढ़ी के कंप्यूटर के कार्यकाल को सन् 1996 ई. से वर्तमान तक माना गया है। यह पीढ़ी वैज्ञानिकों के लिए एक चुनौती है। वे इस पर कार्य कर रहे हैं कि कंप्यूटर हमारी भाषा समझ जाए, उसके अंदर मानवीय भावना आ जाए, वह अच्छे-बुरे का फैसला कर सके। इस पीढ़ी के कंप्यूटर को 'ए.आई.' (Artificial Intelligemee) कहा जाता है।

2. कार्य की प्रकृति के आधार पर

कंप्यूटर को कार्य की प्रकृति के आधार पर तीन वर्गों में बाँटा जा सकता है। एनालॉग, डिजिटल एवं हाइब्रिड कंप्यूटर। एनालॉग कंप्यूटर (Analog Computer) से एक कार्य को लगातार करते हुए अलग से कुछ आँकड़े देकर आँकड़ों के असर को परखा जाता है। इन कंप्यूटरों द्वारा डॉक्टर रोगियों की नब्ज तथा हृदय की धड़कनों का परीक्षण करता है। डिजिटल कंप्यूटर में केवल आंकिक आँकड़ों के साथ प्रॉसेसिंग कराई जाती है। इसका प्रयोग प्राय: वैज्ञानिकों द्वारा किया जाता है। वैज्ञानिक आँकड़ों में आंकिक आँकड़ों की बहुतायत होती है। इन कंप्यूटरों का प्रयोग टेलीफोन एक्सचेंज में किया जाता है। हाइब्रिड कंप्यूटर से दो प्रकार के काम लिये जाते हैं। इसमें 'एनालॉग' और 'डिजिटल कंप्यूटरों' के गुण मिश्रित होते हैं।

3. कार्यक्षमता के आधार पर

इस आधार पर कंप्यूटर को चार वर्गों में बाँटा जा सकता है। प्रथम माइक्रो कंप्यूटर (Micro Computer) को 'होम कंप्यूटर' (Home Computer) भी कहा जाता है। इसका प्रयोग छोटे-छोटे व्यक्तिगत कार्यों के लिए किया जाता है। I.B.M.P.C. एक माइक्रो-कंप्यूटर का उदाहरण है। इस कंप्यूटर से ग्राफ तथा DTP वगैरह का कार्य किया जाता है।

दूसरा वर्ग मिनी कंप्यूटर (Mini Computor) का है। यह माइक्रो-कंप्यूटर की तुलना में बहुत ही शक्तिशाली है। इसमें एक साथ कई व्यक्ति कार्य कर सकते हैं। इसका प्रयोग LAN (Local Area Networking) में किया जाता है। इसमें आँकड़ों के साथ प्रोसेसिंग बहुत जल्दी होती है। इसका प्रयोग बड़े संस्थानों, पे-रोल बनाने में, आरक्षण इत्यादि में किया जाता है। मिनी कंप्यूटर के उदाहरण—PDP-II तथा VAX-75001 हैं।

तीसरा वर्ग मेन फ्रेम कंप्यूटर (Main Frame Computer) का है। इस कंप्यूटर का आकार बड़ा होता है। इसके द्वारा एक साथ हजारों लोग काम कर सकते हैं। इसका प्रयोग बड़ी कंपनियाँ, बैंक तथा सरकारी विभाग मेन कंप्यूटर के रूप में करते हैं। इसका प्रयोग Wan (Wide Area Networking) में किया जाता है। इस कंप्यूटर के उदाहरण—IBM-4381, ICL-39 इत्यादि हैं।

चतुर्थ कंप्यूटर में सुपर कंप्यूटर (Super Computer) आता है। जहाँ पर बहुत अधिक आँकड़ों को कम समय में प्रॉसेस करना होता है। इसका प्रयोग जलवायु परिवर्तन का विश्लेषण करने में एवं उपग्रह छोड़ने में किया जाता है। इसके द्वारा कार्य Mops's (Million of Operation Per Second) की गति से होता है। इस प्रकार के कंप्यूटर में हजारों लोग एक साथ काम कर सकते हैं।

कंप्यूटर से लाभ

कंप्यूटर से कई तरह के लाभ हैं, जो निम्नलिखित हैं—

कंप्यूटर से जो भी गणना की जाती है, वह बिल्कुल सही होती है।

- कंप्यूटर में मनुष्य की तरह कार्य करने की क्षमता में कमी नहीं आती।
- कंप्यूटर हजारों लोगों का कार्य अकेले कर सकता है। इसकी मेमोरी बहुत अधिक होती है।
- कंप्यूटर बार-बार किए जानेवाले कार्य को बड़ी आसानी से कर सकता है। वह मनुष्य की तरह न तो थकता है, न ही अपनी जिम्मेदारी से भागता है।
- कंप्यूटर कोई भी कार्य बहुत जल्दी कर देता है। इसकी गति (Mops) तक की होती है।

कंप्यूटर से हानि

कंप्यूटर एक इलेक्ट्रॉनिक मशीन है, जिसके प्रयोग से कई तरह की हानियाँ भी होती हैं, जिनका विवरण निम्नलिखित है—

- कंप्यूटर हजारों लोगों का कार्य अकेले कर सकता है, जिसके प्रयोग से बेरोजगारी बढ़ती है। भारत जैसे देश के लिए यह अनुकूल नहीं है।
- कंप्यूटर मनुष्य की तरह अभ्यस्त नहीं हो सकता, कोई काम कई बार करने के बाद भी वह अभ्यस्त नहीं हो सकता।
- कंप्यूटर को मनुष्य की तरह सिखाया नहीं जा सकता।
- कंप्यूटर में विवेक नहीं होता। वह वही करता है, जैसा उसे निर्देश दिया जाता है।

कंप्यूटर सिस्टम और रूपरेखा

कंप्यूटर सिस्टम के प्रमुख रूप से तीन भाग होते हैं—

1. हार्डवेयर (Hardware), 2. सॉफ्टवेयर (Software), 3. हर्टवेयर (Heartware)।

कंप्यूटर के उपर्युक्त तीनों प्रकारों का अपना अलग-अलग महत्त्व व योगदान होता है। यदि इन तीनों में से एक भी न हो तो कंप्यूटर कार्य नहीं कर सकता है।

1. हार्डवेयर (Hardware) : हार्डवेयर में वे सभी भौतिक वस्तुएँ आ जाती हैं, जिनसे पूरा कंप्यूटर बनता है। हार्डवेयर में सी.पी.यू. (सेंट्रल प्रोसेगिंग यूनिट) मॉनिटर, की-बोर्ड, प्रिंटर, फ्लापी-डिस्क इत्यादि आते हैं।

2. सॉफ्टवेयर (Software) : जिन निर्देशों के द्वारा कंप्यूटर से कार्य कराए जाते हैं, उन्हें (सॉफ्टवेयर) कहते हैं। दूसरे शब्दों में प्रोग्राम के संकलन को सॉफ्टवेयर कहते हैं। ये हैं—कंप्यूटर चलाने के लिए निर्देश का प्रयोग, किसी फाइल (File) को प्रिंट कराने का प्रयोग, डाटा एंट्री का प्रोग्राम आदि।

3. हर्टवेयर (Heartware) : जिस व्यक्ति द्वारा कंप्यूटर ऑपरेट किया जाता है, उसे कंप्यूटर की भाषा में हर्टवेयर कहते हैं। इसके दो भाग होते हैं—प्रथम भाग में प्रोग्राम बनाने वाले व्यक्ति को प्रोग्रामर कहते हैं। दूसरा जो प्रोग्राम के द्वारा कार्य करता है, उसे कंप्यूटर ऑपरेटर कहते हैं।

कंप्यूटर में हिंदी भाषा के विकास का इतिहास

कंप्यूटर को हिंदी भाषा में संगणक या अभिकलित्र के नाम से जाना जाता है। बीसवीं सदी में अनेक वैज्ञानिक आविष्कार हुए हैं, कंप्यूटर सब में आधुनिक इलेक्ट्रॉनिक माध्यम की सबसे महत्त्वपूर्ण उपलब्धि है। वर्तमान में इसे कृत्रिम मस्तिष्क का नाम भी दिया जाता है। शिक्षा, चिकित्सा, वैज्ञानिक खोज, व्यापार क्षेत्र, संचार व्यवस्था, पर्यावरण, पुस्तकालय, कला तथा सांस्कृतिक गतिविधियों के क्षेत्रों में कंप्यूटर अपने योगदान से महत्त्वपूर्ण उपस्थिति देकर सहयोग कर रहा है।

कंप्यूटर और हिंदी का रिश्ता लगभग चार से पाँच दशक पुराना माना जाता है। वर्तमान दौर की बात की जाए तो जरूरत के अनुरूप भारत में द्विभाषी कंप्यूटर, यथा—अंग्रेजी, हिंदी, गुजराती, मराठी, तमिल, बँगला आदि बनाए गए हैं। दुनिया के अधिकतर भाषा वैज्ञानिक हिंदी की लिपि देवनागरी को खुले मन से वैज्ञानिक लिपि के रूप में स्वीकार करने में अब संकोच नहीं करते हैं। उनका मानना है कि यदि इनमें से कुछेक अशुद्धियों को निकाल दिया जाता तो विश्व की यह सर्वाधिक निर्दोष और विकार रहित लिपि बन जाएगी। पश्चिमी जगत् के भाषा वैज्ञानिकों की मान्यता है कि संपूर्ण विश्व में कंप्यूटर के लिए सर्वाधिक उपर्युक्त लिपि देवनागरी ही है।

यहाँ सबसे महत्त्वपूर्ण बात यह है कि अमेरिका, जापान, चीन सहित दुनिया के अनेक देशों में देवनागरी कंप्यूटर तैयार किए जा चुके हैं। मुंबई, दिल्ली, कोलकाता

और बंगलुरु आदि महानगरों की कुछ कंपनियाँ भी निजी स्तर पर देवनागरी कंप्यूटर का निर्माण कर चुकी हैं।

विगत कुछ समय से भारतीय वैज्ञानिकों ने देवनागरी लिपि के मानकीकरण और आधुनिकीकरण के संदर्भ में कंप्यूटरीकरण के लिए महत्त्वपूर्ण प्रयास शुरू किए हैं और इसके लिए पहला प्रयास सन् 1965 ई. में शुरू किया गया था। सन् 1970 तक आते-आते उन्हें काफी सफलता भी मिली। इस संदर्भ में पहला श्रेय भारतीय प्रौद्योगिकी संस्थान कानपुर को जाता है। इस संस्थान के कंप्यूटर वैज्ञानिकों—डॉ. सिन्हा, अनुसंधान इंजीनियर, मोहन तांबे, प्रो. मलिक आदि के अनथक श्रम एवं प्रयास से सन् 1971-72 में हिंदी की लिपि देवनागरी के लिए एक बहुत ही सरल कुंजीपटल (Key-Board) और उसकी प्रणाली तैयार हुई। इस संस्था के वैज्ञानिकों द्वारा देवनागरी कंप्यूटर का निर्माण महज छह महीने के बहुत कम समय में किया गया। इसमें कोई दो राय नहीं है कि आई.टी.आई., कानपुर ने अंग्रेजी-हिंदी का जो कंप्यूटर तैयार किया है, वह अत्यधिक विकसित तकनीक से किया है।

कंप्यूटर भाषा निरपेक्ष यंत्र है, जो अंकों को पहचानता है, यह केवल देवनागरी लिपि हिंदी के लिए ही नहीं, वरन् अनेक भारतीय भाषाओं के लिए उतना ही उपयोगी है, जितना कि वह दुनिया में बोली एवं समझी जानेवाली लिपियों एवं अंग्रेजी तथा अन्य किसी भाषा के लिए हो सकता है। चूँकि कंप्यूटर के जन्म और विकास की यात्रा का संबंध विदेश से है, इसलिए प्रारंभ में उस पर जिस भाषा में कार्य किया जाना संभव हो सका, उसे अधिकतर वैज्ञानिकों ने अंग्रेजी के नाम से जाना। कालांतर में भारत सहित दुनिया के अन्य देशों ने अपनी-अपनी आवश्यकताओं के अनुरूप विभिन्न भाषाओं में सॉफ्टवेयर का विकास किया। आज भी अधिकतर लोगों की यह धारणा है कि कंप्यूटर पर केवल अंग्रेजी में ही कार्य किया जा सकता है, जबकि हिंदी सॉफ्टवेयर के विकास के साथ अब यह भ्रम समाप्त हो जाना चाहिए। कुछ ही वर्ष पूर्व विकसित ए.पी.एस. 2000 सॉफ्टवेयर ने कंप्यूटर पर हिंदी में कार्य करने की जो विशेष सुविधाएँ कंप्यूटर के प्रयोगकर्ताओं को उपलब्ध कराई हैं, उससे आम प्रयोगकर्ता का कार्य बहुत सरल एवं बड़ी आसानी से होने लगा है, अब हिंदी टंकण जानने वाला व्यक्ति भी सरलता से कंप्यूटर पर अपना कार्य कर सकता है। जहाँ तक कंप्यूटर पर हिंदी में कार्य का संबंध है तो पिछले एक दशक में इसके लिए अनेक सॉफ्टवेयर विकसित किए गए, किंतु ए.पी.एस. 2000 ने सभी सॉफ्टवेयरों को पीछे छोड़ दिया। इस सॉफ्टवेयर की सबसे बड़ी विशेषता यह है कि इसके प्रयोग से कंप्यूटर परिचालन का सामान्य सा ज्ञान रखने वाला व्यक्ति बहुत ही सुगमता से हिंदी में वह सब कार्य कर सकता है, जिसके लिए विशेष रूप से पैकेजों/प्रोग्रामों को पहले से ही अंग्रेजी में तैयार नहीं किया गया है।

वर्तमान समय में कंप्यूटर के प्रयोग से लेखक को अनावश्यक रूप से अपने लेखन के लिए कागज बरबाद करने की जरूरत नहीं रह गई है। लेखक अपने कंप्यूटर पर सरलता से अपनी रचना लेखन कर सकता है। बाद में आवश्यकता के अनुरूप उसमें संशोधन कर सकता है। उसे सी.डी. या डी.वी.डी., पेन ड्राइव, क्लाउड स्पेस आदि में हमेशा के लिए सुरक्षित एवं संरक्षित रख सकता है। मोटी-मोटी जिल्दों में न अँट पाने वाले विशालकाय ग्रंथों को सरलता से सी.डी. या डी.वी.डी., पेन ड्राइव आदि एवं इंटरनेट के टूल्स जैसे—क्लाउड आदि में लंबे समय के लिए सुरक्षित रखा जा सकता है तथा आवश्यकता पड़ने पर इनका मुद्रण भी किया जा सकता है। कंप्यूटर के प्रयोग से अनेक तरह की सूचियाँ, तालिकाएँ, ग्रॉफिक्स इत्यादि सरलता से हिंदी में तैयार किए जा सकते हैं तथा इन्हें आसानी से मनचाहा आकार प्रदान किया जा सकता है। सूचना तकनीक प्रणाली में कंप्यूटर की सहायता से क्रांतिकारी परिवर्तन हो चुके हैं। ई-मेल की सहायता से तथा मोडेम के जरिए कंप्यूटर के माध्यम से समाचार, चित्र, लेखन आदि कुछ ही पलों में इतनी लंबी दूरी तय कर लेते हैं कि जिसके लिए बीते जमाने में कई-कई दिन, सप्ताह या माह लग जाते थे, अब ये सभी कार्य कंप्यूटर की मदद से हिंदी में भी किए जा सकते हैं। सरकारी कार्यालयों में राजभाषा के रूप में हिंदी के प्रयोग को स्थापित करने तथा उसे स्थायित्व प्रदान करने में कंप्यूटर बेहद उपयोगी साबित हो रहा है। कोई भी व्यक्ति कंप्यूटर पर हिंदी में आसानी से वे सभी कार्य कर सकता है, जिनके लिए कल तक अंग्रेजी का ही बोलबाला था, वह बहुत ही साधारण ज्ञान के सहारे हिंदी में कंप्यूटर पर कार्य कर सकता है।

वर्तमान दौर में हिंदी-पत्राचार को कंप्यूटर ने आसानी से ग्रहण कर लिया है, अब इन सब में कंप्यूटर की भूमिका अत्यंत महत्त्वपूर्ण हो रही है, क्योंकि किसी भी कार्यालय में भेजे जाने वाले अधिकांश पत्रों की भाषा प्रायः एक तरह की होती है। इन पत्रों का मानकीकरण करके उन्हें यदि एक बार कंप्यूटर में सुरक्षित कर लिया जाए तो अगली बार उनका प्रयोग करते समय केवल नाम, तारीख, पत्रांक अथवा उसमें किसी प्रकार के आँकड़े भी हैं तो उनमें यत्र-तत्र परिवर्तन करने की ही जरूरत रह जाती है, जिसके परिणामस्वरूप कार्य न केवल शीघ्रता से संपन्न हो जाता है, बल्कि साफ-सुथरा भी रहता है।

कंप्यूटर पर एक्सेल की सहायता से सभी प्रकार के फार्म आदि सरलता से हिंदी में तैयार किए जा सकते हैं। सरकारी कार्यालयों से भेजी जानेवाली सभी प्रकार की रिपोर्टों के प्रारूप हिंदी में तैयार किए जा सकते हैं। जहाँ तक आँकड़ों का संबंध है, उनमें सहज रूप में परिवर्तन किए जा सकते हैं। उनका योग किया जा सकता है तथा प्रतिशत आदि का परिकलन भी सरलता से किया जा सकता है। पुस्तकालयों एवं कार्यालयों की लंबी-लंबी

अलमारियों के मोटे-मोटे प्रपत्र, रजिस्टरों में रखी जानेवाली विभिन्न प्रकार की सूचनाएँ सरलता से कंप्यूटर में सुरक्षित रखना बहुत आसान कार्य हो गया है। वर्तमान परिदृश्य में हिंदी के प्रसार के लिए आज कंप्यूटर सर्वाधिक उपयोगी साधन हो गया है। आज हिंदी के लिए अपेक्षित अधिकतर सुविधाएँ कंप्यूटर में सहज रूप में इंटरनेट के माध्यम से उपलब्ध हैं।

कंप्यूटर में हिंदी का भविष्य

वर्तमान के कंप्यूटर आधारित सूचना क्रांति के दौर में हिंदी से यह अपेक्षा की जा रही है कि यह कंप्यूटरीकरण की प्रक्रिया से सार्थक रूप से गुजरकर इतनी सक्षम एवं समर्थ बने कि आधुनिकता के समस्त मानकों पर खरी उतरते हुए संप्रेषण और संचार को नूतन चुनौतियों का सामना कर सके।

इक्कीसवीं सदी के दौर में प्रौद्योगिकी की महत्त्वपूर्ण भूमिका हो गई है। आज सामान्य लेखन, व्यक्तिगत से लेकर व्यावसायिक पत्राचार, सरकारी पत्र-व्यवहार, दस्तावेजीकरण और अधिकांश मुद्रण, संचार कार्य सबकुछ कंप्यूटरीकृत हो गया है। कंप्यूटर जनमानस की जीवनचर्या का एक अविभाज्य और अनिवार्य अंग बनता जा रहा है। छात्र, व्यापारीगण अपना हिसाब-किताब इसी कंप्यूटर की मेमोरी में सुरक्षित रख सकते हैं। सरकारी और निजी कार्यालयों, विद्यालयों, विश्वविद्यालयों, शोध-संस्थाओं, बैंकों, बीमा-कंपनियों और निगमों ने अपने नए पुराने कार्यों के लिए कंप्यूटर को ही माध्यम बना दिया है। पश्चिमी देशों यथा—अमेरिका में शिक्षक या प्रोफेसर का सारा काम कंप्यूटर से ही संचालित हो रहा है। कंप्यूटर में सभी विद्याओं और विषयों के पाठ्यक्रम आज भर दिए गए हैं। इससे विद्यार्थी जितना चाहे ग्रहण कर सकता है। विद्यार्थियों की परीक्षा भी संपन्न कराने का कार्य कंप्यूटर ही कर रहा है। वर्तमान में यदि आपको ज्ञान-विज्ञान की किसी शाखा की जानकारी चाहिए तो देश के बड़े किसी पुस्तकालय की सब जानकारियाँ कंप्यूटर इंटरनेट से प्राप्त हो रही हैं।

इसमें कोई संदेह नहीं कि इस चमत्कारी मशीन का अधिक से अधिक लाभ अंग्रेजी भाषा को हुआ है। इसका प्रमुख कारण यह है कि कंप्यूटर का जन्म व विकास अंग्रेजी भाषा में हुआ। भारत में जब इसका प्रवेश हुआ तो रेल आरक्षण, बिजली बिल, जल-कर और गृह-कर के नोटिस व बिल आदि अंग्रेजी में आने लगे। इसका असर यह हुआ कि राजभाषा हिंदी का विकास रुक गया। इसके बाद गृह मंत्रालय के राजभाषा आयोग को होश आया, उसने भारतीय वैज्ञानिकों का ध्यान इस समस्या की ओर आकृष्ट किया। फलस्वरूप बिड़ला प्रौद्योगिकी तथा विज्ञान संस्थान पिलानी, राजस्थान एवं डी.सी.

एस. प्रोडक्ट्स ने पहला द्विभाषीय सॉफ्टवेयर 'सिद्धार्थ' नाम से विकसित किया। इस सॉफ्टवेयर में हिंदी, अंग्रेजी के साथ तमिल भी थी। इसके बाद में आई.आई.टी. कानपुर ने हिंदी कंप्यूटर निकाला। सी.एम. हैदराबाद ने 'लिपि' नाम का त्रैभाषिक कंप्यूटर मार्केट में उतारा, इसके बाद दर्जनों हिंदी कंप्यूटरों का निर्माण हुआ।

कंप्यूटर जैसे अन्य इलेक्ट्रॉनिक माध्यमों, यथा—फैक्स, मॉडम के साथ-साथ इंटरनेट जैसी सूचना प्रणालियों ने देवनागरी लिपि में सुधार को आवश्यक बना दिया है। इस परिप्रेक्ष्य में देवनागरी लिपि के निम्नांकित क्षेत्रों में अनेक समस्याएँ दिखाई देती हैं।

1. टंकण के स्तर पर : इलेक्ट्रॉनिक टाइपिंग से लेकर सामान्य कंप्यूटर टाइपिंग तक।
2. पेज मेकिंग : डेस्क टॉप पब्लिशिंग में
3. मुद्रण हेतु ऑफसेट प्रिंटिंग में
4. संचार हेतु इंटरनेट प्रयोग के स्तर पर।

इन क्षेत्रों में समग्र रूप में निम्नलिखित समस्याएँ हैं, जिनके समाधान निकाले जा रहे हैं—

1. स्वर और मात्रा : इसमें 'ऋ' स्वर को लेकर समस्या है, क्योंकि यह मात्रा रूप जिस व्यंजन में लगता है, उससे अलग हटकर भी लग जाता है, जैसे—

कृ (अमानक रूप)

कृ—मानक रूप मूल की बोर्ड से परे Alt + 0209 पर उपलब्ध है।

इसके प्रयोग से अमानकता आती है तथा लिपि का महत्त्व समाप्त हो जाता है। अन्यथा की स्थिति में इसको कंप्यूटरीकृत करने के लिए स्पेशल करेक्टर की आवश्यकता होगी, जिससे समय, श्रम, गति एवं सौंदर्य प्रभावित होता है। इसमें व्यावहारिक सुधार अपेक्षित है, जिससे उच्चारण के स्तर पर लुप्त हो गए, इस स्वर को किसी वैकल्पिक रूप में प्रयोग किया जा सके। ऐसे ही 'ऊ' मूल की-बोर्ड से परे Alt + 0197 पर उपलब्ध है, इसे भी मूल की-बोर्ड पर स्थान देना चाहिए।

2. अनुस्वार और अनुनासिक चिह्न : अनुस्वार चिह्न (ं) का बिंदु रूप अब सरलीकरण के आग्रह के फलस्वरूप अनुनासिक चिह्न के लिए प्रचलित तो हो रहा है, लेकिन इससे दुविधा भी हो रही है, वैसे भी 'एक चिह्न : दो आशय' लिपि को अमानक बनाते हैं अनुस्वार चिह्न हेतु प्रस्तावित गोला रूप (ँ) अपनाकर इस समस्या का निदान किया जा सकता है।

कंप्यूटरीकरण में इन चिह्नों को लेकर अस्पष्टता है। चूँकि 'जब यह किसी मात्रा से संयुक्त होकर लगते हैं तो यह एक-दूसरे में समा जाते हैं, जैसे—

ाँ (अमानक रूप)

ाँ (मानक रूप मूल अनुपलब्ध)

चंद्र बिंदु मूल की बोर्ड के स्थान पर Alt + 0161 पर ही उपलब्ध है। मानक हिंदी को इन क्षेत्रों में विशेष बढ़ावा देना चाहिए, जो इसके वहीं प्रयोग की बात करती है, जहाँ इसका शैक्षिक महत्त्व होता है। अन्यथा की दृष्टि में दोनों में भेद करना कठिन हो जाता है।

3. विसर्ग : देवनागरी लिपि में विसर्ग में उन स्थानों पर, जहाँ यह मध्य में आता है, वहाँ शिरोरेखा टूट जाती है, जिससे पंक्ति के अंत में आने पर कुछ फॉण्ट्स में हाइफनेशन की समस्या हो जाती है, अर्थात् शब्द टूटकर अगली पंक्ति में चला जाता है, जैसे—

दुः

ख

इसके अतिरिक्त इससे विराम चिह्न (:) का भी भ्रम होता है, जिससे कंप्यूटरीकरण व वैज्ञानिकता प्रभावित होती है। इसके प्रयोग को वहीं तक सीमित कर दिया जाए, जहाँ इसका शैक्षिक महत्त्व होता है।

4. व्यंजन : हिंदी व्यंजन में वर्ग के पंचम अक्षर के स्थान पर अनुस्वार के प्रयोग को बढ़ावा देना चाहिए, जैसे—पञ्च के स्थान पर पंच, क्योंकि यह एल्टर की के साथ कोड करके ही उपलब्ध है; यथा—

ङ Alt + 0179 पर य

ञ Alt + 0180 पर ही उपलब्ध ।

ऐसा करने से टंकण की गति तेज होगी व संचार एवं संप्रेषण के माध्यमों में यह कम समय लेंगे।

नुक्ता का प्रयोग केवल उन्हीं स्थानों पर किया जाए, जहाँ अर्थ भ्रम की आशंका रहती है, जैसे—राज-राज़।

गैरहिंदी ध्वनियों को स्थान देने के लिए कंप्यूटर में परिवर्धित देवनागरी के रूपों का अभाव है। इसलिए नए फॉण्ट्स में परिवर्धित देवनागरी के व्यंजनों को स्थान देना उचित होगा। भले ही उन्हें स्पेशल करेक्टर के रूप में ही क्यों न कूटबद्ध किया जाए, जैसे—

ळ (वर्तमान में यह मराठी चिह्न में ही उपलब्ध है।)

5. संयुक्त व्यंजन : हिंदी देवनागरी के व्यंजनों में कुछ को मूल की-बोर्ड पर रखा गया है तो कुछ को एल्टर की के साथ, जैसे—द्ध श्र द्ध की-बोर्ड पर उपलब्ध हैं।

स्र मूल की-बोर्ड के स्थान पर Alt + 0242 पर उपलब्ध है, जबकि त्र को लेकर

भी समस्या है, क्योंकि कुछ फॉण्ट्स में यह मूल की-बोर्ड पर उपलब्ध है, जैसे अमर नामक फॉण्ट में, अन्यथा खड़ी पाई के संयुक्त होने से ही बनता है, जैसे (त्र +ा) नारद फॉण्ट में है। इसमें फॉण्ट परिवर्तन करने पर त्रुटि हो सकती है, जैसे—

यात्रा (अमर फॉण्ट में)

यात्र (नारद नामक फॉण्ट में)

कुछ संयुक्त व्यंजन दोहरे कोड पर उपलब्ध होने के कारण द्विविधा को बढ़ावा देते हैं, जैसे—

द्ध (कृति देव 020 नामक फॉण्ट में Alt + 0152)

6. द्वित्व व्यंजन : द्वित्व व्यंजनों के प्रयोग से वैज्ञानिकता प्रभावित हो जाती है। इसका कारण है कि कंप्यूटर उस पंक्ति में जो सबसे नीचे का व्यंजन होगा, उसी के जैसा इंटर लाइन स्पेसिंग के ऑटो कमांड को लेकर पहली पंक्ति से उसकी दूरी बनाएगा, इसके पंक्तियों के मध्य की दूरी में एकरूपता नहीं रहती, जिससे लिपि श्रीहीन होगी। इसका समाधान यही है कि द्वित्व को तोड़कर हल् चिह्न के प्रयोग को बढ़ावा देना चाहिए, जैसे—उद्देश्य।

7. विराम चिह्न : यद्यपि इस क्षेत्र में रोमन लिपि के सभी विराम चिह्न स्वीकार कर लिये गए हैं, लेकिन पूर्ण विराम (।) के स्थान पर विभिन्न पत्र-पत्रिकाओं में अंग्रेजी के अंग्रेजी-रोमन के फुल स्टाप (.) का प्रयोग चल रहा है। इसका एक मानक तैयार किए जाने की आवश्यकता है।

8. कॉलन डैश : कॉलन डैश (—) में जो प्रचलन अंग्रेजी के प्रभाव से मात्र कॉलन (:) लगाकर हो रहा है, उससे विसर्ग का भ्रम हो जाता है। इसलिए हिंदी कंप्यूटरीकरण में सदैव कॉलन डैश का प्रयोग ही किया जाना चाहिए।

9. कोष्ठक चिह्न : (मूल की-बोर्ड पर उपलब्ध) इसके लिए Alt + 0188 — Alt + 0189 का प्रयोग करना पड़ता है, अर्थात् इस एक चिह्न हेतु नौ गुना प्रयास करना पड़ रहा है।

10. अंक व्यवस्था : हिंदी फॉण्ट के अंकों के लिए देवनागरी रूप उपलब्ध है, जैसे—

अमर नामक फॉण्ट में....१...२...३...तो

कुछ फॉण्ट्स में...1...2...3 रूप

इसके अलावा हिंदी के कंप्यूटरीकरण के लिए कंप्यूटर आधारित प्रकाशन अथवा डेस्क टॉप उपलब्ध है तथा ऑपरेटर प्रिंटिंग व इंटरनेट प्रयोग हेतु देवनागरी लिपि में कुछ व्यावहारिक प्रयोग भी अपेक्षित हैं।

11. ॐ (सांस्कृतिक भाव का संवाहक चिह्न) : इस चिह्न को सभी हिंदी

फॉण्ट में अनिवार्य रूप से स्थान देना होगा, जो अभी अपवाद है।

हालाँकि यूनिकोड फॉण्ट के आने के बाद इनमें से अनेक समस्याओं का निराकरण हो गया है, लेकिन कुछ नई समस्याओं ने जन्म भी ले लिया है, जैसे—द् और घ तथा द् और ध से जुड़कर बनने वाले संयुक्ताक्षर गलत टंकित हो रहे हैं। इसी प्रकार श् और र के संयुक्ताक्षरों के टंकण में भी त्रुटि देखी जा रही है। कई बार विसर्ग (:) भी टूट जाता है और अनेक अक्षरों के संयोजन त्रुटिपूर्ण हो जाते हैं, जिन पर काम किया जाना चाहिए।

अभ्यास कार्य

लघु एवं दीर्घ उत्तरीय प्रश्न

1. कंप्यूटर का सामान्य परिचय देते हुए कंप्यूटर के इतिहास को निरूपित कीजिए।
2. कंप्यूटर में हिंदी भाषा के विकास पर प्रकाश डालिए।
3. कंप्यूटर में हिंदी के भविष्य का मूल्यांकन कीजिए।

प्रायोगिक कार्य

1. किसी सरकारी कार्यालय में जाकर वहाँ हिंदी में किए जा रहे कंप्यूटर कार्य की जानकारी लीजिए और संक्षिप्त रपट तैयार कीजिए।

परियोजना कार्य

1. कंप्यूटर की कार्य प्रकृति के आधार पर परियोजना कार्य जमा कीजिए।
2. कंप्यूटर में हिंदी की उपयोगिता पर परियोजना कार्य जमा कीजिए।

दक्षता परीक्षण

1. कंप्यूटर के इतिहास, विकास और भविष्य विषय पर पॉवर पॉइंट प्रस्तुतीकरण दीजिए।

वस्तुनिष्ठ प्रश्न

1. सूचना संसार की कामधेनु एवं वटवृक्ष किसे कहते हैं?
   (क) कलम (ख) कंप्यूटर
   (ग) पुस्तक (घ) मकान
2. कंप्यूटर को किस नाम से जाना जाता है?
   (क) गणक (ख) संगणक
   (ग) शब्द विश्लेषक (घ) उपर्युक्त सभी
3. तीसरी सदी में निर्मित की गई मशीन का नाम क्या है?
   (क) एबाकस (ख) मेज
   (ग) कुरसी (घ) पेन
4. सर्वप्रथम चार्ल्स बैबेज द्वारा स्वचालित मशीन का आविष्कार कब किया गया?
   (क) सन् 1830 ई. (ख) सन् 1831 ई.
   (ग) सन् 1832 ई. (घ) सन् 1835 ई.
5. आज के विज्ञान के लिए अचंभित करने वाली मशीन का नाम क्या है?
   (क) बैटरी (ख) कंप्यूटर
   (ग) पेन (घ) रबर
6. सूचना क्रांति ने दुनिया को कैसा कर दिया है?
   (क) ग्लोबल विलेज में बदल दिया है
   (ख) स्थान विशेष तक सीमित कर दिया है
   (ग) स्वार्थी बना दिया है
   (घ) अपने तक सीमित कर दिया है
7. सूचना क्रांति का महत्त्वपूर्ण उपकरण कौन सा है?
   (क) टेलीफोन (ख) रेडियो
   (ग) इंटरनेट (घ) उपर्युक्त सभी
8. तकनीक क्षेत्र के विकास के लिए किस यंत्र की महत्त्वपूर्ण भूमिका होती है?
   (क) कंप्यूटर (ख) मकान
   (ग) स्थान (घ) वस्तु
9. सूचना तकनीकी के सहयोगी यंत्र कौन से हैं?
   (क) टेली शॉपिंग (ख) टेली बिजनेस
   (ग) टेली डेमोक्रेसी (घ) उपर्युक्त सभी

10. सर्वप्रथम कंप्यूटर को किस देश में निर्मित किया गया ?
    (क) इटली (ख) जर्मनी
    (ग) रूस (घ) कुवैत
11. कंप्यूटर को व्यावहारिक तौर पर किस सन् में निर्मित किया गया ?
    (क) सन् 1770 ई. (ख) सन् 1775 ई.
    (ग) सन् 1780 ई. (घ) सन् 1787 ई.
12. डॉ. जान न्यूमैन ने किस विधा पर महत्त्वपूर्ण कार्य किया ?
    (क) चिप निर्मित की
    (ख) कंप्यूटर की मेमोरी पर कार्य किया
    (ग) हार्ड डिस्क निर्मित की
    (घ) पेन ड्राइव का निर्माण किया
13. कंप्यूटर के क्षेत्र में महत्त्वपूर्ण कार्य किसने किया ?
    (क) मिल्टन (ख) हेमलेट
    (ग) चार्ल्स बैबेज (घ) मैकमिलन
14. वर्तमान में सबसे अधिक कौन सी कंपनी कंप्यूटर निर्मित कर रही है ?
    (क) I.B.M. (ख) M.C.
    (ग) H.C. (घ) TATA
15. प्रथम पीढ़ी के कंप्यूटर को कितने भागों में बाँटा गया है ?
    (क) एक (ख) दो
    (ग) तीन (घ) पाँच
16. कंप्यूटर को कार्य की प्रकृति के आधार पर कितने वर्गों में बाँटा जा सकता है ?
    (क) एक (ख) दो
    (ग) तीन (घ) सात
17. कार्य की प्रकृति के आधार पर कंप्यूटर का एक वर्ग नहीं है ?
    (क) एनॉलाग कंप्यूटर
    (ख) डिजिटल कंप्यूटर
    (ग) डाइब्रिड कंप्यूटर
    (घ) हार्डडिस्क कंप्यूटर
18. कार्य क्षमता के आधार पर कंप्यूटर को कितने वर्गों में बाँटा जा सकता है ?
    (क) तीन (ख) चार
    (ग) सात (घ) दस

19. कंप्यूटर के लाभ हैं?
    (क) कंप्यूटर की गणना सटीक होती है
    (ख) कंप्यूटर के कार्य करने की क्षमता में कमी नहीं आती है
    (ग) कंप्यूटर हजारों लोगों का कार्य अकेले कर सकता है
    (घ) उपर्युक्त सभी
20. कंप्यूटर से हानियाँ क्या हैं?
    (क) कंप्यूटर में मनुष्य की तरह विवेक नहीं होता है
    (ख) कंप्यूटर को मनुष्य की तरह सिखाया नहीं जा सकता है
    (ग) कंप्यूटर कई बार कार्य करने के बाद अभ्यस्त नहीं होता है
    (घ) उपर्युक्त सभी
21. कंप्यूटर सिस्टम के कितने रूप होते हैं?
    (क) तीन (ख) चार
    (ग) पाँच (घ) सात
22. निम्नलिखित में से एक कंप्यूटर से संबंधित नहीं है?
    (क) हार्डवेयर (ख) सॉफ्टवेयर
    (ग) हर्टवेयर (घ) स्टेयरिंग
23. हार्डवेयर के अंतर्गत क्या आता है?
    (क) सी.पी.यू. (ख) की-बोर्ड
    (ग) फ्लॉपी डिस्क (घ) उपर्युक्त सभी
24. सॉफ्टवेयर के अंतर्गत निम्नलिखित में से एक तत्त्व नहीं आता है?
    (क) प्रोग्राम के संकलन को सॉफ्टवेयर कहते हैं
    (ख) जिन निर्देशों के तहत कंप्यूटर कार्य करता है
    (ग) किसी फाइल को प्रिंट कराने का प्रोग्राम
    (घ) की-बोर्ड
25. जिस व्यक्ति द्वारा कंप्यूटर ऑपरेट कराया जाता है, कंप्यूटर की भाषा में उसे क्या कहा जाता है?
    (क) हर्टवेयर (ख) सॉफ्टवेयर
    (ग) हार्डवेयर (घ) प्रिंटर
26. हिंदी में कंप्यूटर को किस नाम से जाना जाता है?
    (क) विमान (ख) संगणक
    (ग) कार (घ) पुस्तक

27. बीसवीं सदी की सबसे महत्त्वपूर्ण उपलब्धि क्या है?
   (क) कंप्यूटर का आविष्कार
   (ख) भाषा का विकास
   (ग) लिपि का विकास
   (घ) सभ्यता का विकास
28. कंप्यूटर को वर्तमान में किस नाम से जाना जाता है?
   (क) लिपि (ख) भाषा
   (ग) कृत्रिम मस्तिष्क (घ) संवाद
29. कंप्यूटर की किस क्षेत्र में अधिक उपयोगिता है?
   (क) शिक्षा (ख) चिकित्सा
   (ग) वैज्ञानिक खोज (घ) उपर्युक्त सभी
30. कंप्यूटर और हिंदी का रिश्ता कितने समय का है?
   (क) चार से पाँच दशक का
   (ख) एक दशक का
   (ग) दो दशक का
   (घ) इनमें से कोई नहीं।
31. भारतीय वैज्ञानिकों के द्वारा देवनागरी लिपि को कंप्यूटर से जोड़ने का सर्वप्रथम प्रयास किस सन् में किया गया?
   (क) सन् 1960 ई. (ख) सन् 1962 ई.
   (ग) सन् 1963 ई. (घ) सन् 1965 ई.
32. देवनागरी लिपि को कंप्यूटर से जोड़ने का सर्वप्रथम प्रयास किस संस्था को जाता है?
   (क) आई.आई.टी., कानपुर
   (ख) आई.आई.टी., खड़गपुर
   (ग) एम.एल.एन.ई., इलाहाबाद
   (घ) ट्रिपल आई.टी., इलाहाबाद
33. कंप्यूटर...............यंत्र है, खाली स्थान को भरिए?
   (क) भाषा निरपेक्ष
   (ख) धर्मनिरपेक्ष
   (ग) धीमी गति से चलनेवाला
   (घ) अंकों को नहीं पहचाननेवाला

34. लेखन सामग्री एवं अन्य मैटर को सुरक्षित एवं संरक्षित किसमें किया जाता है?

(क) की-बोर्ड में (ख) सी.पी.यू. में

(ग) सी.डी. में (घ) प्रिंटर में

35. कंप्यूटर को ज्ञान से जोड़ने एवं अन्य सूचनाओं को ग्रहण करने के लिए किसकी जरूरत पड़ती है?

(क) हार्डवेयर (ख) हर्टवेयर

(ग) प्रिंटर (घ) इंटरनेट

36. इक्कीसवीं सदी में किसकी महत्त्वपूर्ण भूमिका हो गई है?

(क) वस्तुओं की

(ख) प्रौद्योगिकी की

(ग) पुस्तकों की

(घ) पेन की

37. किसी पुस्तकालय के लिए सबसे महत्त्वपूर्ण क्या होता है?

(क) इंटरनेट से युक्त कंप्यूटर

(ख) सुंदर फर्श

(ग) बहुत विशाल भवन

(घ) अशिक्षित लोग

38. पहले द्विभाषी सॉफ्टवेयर का नाम क्या है?

(क) विदेह (ख) जनक

(ग) सिद्धार्थ (घ) देव

39. सी.एम. हैदराबाद ने त्रैभाषिक कंप्यूटर को क्या नाम दिया?

(क) लिपि (ख) रोमन

(ग) गणक (घ) पीढ़ी

40. कंप्यूटर में देवनागरी लिपि संबंधी कौन सी समस्या नहीं है?

(क) टंकण के स्तर पर

(ख) मुद्रण हेतु ऑफ सेट प्रिंटिंग

(ग) पेज मेकिंग डेस्क टॉप पब्लिशिंग

(घ) अक्षरों के लिखने का भ्रम नहीं है

41. स्वर और मात्रा से संबंधित कंप्यूटर में किस अक्षर के कारण समस्या आती है?

(क) ऋ (ख) ग

(ग) क (घ) च

42. एक चिह्न : दो आशय लिपि को.................बनाते हैं? उक्त खाली में उचित शब्द का चयन कीजिए?

(क) परिष्कृत (ख) परिमार्जित

(ग) अमानक (घ) मानक

43. कंप्यूटर में चंद्रबिंदु मूल की बोर्ड में किस स्थान में रहती है?

(क) Alt + 0161 (ख) Alt + 0175

(ग) Alt + 0178 (घ) Alt + 0180

44. ङ पंचम अक्षर के लिए कंप्यूटर की-बोर्ड में किस स्थान में आएगा?

(क) Alt + 0173 (ख) Alt + 090

(ग) Alt + 0179 (घ) Alt + 0190

45. Alt + 0180 पर कौन सा अक्षर कंप्यूटर में आएगा?

(क) ४ (ख) ट

(ग) ऽ (घ) ञ

46. देवनागरी लिपि के...................कंप्यूटर में समस्या उत्पन्न करते हैं? खाली स्थान के लिए उचित शब्द का प्रयोग कीजिए?

(क) संयुक्त व्यंजन (ख) क

(ग) प (घ) ञ

47. कंप्यूटर में देवनागरी लिपि के किस व्यंजन के कारण वैज्ञानिकता प्रभावित होती है?

(क) सम व्यंजन (ख) विषम व्यंजन

(ग) द्वित्व व्यंजन (घ) एकल व्यंजन

48. द्वित्व व्यंजन को तोड़कर किस चिह्न के प्रयोग को बढ़ावा देना चाहिए?

(क) हल चिह्न (ख) एकल चिह्न

(ग) संयुक्त चिह्न (घ) विषम चिह्न

49. कोष्ठक चिह्न ( ) के लिए कंप्यूटर में किसका प्रयोग किया जाता है?

(क) Alt + 0188, Alt + 0189 (ख) Alt + 0175

(ग) Alt + 0170 (घ) Alt + 0165

50. किस सांस्कृतिक भाव के चिह्न को कंप्यूटर में हिंदी फॉण्ट के रूप में अनिवार्य कर देना चाहिए?

(क) ₹ (ख) ॐ

(ग) श्री (घ) श्रृं

उत्तरमाला

1. (ख), 2. (घ), 3. (क), 4. (ग), 5. (ख), 6. (क), 7. (घ), 8. (क), 9. (घ), 10. (ख), 11. (क), 12. (ख), 13. (ग), 14. (क), 15. (घ), 16. (ग), 17. (घ), 18. (ख), 19. (घ), 20. (घ), 21. (क), 22. (घ), 23. (घ), 24. (घ), 25. (क), 26. (ख), 27. (क), 28. (ग), 29. (घ), 30. (क), 31. (घ), 32. (क), 33. (क), 34. (ग), 35. (घ), 36. (ख), 37. (क), 38. (ग), 39. (क), 40. (घ), 41. (क), 42. (ग), 43. (क), 44. (ग), 45. (घ), 46. (क), 47. (ग), 48. (क), 49. (क), 50. (ख)।

□

इकाई-6

हिंदी भाषा में कंप्यूटर प्रौद्योगिकी

बौद्धिक कार्य करने के लिए नई प्रौद्योगिकी ने कंप्यूटर विकसित किया। कंप्यूटर का प्रथम उद्‍देश्य गणना करना था। कंप्यूटर का दूसरा उद्‍देश्य दुनिया में प्रयोग होने वाली मानवीय भाषाओं को समझकर अनेक कार्यों को संपन्न कराना भी था। आज इंटरनेट पर नागरी और अन्य भारतीय लिपियों का स्थान पहले की अपेक्षा वर्तमान में उत्तरोत्तर वृद्धि हो रही है, इसके पीछे निम्नलिखित कारण हैं—

- कंप्यूटर का अधिक प्रयोग करने की आदत।
- साधन संपन्न भारतीयों का अपनी भाषा पर गर्व करना।
- शिक्षा में भारतीय भाषाओं का प्रयोग बढ़ना।
- कंप्यूटर नागरी लिपि और हिंदी के संदर्भ में सूचना प्रौद्योगिकी के कई उत्पाद विकसित किया जाना, जैसे फॉण्ट, इनपुट की-बार्ड, एनकोडिंग स्कीप।
- ओसीआर, हस्तलेखन पहचान, श्रुति लेखन, स्पीच टु टेक्स्ट, टेक्स्ट टु स्पीच, मशीनी अनुवाद, हिंदी में डोमेन नेम की व्यवस्था।

भारत सरकार की राष्ट्रीय शिक्षा नीति-2020 में भारतीय भाषाओं को बढ़ावा देने की बात कही गई है, लेकिन इसकी प्रौद्योगिकी अभी उतनी विकसित नहीं हुई है, जितनी होनी चाहिए। भाषा की प्रगति के लिए हिंदी भाषा प्रौद्योगिकी (Hindi Language Technology) को जमीनी हकीकत तक विकसित करना होगा। अनेक प्रयासों के बाद हिंदी भाषा प्रौद्योगिकी के संदर्भ में उल्लेखनीय विकास कार्य इस प्रकार हैं—

फॉण्ट (मुद्रलिपि) : सर्वप्रथम टू टाइप फॉण्ट का प्रयोग एवं विकास हुआ। तत्पश्चात् ओपन टाइप प्रचलन में आए। ये निजी स्तर पर तथा सरकारी अनुदान से बनाए जाते थे और गैर-यूनिकोड फॉण्ट थे। यूनिकोड का मंगल फॉण्ट माइक्रोसॉफ्ट ने बनवाया। ये सब इंटरनेट के अच्छे फॉण्ट होते हैं, जो इंटरनेट के माध्यम से मुफ्त में डाउनलोड किए जा सकते हैं।

इनपुट : इंटरनेट के अलावा इनपुट के लिए की-बोर्ड ड्राइवर सॉफ्टवेयर ऑपरेटिंग सिस्टम का प्रमुख भाग है। रोमन के लिए क्वर्टी की-बोर्ड सर्वाधिक प्रयोग की जाती है। नागरी लिपि में इनपुट के लिए कई प्रकार के की-बोर्ड बनाए गए हैं। इंस्क्रिप्ट, फोनेटिक, रेमिंग्टन इत्यादि। इन्हें अलग से लोड करना पड़ता है। भारत की राजभाषा नागरी लिपि (देवनागरी लिपि) हिंदी है। परिवर्धित देवनागरी के आधार पर सभी भारतीय भाषाओं के लिए उपयुक्त इंस्क्रिप्ट की-बोर्ड डिजाइन किया गया है। शिक्षा और टंकण परीक्षा एवं आजकल मोबाइल चलाने में इसकी जानकारी जरूरी होती है।

फॉण्ट कन्वर्जन यूटिलिटी : फॉण्ट विविध हैं, इन्हें आपस में बदलने के लिए और इन्हें यूनिकोड में परिवर्तित करने के लिए फॉण्ट कन्वर्जन यूटिलिटी प्रोग्राम बनाया गया है।

कोडिंग : सन् 1990 के दशक में आई.एस.सी. 2 कोड भारतीय भाषाओं की लिपियों के लिए बनाया गया। परिवर्धित देवनागरी को अन्य भारतीय लिपियों के लिए आधार बनाया गया है। इस दशक के अंत तक यूनिकोड का प्रचार-प्रसार बढ़ गया है और वैश्विक स्तर पर वेब पर बने रहने के लिए यूनिकोड का प्रयोग सर्वप्रचलित हो गया है। सबसे बड़ी बात यह है कि देवनागरी कोड हिंदी, संस्कृत, नेपाली, कोंकणी, कश्मीरी, डोगरी आदि भाषाओं के लिए भी प्रयुक्त हो रहा है।

लिप्यंतरण : परिवर्धित देवनागरी में जैसा लिखो, वैसा बोलो की वैज्ञानिक व्यवस्था है, स्वनिम रूपिम की ऐसी समानता किसी लिपि में नहीं है। वर्तमान में परिवर्धित देवनागरी ने विश्व की अधिकांश ध्वनियों को अभिव्यक्त किया है। इसके लिए लिप्यंतरण मानक बनाया गया है, लेकिन प्रयोग में विविध प्रकार की लिप्यंतरण तालिकाएँ देखने को मिल रही हैं।

टेक्स्ट पहचान (ओ.सी.आर.) : हिंदी के प्रिंट टेक्स्ट को स्कैन कर यूनिकोड में संगृहीत किया जा सकता है। ओ.सी.आर. पर शोधकार्य विगत तीन दशकों से चल रहा है। गूगल ने हाल में गूगल लेंस नाम से यह सुविधा शुरू की है।

हस्तलेखन पहचान (ओ.एच.डब्ल्यू.आर.) : हिंदी में हाथ से लिखी सामग्री को भी कंप्यूटर में समझकर यूनिकोड में बदलने का कार्य भी आसान हो गया है।

टेक्स्ट टू स्पीच : हिंदी में लेख सामग्री को पढ़कर बोलने के मशीनी उपकरण इंटरनेट पर उपलब्ध हैं। गूगल आदि में यह सुविधा उपलब्ध है।

स्पीच टू स्पीच : हिंदी में मानक बोली को पहचानने की ट्रेनिंग दिए जाने के बाद बोले हुए शब्दों,वाक्यों को टेक्स्ट/पाठ सामग्री के रूप में संगृहीत करने की सुविधा का विकास हुआ है। इसमें अब बोलकर लिखा जा रहा है।

डब्ल्यू थ्रीसी में नागरी मानक : वेब पर सूचना के सुगम आदान-प्रदान, रखरखाव

के लिए विविध प्रकार के मानक बनाए गए हैं, जिन्हें आई.टी. कंपनियाँ स्वीकार कर तदनुसार सुविधा प्रदान कर रही हैं, डब्ल्यू थ्रीसी का मुख्य उद्देश्य है कि टेक्नोलॉजी का विकास इस प्रकार हो कि पारस्परिक प्रयोग संभव हो सके। इसके लिए सर्वप्रथम (प्रोग्राम) मानक बनाए जाते हैं। मूक, बधिर, दिव्यांग लोगों के लिए वेब सरल सुगम बनाने के लिए (WAI) मानक हैं, इन सभी पर नागरी प्रयोग को सुनिश्चित किए जाने की आवश्यकता है।

नागरी में यूटिलिटी सॉफ्टवेयर : इसके लिए यह परिकल्पना की गई है कि लाइब्रेरी, स्कूल, कॉलेज, प्रबंधन, ट्रांसपोर्टेशन, पाठ लेखन, आथरिंग आदि सॉफ्टवेयर नागरी लिपि के लिए लाए गए हैं।

नागरी लिपि में शब्द-संग्रह : यह परिकल्पना की गई है कि नागरी लिपि में शब्दकोश, विषयगत शब्दावलियाँ, समांतर कोश, समानांतर कोश प्रयोग हेतु डोमेन में उपलब्ध है। हिंदी में ई-महाकोश और अरविंद लेक्सकॉन की उपलब्धता प्रशंसनीय है।

भारत ऑपरेटिंग सॉल्यूशंस (BCSS) : कंप्यूटर के पाँच प्रमुख अवयव हैं। इनपुट, यूनिट, आउटपुट यूनिट, प्रोसेसिंग यूनिट, मेमोरी, कंट्रोल यूनिट। ऑपरेटिंग सिस्टम वह प्रोग्राम है, जो इन अवयवों को और कब कौन सा सॉफ्टवेयर चलाना है। इसको कंप्यूटर ऑपरेटर अपने अनुसार परिचालित करता है। सीडैक ने (BOSS) डेबियन लिनक्स ओपेन सोर्स ऑपरेटिंग सिस्टम के आधार पर भारतीय भाषाओं का डिजाइन किया। इस पर हिंदी सहित लगभग 18 भारतीय भाषाओं में काम किया जा सकता है।

मशीनी अनुवाद : हिंदी में वर्डनेट (सम शब्द-संग्रह, कॉर्पस शब्दकोश और मशीनी अनुवाद प्रणालियों का विकास हुआ। मशीनी अनुवाद भाषाई नियमों, पदीय उदाहरणों, सांख्यिकीय पद्धति के आधार पर विकसित हुए हैं। वर्तमान में यह ऑनलाइन भी सुलभ है। भारत सरकार के अनुदान से विकसित भारतीय भाषाओं के बीच अनुवादक सॉफ्टवेयर संपर्क है। भारत में प्रयोग की जानेवाली भाषाओं के अंग्रेजी से हिंदी/मराठी/उर्दू/ओडिया/तमिल/बांग्ला में अनुवादक (अनुवाद) हैं। अंग्रेजी में हिंदी/बांग्ला/मलयालम/उर्दू में अनुवाद के आंग्ल भारतीय अनुवादक हैं।

गूगल ट्रांसलेट (Translate.google.com) मुफ्त ऑनलाइन अनुवादक है। कई अन्य मशीनी अनुवादक विकसित हुए हैं, जिन्हें ऑनलाइन खरीदना पड़ता है।

हिंदी वेब साहित्य

वर्तमान विश्व में इंटरनेट पर हिंदी साहित्य का प्रयोग लगातार बढ़ रहा है। इंटरनेट वेब साहित्य से जुड़े रहने का लोकप्रिय माध्यम है। इंटरनेट पर जिज्ञासु पाठकों के लिए उपन्यास, कविता, कहानी, आलोचना तथा साहित्य की लगभग सभी विधाओं पर मिलने वाले साहित्य को वेब साहित्य कहा जाता है। आज वेब पर साहित्यिक दुनिया की एक

व्यापक उपस्थिति दर्ज हो गई है। सन् 2003 से यह साहित्य की एक रोचक मनोरंजक, चमत्कारी और महत्त्वपूर्ण जगह हो गई है। विषय चाहे हलका हो या गंभीर, सरल और सुगठित शब्दों में रचे निबंध वेबसाइटों पर सर्व सुलभ हो रहे हैं। वेबसाइट पर क्लासिक कृतियाँ भी पाठकों को पढ़ने के लिए उपलब्ध हैं। इसके अलावा अन्य टूल्स भी प्रयोग में आ रहे हैं। ब्लॉग का भी अपना विशेष महत्त्व है। लेखन के लिए ब्लॉगिंग ने साहित्य-सृजन और प्रकाशन का एक बड़ा प्लेटफार्म बना लिया है। क्लासिक कृतियाँ और ब्लॉगिंग मिलकर हिंदी वेब साहित्य की एक बड़ी दुनिया बन गई है, जहाँ अभी करोड़ों लोग सक्रिय हैं। विदेशों में बसे ऐसे अनेक प्रवासी भारतीय हैं, जो इंटरनेट पर समकालीन हिंदी साहित्य का पठन-पाठन सृजन कर रहे हैं।

हिंदी में क्या नया साहित्य रचा जा रहा है, यह जानने के लिए अब तक सिर्फ पत्रिकाओं के समसामयिक अंकों पर निर्भर रहना पड़ता था, लेकिन अब इसके साथ पर्यटन के लिए भी अनेक वेब पत्रिकाएँ भी उपलब्ध हैं। विश्वविद्यालयों के शोधकर्ता भी विभिन्न ब्लॉगों पर प्रकाशित सामग्री का शोध के लिए इस्तेमाल कर रहे हैं।

इंटरनेट आधुनिक विज्ञान का अब तक का सबसे बड़ा उपहार है। इंटरनेट या नेट विश्व के कंप्यूटरों का एक समूह संजाल है, जो सूचनाओं का आदान-प्रदान करता है। स्पष्ट है कि इंटरनेट विश्वव्यापी सूचना नेटवर्क है। यह संपूर्ण विश्व में फैले लघु नेटवर्कों और संबद्ध उपकरणों का एक समूह है। इंटरनेट में कंप्यूटर एक-दूसरे से जुड़े होते हैं। आज विश्व का एक बड़ा तबका कंप्यूटर और इंटरनेट से जुड़ा हुआ है। खेल, राजनीति, युद्ध, दवा, व्यापार, संगीत, विज्ञापन, समाचारों का आदान-प्रदान, करोड़ों-अरबों मूल्य की धनराशि का सौदा और खाली समय की गपशप, सब कुछ इंटरनेट पर उपलब्ध है। वर्तमान समय में इंटरनेट की वजह से संपूर्ण विश्व एक छोटे से गाँव में बदल गया है।

सन् 1969 में Advanced Research Projects Agency (ए.पी.आर.ए.) ने संयुक्त राज्य अमेरिका के चार विश्वविद्यालयों के कंप्यूटरों की नेटवर्किंग करके इंटरनेट की शुरुआत की। प्रारंभ में इसका विकास शोध, शिक्षा और सरकारी संस्थाओं के लिए किया गया था, किंतु आज इसका प्रयोग बहुआयामी हो रहा है। इंटरनेट एक तकनीक तो है ही, इसके साथ ही यह सूचना एवं समाचारों के लेन-देन का बहुत सशक्त माध्यम भी बन गया है। यह एक ऐसा माध्यम है, जो भौगोलिक सीमाओं को नहीं मानता। इसके कारण आज पूरी दुनिया एक मुट्ठी में सिमटकर रह गई है।

इंटरनेट को 'सूचना राजपथ' (Information Highway) भी कहा जाता है। इंटरनेट को सूचनाओं के तंत्रों का तंत्र भी कहा जाता है। इंटरनेट का विकास शीतयुद्ध के दिनों में अमेरिका और रूस द्वारा एक-दूसरे के कंप्यूटर नेटवर्क को हानि पहुँचाने के लिए किया गया था।

(ग) कंप्यूटर संबंधी शब्दावली

Accesstime अधिगम्यताकाल

Analog Computer अनुरूप संगणक

Basic आधार ज्ञान

Binary द्विआधारी

Byte प्रतीत बिट समूह

Bit लघुतम इकाई

Code संकेत

Compiler संग्राहक

Control Section तंत्रिका केंद्र

Core Memory क्रोड स्मृति

Central Prcessor केंद्रीय संसाधक

Chip सिलिकान चिप

Compile संकलन

Computer अभिकलित्र (पूर्व में इसे संगणक कहा जाता था)

Core क्रोड

Data आँकड़ा

Data Processing आँकड़ा संसाधन

Device साधन

Disk आधार फलक

Hard Copy मुद्रित प्रति

Hardware निर्माण उपकरण

Input निवेश

Interface मध्य सीमा

Input Storage निवेश भंडारण

Key Board कुंजी फलक

Machine Langu age-Storage यंत्र भाषा भंडार

Magnetic Core चुंबकीय क्रोड

Mass Storage बृहत् भंडारण

Memory Unit स्मृति इकाई

Number Cruncher संख्या कुद्रक

Optical Memory प्रकाशीय स्मृति

Output निर्गम
Primary Memory प्राथमिक स्मृति
Processer संसाधक
Punch Card पंचकार्ड
Program कार्यक्रम निर्माण
Storage भंडारण
Software संगणक कार्यक्रम
Syntax error त्रुटि
Terminal प्रेषण साधन
Transputer संचार प्रेषक
Visual Display दृश्य प्रस्तुति
Word Processer शब्द संसाधक

कुल मिलाकर यह कहा जा सकता है कि इंटरनेट ने सूचना, संदेशों के लिए डाकघर की दुनिया को बहुत छोटा कर इसकी उपयोगिता को कम अथवा नगण्य कर दिया है।

ई-मेल (e-mail)

ई-मेल को इलेक्ट्रॉनिक मेल के नाम से जाना जाता है। सन् 1972 ई. में जन्मी ई-मेल समानांतर डाक सेवा के रूप में विकसित हुई। इस सेवा के द्वारा जब किसी के द्वारा कोई सूचना प्रेषित की जाती है तो सूचना उसी समय इंटरनेट के द्वारा प्राप्तकर्ता के पास पहुँच जाती है। चाहे प्राप्तकर्ता वहाँ से कितनी भी दूर क्यों न हो। वर्तमान दौर में समाचारों की दुनिया में ई-मेल ने कमाल की लोकप्रियता हासिल की है। देश-विदेश के पत्रकार अपने समाचारों को अखबारों में भेजने के लिए ई-मेल का इस्तेमाल करने लगे हैं। इससे टेलीग्राम, फोन, फैक्स से समाचार भेजने का काम लगभग समाप्त हो गया है। यहाँ तक कि अब कस्बों में भी ई-मेल द्वारा सार्वजनिक सूचनाएँ भेजी जाने लगी हैं। इससे पैसे और समय की बचत हो रही है। जो पत्र अमेरिका से भारत आने में 15 दिन लेता था, वह कुछ ही सेकेंड्स में पहुँच जाता है, अब ई-मेल को कंप्यूटर के अलावा मोबाइल फोन और इस तरह के बेहतर उपकरणों पर भी भेजा जा रहा है, अतः ऐसी दशा में प्रश्न यह उठने लगा है कि क्या ई-मेल से पारंपरिक डाकघरों का अस्तित्व खतरे में आ गया है।

ई-मेल भेजना-प्राप्त करना

ई-मेल का पूरा नाम 'इलेक्ट्रॉनिक मेल' है। इसके अंतर्गत एक कंप्यूटर में कोई संदेश टाइप करके इंटरनेट से जुड़े किसी भी कंप्यूटर तक आसानी से भेजा जा सकता है।

उदाहरण के तौर पर यदि कोई संदेश लखनऊ से टोकियो प्रेषित करना है तो टाइप किए गए संदेश को लखनऊ में कंप्यूटर पहले विद्युत्-संकेतों में बदल देता है, फिर 'राष्ट्रीय विदेश संचार लिमिटेड' की संबद्ध शाखा के पास भेज देता है। यह निगम उस संदेश को उपग्रह-संचार द्वारा जापान तक प्रेषित कर देता है। संबंधित संवाद वहाँ की टेलीफोन लाइन द्वारा जापान में संबद्ध कंप्यूटर तक पहुँच जाता है। टोकियो में संबद्ध कंप्यूटर के स्विच ऑन करने पर टर्मिनल पर संबंधित संदेश उसकी स्क्रीन पर पहुँच जाता है।

'ई-मेल' की विशेषताओं में आधिकारिक सूचनाओं को थोड़े समय में विद्युत् की गति से सही पते पर प्रेषित करना सम्मिलित है।

भारत सरकार ने 1-नेट (Indian Network) और RABMN (Remote Area Business Message Network) ई-मेल सुविधाएँ विकसित की हैं, जो आपस में सुदूर 'सूचनाएँ' भेजती हैं। निजी क्षेत्र की कूरियर सेवाओं की भाँति निजी 'ई-मेल नेटवर्क' भी उपलब्ध है; हालाँकि ये निजी नेटवर्क अपने में अलग-थलग हैं, फिर भी इनको जोड़ने के लिए 'विदेश संचार निगम लिमिटेड' ने एक नेटवर्क नामक प्रणाली विकसित की है।

ई-मेल : महत्त्वपूर्ण जानकारी

'ई-मेल' एड्रेस साइबर स्पेस में पोस्टल एड्रेस या फोन नंबर की तरह होते हैं। जब कोई व्यक्ति ई-मेल के जरिए अपने संदेश किसी अन्य को प्रेषित करता है, तब पाने वाले या पाने वालों का पता (एड्रेस बार) में इंटर किया जाता है, जिससे कंप्यूटर को गंतव्य की जानकारी होती है।

इंटरनेट मेल एड्रेस के दो भाग होते हैं, जो कि @ के द्वारा अलग होते हैं। @ के पहले भाग को 'मेल बॉक्स' और दूसरे भाग को 'डोमेन' कहते हैं। उदाहरण के लिए Sinhak@yahoo.com में Singhk मेल बॉक्स तथा yahoo.com डोमेन है, जो कि सामान्यतः 'इंटरनेट प्रोवाइडर' के नाम होते हैं।

अब बात ई-मेल के स्टोर की जाए तो आपका मेल स्टोर कहाँ होता है। साधारणतया, कंप्यूटरों पर स्थायी इंटरनेट कनेक्शन नहीं होते। इससे 'ई-मेल' स्वतः आप तक नहीं पहुँचते। स्थायी इंटरनेट कनेक्शन के साथ यह संभव है। मेल एक 'इन कमिंग मेल सर्वर' है, जिसे 'पी.ओ.पी.3' कहते हैं, यह पोस्ट ऑफिस प्रॉटोकाल पर काम करता है, यह स्थानीय पोस्ट ऑफिस जैसा होता है।

अपने मेल को पाने के लिए आपको इस तक पहुँचाना होता है। वास्तव में मेल प्रोग्रामर को इस सर्वर तक पहुँचकर संबंधित मेल को लाना होता है। कंप्यूटर और नेटवर्क (संचार) की अंकीय संचार के आदान-प्रदान की मानक और औपचारिक प्रक्रिया को प्रोटोकॉल कहते हैं।

जो व्यक्ति मेल करता है, उसके मेल प्रयोग को गंतव्य मेल पोस्ट ऑफिस तक पहुँचना होता है, अर्थात् आउटगोइंग मेल सर्वर तक, जो Simple Main Transfar Protocal (S.M.T.P.) पर ऑफिस जाकर अपने पोस्ट बॉक्स में अपने पत्र लाने या वहाँ से भेजने जैसा है। अगर आप PPP (Point To Point Protocal) एकाउंट का प्रयोग करते हैं तो संबंधित व्यक्ति को अपने ई-मेल प्रोग्राम को यह बताना होता है कि इनकमिंग और आउटगोइंग सर्वर के नाम क्या हैं, जब उसका मेल प्रोग्राम इनका मेल पाता है, तब वह इनकमिंग मेल सर्वर सेट से खींचकर संबंधित व्यक्ति के कंप्यूटर तक ले आता है।

डाउनलोडिंग : पास अथवा दूर के किसी कंप्यूटर या नेटवर्क से मोडेम की सहायता से दूसरे कंप्यूटर में सामग्री लाने की प्रक्रिया को डाउनलोडिंग (Downloading) कहते हैं। वर्तमान समय में इंटरनेट के माध्यम से प्रतिदिन लोग करोड़ों मेगावाट सूचनाएँ डाउनलोड करते हैं।

अपलोडिंग : पास अथवा दूर के किसी कंप्यूटर को अपने कंप्यूटर में सूचनाएँ प्रेषित करने की प्रक्रिया को अपलोडिंग (Uploading) कहा जाता है। उदाहरण के लिए जब कोई व्यक्ति ई-मेल पर अपने किसी दूसरे मित्र को पत्र भेजता है अथवा किसी कंपनी को बॉयोडाटा भेजता है तो उसे 'अपलोड' कहा जाता है। ई-मेल के बिना भी मोडेम के जरिए विभिन्न सॉफ्टवेयरों की मदद से सूचनाएँ या दस्तावेज भेजे जा सकते हैं।

हिंदी सॉफ्टवेयर पैकेज

कंप्यूटर सॉफ्टवेयर को निम्नलिखित दो श्रेणियों में विभक्त किया जा सकता है—

1. पूर्व लिखित सॉफ्टवेयर (Packaged)
2. प्रथागत सॉफ्टवेयर पैकेज (Custom made or tailored)

1. पूर्व लिखित सॉफ्टवेयर पैकेज (Packaged) : इसे उपयोगिता और प्रणाली सॉफ्टवेयर में भी बाँटा जा सकता है। ये वे 'प्रोग्राम' हैं, जो किसी विशेष कार्य समूह के निष्पादनार्थ लिखे जाते हैं। इनका उपयोग उपभोक्ता अपनी आवश्यकतानुसार करते हैं।

2. प्रथागत बनाए सॉफ्टवेयर पैकेज (Custom made or Tailored) : इस प्रकार के सॉफ्टवेयर आवश्यकता पर आधारित होते हैं। इस तरह के प्रोग्राम सामान्यतया सभी संस्थाओं अथवा व्यक्तियों के काम में न आकर किसी विशेष व्यक्ति, संस्था अथवा संस्थान द्वारा उपयोग में लाए जाते हैं।

इंटरनेट संपर्क उपकरणों का परिचय

होस्ट कंप्यूटर : इंटरनेट के अंतर्गत शीर्ष पर होस्ट कंप्यूटर होते हैं, जिन्हें (नोड) भी कहा जाता है, ये होस्ट कंप्यूटर फाइबर ऑप्टिक केबिल द्वारा नेटवर्क प्रबंधन से जुड़े होते हैं। इन कंप्यूटरों को ऑप्टिकल तारों द्वारा निकटवर्ती हजारों पर्सनल कंप्यूटरों से (पी.सी.) से जोड़ा जाता है और इनका विभिन्न कार्यों में उपयोग किया जा सकता है। नेटवर्क प्रबंधन इस समूची संचार-प्रणाली का स्नायु केंद्र होता है। वस्तुतः होस्ट कंप्यूटर कंप्यूटरों का एक बैंक होता है, जो सूचनाओं के आदान-प्रदान को संचालित करता है।

मोडेम : यह उपकरण कंप्यूटरों को आपस में जोड़ने का काम करता है। यह टेलीविजन लाइन पर कार्य करता है, इसका पूरा नाम है 'माड्यूलेशन डीमाड्यूलेशन' मोडेम इसका संक्षिप्तीकरण है।

साइबर स्पेस (Cyber Space) : वस्तुत यह तकनीकी रूप से विकसित संस्कृति की भाषा है। यह एक ऐसा उपकरण होता है, जिसकी सहायता से लोग अपने विचारों का आदान-प्रदान कर अथवा अपनी समस्याओं के निराकरण की इच्छा के वशीभूत अथवा विभिन्न 'बुलेटिन बोर्ड सर्विस' (B.B.S.) की सहायता से संबंधित विभिन्न प्रकार के आँकड़े अन्य लोगों को उपलब्ध कराकर मिलते-जुलते हैं।

इसे सरल भाषा में कहें तो यह कंप्यूटर प्रणाली का नेटवर्क है और इस तरह के नेटवर्क 3 नेटवर्क संयुक्त राज्य अमेरिका, ऑनलाइन तथा इंटरनेट पूरे विश्व में कार्यशील हैं। इनमें से 'इंटरनेट' सबसे बड़ा है। यह 'सूचना राजपथ' के नाम से जाना जाता है।

डॉटनेट (Dotnet) : पूरी दुनिया में सूचना-प्रौद्योगिकी के क्षेत्र में अपने क्रांतिकारी उत्पादों और कार्यक्रमों के माध्यम से तहलका मचाने वाले संयुक्त राज्य अमेरिका के संस्थान माइक्रोसॉफ्ट ने नई पीढ़ी का एक और सॉफ्टवेयर विकसित किया है, इससे इंटरनेट तकनीक में एक और बड़ी उम्मीद जग गई है। यह कंप्यूटरों, टेलीविजन सेटों, सेलफोन तथा अन्य इलेक्ट्रॉनिक संचार उपकरणों का पूर्ण क्षमता के साथ उपयोग कर सकने में सहायक है।

कंप्यूटर का प्रकार्यात्मक रखरखाव और इंटरनेट : इंटरनेट के संपर्क में रहकर काम करने वाले उपकरणों को निम्नलिखित वस्तुओं से दूर रखना चाहिए—

1. वायरस 2. नमी
3. धूल 4. गरमी (ताप)

इनमें सर्वाधिक खतरनाक वायरस है। यह कंप्यूटर के सारे सिस्टमों को नष्ट कर देता है। हार्डवेयर उपकरणों का शत्रु धूल होती है। आवश्यकता से अधिक नमी से विद्युतीय उपकरणों की क्षमता नष्ट हो जाती है। इससे इनकी क्रियाशीलता काफी प्रभावित होती है। विद्युत् से संबंधित उपकरण गरमी के कारण नष्ट हो जाते हैं।

इन चारों स्थितियों में कंप्यूटर कोई कमांड स्वीकार नहीं करता। इस कारण कंप्यूटर तथा इससे संबंधित उपकरणों की समुचित देखभाल अति आवश्यक हो जाती है। इसके लिए निम्नलिखित सावधानियाँ बरतनी होंगी—

- वायरस, नमी, धूल और गरमी से इन उपकरणों को दूर रखें।
- सफाई करते समय निर्धारित कपड़े अथवा ब्रश का प्रयोग करें। हलके हाथ से सफाई करें।
- इन उपकरणों को ठंडे स्थान पर रखें।
- आसपास खुले स्थान वाले कक्ष में उपकरणों को रखें, किंतु वह स्थान पूरी तरह से खुला हुआ न हो।
- सफाई हेतु 'वैक्युम क्लीनर' का उपयोग करें।

समय मितव्ययता सूत्र

इंटरनेट वर्तमान समय का सर्वाधिक गति से विकसित होनेवाला 'सूचना नेटवर्क' है। इससे दुनिया भर के लाखों कंप्यूटर आपस में जुड़े रहते हैं। इससे समय की बहुत बचत होती है। इंटरनेट ने अपनी पहचान एवं कार्य के आधार पर सभी क्षेत्रों में कार्य करने की प्रक्रिया को आसान कर दिया है। शिक्षा का क्षेत्र, चिकित्सा का क्षेत्र, व्यवसाय का क्षेत्र, खरीदारी, संगीत, नृत्य और चिकित्सा आदि के क्षेत्रों में इंटरनेट के माध्यम से ऐसे-ऐसे कार्य पलक झपकते ही हो जाते हैं, जिन्हें करने में काफी समय लगता था। वाट्सअप इंस्ट्राग्राम व ई-मेल सेवा के जरिए अपना संदेश या पत्र दुनिया के किसी भी कोने में पहुँचाया जा सकता है। इंटरनेट मनोरंजन के साधन भी उपलब्ध करा रहा है। इनके माध्यम से फिल्में भी देखी जा सकती हैं, व्यापार की प्रगति कर सकते हैं। 'ज्यूरिक्स' नामक ई-मेल सेवा से कोई भी अधिवक्ता छोटी अदालतों से लेकर अंतरराष्ट्रीय स्तर की अदालतों के फैसले सुन सकता है। यही नहीं इंटरनेट के माध्यम से चिकित्सक इस क्षेत्र में क्रांतिकारी परिवर्तन कर रहे हैं। चिकित्सक नई-नई दवाओं और शल्यक्रिया की आधुनिक तकनीकों को भी सीख रहे हैं।

इंटरनेट के माध्यम से पाठ्यसामग्री को आसानी से पढ़ा और सुना जा सकता है।

इससे समय की बचत होती है तथा वस्तुपरक और सूत्रीय दृष्टि से अनेक प्रश्नों का उत्तर इससे तलाशा जा सकता है। इंटरनेट से फाइलों को जिप मोड में सेव किया जा सकता है, इसके साथ ही आउटलुक, एक्सप्लोरर का उपयोग भी किया जा सकता है। पहले ऑफलाइन पर काम करें, फिर ऑनलाइन पर, यह सब आसानी से इंटरनेट के माध्यम से हो जाता है।

आज इंटरनेट की दुनिया चमत्कारी हो गई है। पूरी दुनिया आज मुट्ठी में समाहित हो गई है। इंटरनेट इस मुट्ठी की पगडंडी है, जो पलक झपकते प्रयोगकर्ता को इसके एक छोर से दूसरे छोर तक पहुँचा देती है। इंटरनेट ने अनंत नूतन संभावनाओं के द्वार खोल दिए हैं। आज भारत का कोई भी शिल्पकार अपने उत्पादों का प्रचार इंटरनेट के माध्यम से कर अपनी पहचान दुनिया के किसी भी देश तक कर सकता है। इंटरनेट पर उपलब्ध वस्तुओं को यूरोप, संयुक्त राज्य अमेरिका और दुनिया के अन्य देशों के खरीदार उसे खरीदते हैं। दस्तकार और खरीदार दोनों अपनी-अपनी जगह बैठे ही मोल-तोल कर सौदा पटा लेते हैं। बड़ी आसानी से दस्तकार को इंटरनेट के माध्यम से अंतरराष्ट्रीय मंडी मिल जाती है। इस पूरी व्यावसायिक प्रक्रिया में जो खास बात है, वह यह है कि इससे समय की पर्याप्त बचत होने के साथ ही धन भी पर्याप्त मात्रा में कमाया जा रहा है।

इंटरनेट एक्सप्लोरर अथवा नेटस्केप : जब भी इंटरनेट का कंप्यूटर में प्रयोग किया जाता है, तब इंटरनेट पर उपलब्ध सभी वेबसाइटों (Web Sites) को खोलने के लिए कंप्यूटर में एक प्रोग्राम होता है। इसे 'इंटरनेट एक्सप्लोरर' (Internet Explorer) के नाम से जाना जाता है। इसमें कई विकल्प होते हैं। उदाहरण के लिए Address के आगे खाली स्थान (Blank Space) होता है, जहाँ वेबसाइटों को लिखा जाता है। इसे 'इंटरनेट एक्सप्लोरर विंडो 98' के अंतर्गत रखा गया है। इससे इंटरनेट का बहुत ही सुगमतापूर्वक उपयोग किया जा सकता है।

'इंटरनेट एक्सप्लोरर' में मेल नामक एक बटन होता है, इस बटन की सहायता से कहीं भी ई-मेल भेजा जा सकता है तथा कहीं से आए हुए ई-मेल को देखा जा सकता है। 'इंटरनेट एक्सप्लोरर' का आइकॉन (Icon) डेस्क टॉप पर बना रहता है। इसे खोलने के लिए उस आइकॉन पर लगातार दो बार क्लिक करना पड़ता है। इससे इंटरनेट एक्सप्लोरर की विंडो स्क्रीन खुल जाती है, अब इस विंडो में कार्य किया जा सकता है।

हिंदी में उपलब्ध सॉफ्टवेयर एवं वेबसाइट-हिंदी से संबंधित विभिन्न वेबसाइटें

हिंदी में उपलब्ध सॉफ्टवेयर

कंप्यूटर अपना कार्य अकेला नहीं कर सकता है। कंप्यूटर को अपना कार्य करने के लिए कुछ सहायक उपकरणों तथा प्रोग्रामों की जरूरत होती है। ये उपकरण तथा प्रोग्राम ही कंप्यूटर को काम करने के योग्य बनाते हैं। कंप्यूटर पर किसी विशेष कार्य को करने के लिए सॉफ्टवेयर की जरूरत पड़ती है। सॉफ्टवेयर, निर्देशों तथा प्रोग्रामों का वह समूह है, जो कंप्यूटर को किसी कार्य विशेष को पूरा करने का निर्देश देता है। यह यूजर को कंप्यूटर पर काम करने की क्षमता प्रदान करता है। सॉफ्टवेयर के बिना कंप्यूटर मृत प्राणी के समान होगा, जो केवल लौह और अन्य धातुओं से बना एक बक्सा मात्र बनकर रह जाएगा।

सॉफ्टवेयर की मदद से कोई भी व्यक्ति कंप्यूटर से अपना मनपसंद कार्य कर एवं करवा सकता है। सॉफ्टवेयर को आँखों के द्वारा नहीं देखा जा सकता हैं और न ही इसे हाथ से स्पर्श किया जा सकता है, क्योंकि सॉफ्टवेयर का कोई भौतिक अस्तित्व नहीं होता। यह एक आभासी वस्तु है, जिसे केवल समझा जा सकता है। MS Office, Photoshop, Adobe Reader, Picasa आदि विभिन्न प्रकार के सॉफ्टवेयर हैं, जो कंप्यूटर को अलग-अलग प्रकार के कार्य करने के योग्य बनाते हैं।

सॉफ्टवेयर के प्रकार (Types of Software)

उपयोगिता एवं आवश्यकता के अनुसार अलग-अलग सॉफ्टवेयर बनाए जाते हैं—अध्ययन की सुविधा के लिए सॉफ्टवेयर के मुख्यतः तीन प्रकार होते हैं—

1. सिस्टम सॉफ्टवेयर (System Software)
2. एप्लीकेशन सॉफ्टवेयर (Application Software)
3. यूटिलिटी सॉफ्टवेयर (Utility Software)

1. सिस्टम सॉफ्टवेयर (System Software)

सिस्टम सॉफ्टवेयर (System Software) वह सॉफ्टवेयर (Software) है, जो हार्डवेयर का प्रबंध एवं नियत्रंण करता है और हार्डवेयर एवं सॉफ्टवेयर के बीच क्रिया करने देता है।

2. एप्लीकेशन सॉफ्टवेयर (Application Software)

एप्लीकेशन सॉफ्टवेयर Application Software को एंड यूजर (End User)

सॉफ्टवेयर कहा जा सकता है, क्योंकि इसका सीधा संबंध यूजर से होता है। इसे एप्स 'Apps' भी कहते हैं।

3. यूटिलिटी सॉफ्टवेयर (Utility Software)

यूटिलिटी सॉफ्टवेयर का उपयोग कंप्यूटर सिस्टम में अतिरिक्त कार्यक्षमता जोड़ने तथा इसकी परफॉर्मेंस बढ़ाने के लिए होता है। यूटिलिटी सॉफ्टवेयर, जिसे सिर्फ 'यूटिलिटी' और 'यूटिलिटीज' भी कहते हैं, एक ऐसा कंप्यूटर सिस्टम प्रोग्राम होता है, जो कंप्यूटर को Analyzation, Configuration, Optimization तथा मेंटेन करने में मदद करता है।

स्पर्श : हिंदी टाइपिंग ट्यूटर : बालेंदु शर्मा 'दाधीच' द्वारा विकसित इस हिंदी टाइपिंग ट्यूटर सॉफ्टवेयर का इंटरफेस सरल हिंदी में है।

हिंदीजिप : ड्रैग एंड ड्रॉप फाइल संपीड़न सॉफ्टवेयर : हिंदी इंटरफेस युक्त इस युक्ति का विकास कर बालेंदु शर्मा 'दाधीच' ने इसे नि:शुल्क उपलब्ध कराया है।

हिंदी के आधुनिक सॉफ्टवेयर

बहुभाषिक ई-मेल क्लाएंट : सी. डैक पुणे द्वारा निर्मित यह सॉफ्टवेयर 2.12 एम.बी. आकारमान का है, जो विंडो 95/98 प्रणाली पर कार्य करता है। इसमें दस भारतीय भाषाओं में ई-मेल भेजी जा सकती है।

आई लीप : सी डैक पुणे द्वारा निर्मित यह सॉफ्टवेयर 4.00 एम बी आकारमान का है, जो विंडो 95/98 एन.टी. तथा इसके सभी अग्रिम संस्करणों पर चलाया जा सकता है।

एक सामान्य डेस्कटॉप में इस्तेमाल होने वाले कुछ सॉफ्टवेयर के नाम तथा उनके काम इस प्रकार हैं—

सॉफ्टवेयर का नाम	सॉफ्टवेयर का काम	सॉफ्टवेयर का प्रकार
AVG, McAfee, Norton	कंप्यूटर की सुरक्षा	एंटीवायरस प्रोग्राम
VLC, Windows Music Player	आवाज सुनाना	साउंड प्रोग्राम
Computer Drivers	हार्डवेयर कम्युनिकेशन	यूटिलिटी
Gmail, Outlook, Thunderbird	ई-मेल	संचार

हिंदी से संबंधित विभिन्न वेबसाइटें

वेबसाइट (Website)

अनेक वेबपृष्ठों के संग्रह को वेबसाइट कहते हैं। वेबसाइट या साइट एक ऐसा स्थान है, जहाँ बहुत सारे वेबपृष्ठों को रखा जाता है। हर वेबपृष्ठ में कुछ-न-कुछ सूचनाएँ होती हैं। एक वेबसाइट (Website) सार्वजनिक रूप से इंटरनेट पर उपलब्ध वेबपेजों और संबंधित सामग्री का एक संग्रह है, जिसे डोमेन नाम (Domain Name) से पहचाना जाता है और कम-से-कम एक वेबसर्वर पर प्रकाशित किया जाता है। वेबपृष्ठों के बीच हाइपरलिंकिंग साइट के नेविगेशन को निर्देशित करती है, जो अक्सर होमपेज से शुरू होती है।

होमपेज (Home Page)

वेबसाइट के पहले पेज को होमपेज कहते हैं या जब कोई वेबसाइट को विजिट करता है, तब जो पेज खुलता है, उसे ही होमपेज कहते हैं, जैसे—https://hindime.net, इसमें क्लिक करने के बाद जो पेज खुलेगा, उसे इस साइट का होमपेज कहेंगे। वेबसाइट की रूट डायरेक्टरी में यह पेज रहता है। इस पेज में सभी फाइल रहती हैं।

वेबसाइट के प्रकार (Types of website in Hindi)

आज के समय में इंटरनेट पर अनेक तरह की वेबसाइटें उपलब्ध हैं। कई तरह तरह के ब्लॉग या वेबसाइटों का प्रयोग लगभग प्रत्येक दिन कुछ-न-कुछ जानकारी प्राप्त (हासिल) करने के लिए इंटरनेट के माध्यम से आम एवं खास जन करते हैं—इन सभी वेबसाइटों के अलग-अलग प्रकार हैं। इन्हें मुख्यतः दो भागों में बाँटा जा सकता है—

1. स्टैटिक वेबसाइट (Static website)
2. डायनेमिक वेबसाइट (Dynamic website)

1. स्टैटिक वेबसाइट (Static website)

स्टैटिक वेबसाइट एक ऐसी वेबसाइट है, जिसके वेब पेज को स्टोर किया जाता है। आसान शब्दों में कहें तो स्टैटिक वेबसाइट बहुत ही बेसिक टाइप की वेबसाइट होती है, जिसे आसानी से बनाया जा सकता है। इसके लिए आपको किसी प्रकार की कोई web programming और database design का ज्ञान होना जरूरी नहीं होता, बल्कि इसके बिना भी आप आसानी से एक स्टैटिक वेबसाइट बना सकते हैं, इसके वेबपृष्ठों को HTML में कोड किया जाता है।

2. डायनेमिक वेबसाइट (Dynamic website)

डायनेमिक वेबसाइट एक ऐसी वेबसाइट होती है, जो खुद बहुत बार और वह भी automatically को बदलती है या कस्टमाइज करती है। आसान शब्दों में कहा जाए तो डायनेमिक वेबसाइट dynamic web pages की ऐसी कलेक्शन होती है, जिसके content dynamically बदलते रहते हैं। एक database या Content Management System (CMS) से जब डायनेमिक वेबसाइट अपने को access करती है तो ऐसे में किसी भी प्रकार का बदलाव database के कंटेंट में किया जाता है, तब वेबसाइट के content भी अपने आप बदलाव और अपडेट हो जाते हैं।

यह वेबसाइट अलग-अलग श्रेणी के हिसाब से व्यवस्थित रहती है, जैसे computerguidehindi, जो एक ब्लॉग वेबसाइट है, जिस पर इन्फॉर्मेशन शेयर की जाती है, यहाँ एक बात गौर करने लायक है कि हर Blog/Website के अंत में एक नाम जुड़ा रहता है, जैसे—

.net, .com, .in, .org, ये सभी Top Level Domain को दर्शाते हैं।

कुछ चर्चित शैक्षिक वेबसाइट

https://www.archive.org

https://www.britannica.com

https://www.caclubindia.com

https://www.careerlauncher.com

https://www.cbse.nic.in

https://www.dictionary.com

https://www.gadyakosh.com

https://www.india.gov.in

https://www.ncert.nic.in

https://www.shiksha.com

https://www.ugc.nic.in

https://www.upsc.gov.in

https://www.youtube.com

इनकी विस्तृत सूची आगे के अध्याय में दी गई है।

सोशल मीडिया पर हिंदी लेखन कौशल

आज का दौर सूचना संचार का दौर है। संचार क्रांति की इस प्रक्रिया में जनसंचार माध्यमों के भी आयाम बदले हैं। वर्तमान का वैश्विक परिदृश्य सूचना को एक हथियार के रूप में प्रयोग कर रहा है। सूचना के ये गतिशील स्रोत संचार माध्यमों को प्रभावित कर रहे हैं। आज पारंपरिक संचार माध्यमों—समाचार-पत्र, रेडियो और टेलीविजन की जगह वेब मीडिया ने ले ली है। परंपरागत प्रिंट मीडिया, टी.वी. व रेडियो, जिसे मीडिया के नाम से जाना जाता है, वैसे ही ब्लॉग, वेबसाइट और सोशल वेबसाइट को 'न्यू मीडिया' के नाम से जाना जाता है। सोशल मीडिया/न्यू मीडिया परंपरागत मीडिया की तरह भले ही संगठित नहीं है, लेकिन इसने पूरी दुनिया में एक ताकत के रूप में अपनी उपस्थिति अवश्य दर्ज करवाई है। संदीप कुलश्रेष्ठ के शब्दों में कहें तो 'न्यू मीडिया की सबसे बड़ी खासियत यह है कि इसका हर उपभोक्ता स्वयं एक पत्रकार है, स्वयं संपादक एवं प्रकाशक भी है, इसमें दी गई सूचना एक क्लिक से ही पूरे विश्व में पहुँच जाती है'। 'न्यू मीडिया' के किसी भी तरह के बंधन से मुक्त होने, त्वरित गति होने एवं वैश्विक पहुँच होने जैसी विशेषताओं के चलते आनेवाले समय में इसकी उपयोगिता व महत्त्व बढ़ना तय है। फेसबुक, ट्विटर, यूट्यूब, फ्लिकर, ब्लॉग्स, पॉड कास्ट्स, गूगल आदि डिजिटल माध्यमों की दिनोंदिन होती सर्वव्यापी पहुँच ने इनके महत्त्व और उपयोग को नए आयाम उपलब्ध कराए हैं। सोशल मीडिया ने आज इंटरनेट के माध्यम से दुनिया के लोकतांत्रिक देशों में बहुत ही सकारात्मक प्रभाव डाले हैं।

परंपरागत मीडिया के प्रति आमजन में उत्तरोत्तर बढ़ती अविश्वास की भावना ने भी सोशल मीडिया के प्रति विश्वास को बढ़ावा दिया है। मनुष्य की भाषायी अथवा कलात्मक अभिव्यक्ति को एक से अधिक व्यक्तियों तथा स्थानों तक पहुँचाने की व्यवस्था को सोशल मीडिया का नाम दिया जाता है, इसके माध्यम से अभिव्यक्ति का नया मार्ग खुला है और उसे विस्तार भी मिला है। इस प्लेटफार्म पर कोई भी व्यक्ति जुड़कर अपना वर्चुअल ग्रुप बना सकता है। यह वर्चुअल ग्रुप भौतिकता भी प्रदान करता है। वास्तविक जीवन में आप अपने ग्रुप के सदस्यों से मिलकर अपने संबंधों को आगे भी बढ़ा सकते हैं। इसके साथ ही सामाजिक माध्यम का प्लेटफॉर्म बनाकर विचारधारा के स्तर पर एक साथ अनेक लोगों को जोड़कर बहुत ही कम समय और खर्च में अपने विचारों का आदान-प्रदान कर सकते हैं।

जहाँ तक परंपरागत मीडिया की पहुँच की बात है, उसमें सोशल मीडिया अपनी दखल देकर त्वरित गति से आगे बढ़ रही है। निश्चित तौर पर 'इंटरनेट पर उपस्थित सोशल मीडिया' ने आम आदमी को सही मायने में अभिव्यक्ति की वास्तविक आजादी

दी है। इसने सकारात्मक रूप में हाशिए पर पड़े समाज को मुखरित करने का सुगम साधन भी उपलब्ध कराया है।

आज सोशल मीडिया आधुनिक जीवन का हिस्सा हो गई है। इसके माध्यम से आम एवं खास आदमी समूची दुनिया से तेजी से जुड़ रहा है और अपनी दिनचर्या की शुरुआत से लेकर कार्यालय एवं रोजगार के अवसर भी इसी से तलाश रहा है। इसलिए मीडिया विद्वान् नोम चॉम्स्की ने सोशल मीडिया को 'सुपरफिशियल' माध्यम कहा है; हालाँकि यह अलग बात है कि वे खुद ट्विटर आदि पर अपने कमेंट के माध्यम से सक्रिय रहते हैं। वहीं जूलियन असांजे सोशल मीडिया को 'आनेवाली सभ्यताओं के लिए एक खतरनाक माध्यम' मानते हैं। जूलियन असांजे समाज को सोशल मीडिया के कंपल्शन से बचे रहने के लिए अगाह करते हैं। सोशल मीडिया एवं परंपरागत मीडिया के बारे में मार्शल मैक्लुहान की टिप्पणी अति महत्त्वपूर्ण है। उन्होंने कार को यांत्रिक दुल्हन, रेडियो को जनजातीय ढोल, फोटो को बिना दीवारों का वेश्यालय' और टी.वी. को 'इडियट बॉक्स' व 'डरपोक राक्षस' कहा था। यदि माध्यमों को परिभाषित करने की उनकी शैली को आगे बढ़ाया जाए तो सोशल मीडिया को 'शरारती बच्चा' कहना उचित होगा, क्योंकि सोशल मीडिया नियंत्रण रहित माध्यम है।

सोशल मीडिया आम आदमी के लिए सूचना का एक सस्ता माध्यम है। सोशल मीडिया का प्रयोग करने वाला प्रत्येक व्यक्ति निर्माता के साथ उपभोक्ता भी है। सोशल मीडिया के प्रभाव ने वर्तमान में मुख्यधारा की मीडिया को विशेष तौर पर प्रभावित किया है, यदि कोई राष्ट्रीय एवं अंतरराष्ट्रीय घटना सोशल मीडिया में ट्रेंड हो रही है तो उसके प्रभाव को समाचार चैनलों में साफ तौर पर देखा जा सकता है। आजकल महत्त्वपूर्ण व्यक्तियों एवं सेलिब्रिटीज द्वारा फेसबुक, ब्लॉग ट्विटर आदि पर पोस्ट की गई विषय-वस्तु को परंपरागत मीडिया की खबर भी बनते देर नहीं लगती है।

कुछ अपवादों को यदि छोड़ दिया जाए तो सोशल मीडिया से सामाजिक बदलाव को गति मिली है और इसने समाज में सकारात्मक छवि भी छोड़ी है। सोशल मीडिया के जरिए अनेक विकास-कार्य संपन्न हुए हैं, जिनसे लोकतंत्र समृद्धि की ओर अग्रसर हुआ है और राष्ट्र की एकता, अखंडता, पंथनिरपेक्षता, सहिष्णुता तथा आदर्शवादी गुणों की महत्ता बढ़ी है। समाज-सुधारक अन्ना हजारे द्वारा 'India Against Corruption' नामक भ्रष्टाचार के खिलाफ अभियान में सोशल मीडिया ही वह प्लेटफॉर्म था, जिसके द्वारा इतना बड़ा जनांदोलन खड़ा कर राष्ट्र के लोगों को एकजुट किया गया। निर्भया कांड के विरुद्ध जनमत बनाने में भी इसकी भूमिका सभी ने महसूस की थी।

आज सोशल मीडिया ने हर क्षेत्र में अपने हस्तक्षेप के माध्यम से लोगों पर अपना प्रभाव छोड़ा है। चाहे चुनाव प्रचार की बात हो या शिक्षा, रोजगार या दूर देश बैठे परिजन

से आमने-सामने बैठकर बात करना हो या सूचना को एक साथ कई लोगों को प्रेषित करना हो, (जैसे शादी-ब्याह में ई-आमंत्रण का इस्तेमाल हजारों की संख्या में लोगों के साथ प्रेषित किया जा रहा है।) लोग सोशल मीडिया का सहारा लेते नजर आते हैं। इसके साथ ही किसी भी दफ्तर के कर्मचारी व्हाट्सअप ग्रुप से जुड़कर अपनी दिनचर्या के कार्य घर पर (लॉकडाउन काल में) ही संपन्न कर रहे हैं। सोशल मीडिया एक सफल एवं सशक्त माध्यम के रूप में कोरोनाकाल में उभरकर सामने आया है, जिसने समय के साथ समयबद्ध रहकर लोगों को एक साथ जोड़ने का कार्य भी किया है। अनेक सोशल मीडिया की साइटों ने रोजगार के नए अवसरों का सृजन किया है। इसके साथ ही शब्द-सीमा के दायरे में रहकर भी ट्विटर ने देश-दुनिया के लोगों एवं घटनाओं के प्रति सक्रियता दर्शायी है।

सोशल मीडिया के माध्यम से कोई भी व्यक्ति इस प्लेटफॉर्म का निःशुल्क में प्रयोग कर अपने बारे में एवं अपनी कंपनी तथा अपने उत्पाद को बेहतर तरह से प्रस्तुत कर इसे लोकप्रिय बना सकता है। इसके साथ ही वर्तमान में फिल्म अभिनेता/निर्माता फिल्मों के ट्रेलर तथा फिल्म एवं अपने द्वारा निर्मित सीरियल, लघु वृत्तचित्र के कार्यक्रमों का प्रचार-प्रसार सोशल-मीडिया के माध्यम से कर रहे हैं और अपनी लोकप्रियता के साथ धन भी अर्जन कर रहे हैं। वीडियो कॉल, ऑडियो चैट के माध्यम से सोशल मीडिया आज अपने टूल्स के स्त्रोतों से (फेसबुक, इंस्टाग्राम, व्हाट्सएप आदि) लोकप्रियता एवं उपयोगिता के सशक्त माध्यम हो गए हैं।

सोशल मीडिया के बारे में अक्सर यह देखने को मिलता है कि यह व्यक्तियों के विचारों को बदलने का अवसर नहीं देता, बल्कि व्यक्ति जिस सोच या विचार का समर्थक है, उसी को वह वरीयता देता है। दुनिया के सबसे ताकतवर राष्ट्र, अर्थात् अमेरिकी राष्ट्रपति चुनाव और क्लिंटन के महाभियोग के दौरान हुए शोध का निष्कर्ष है कि सोशल मीडिया विचारों में संशोधन या सुधार की नहीं, विचारों को पुष्ट और मजबूत करने की जगह है। यहाँ लोग असंख्य सूचनाओं के बीच से अपने विचार को पुष्ट करने वाली सूचनाएँ चुन लेते हैं। अमेरिकी स्कॉलर कास संसटैन इसे 'इको चैंबर' बताते हैं, जहाँ एक ही आवाज बार-बार गूँजती रहती है।

सोशल मीडिया जहाँ एक ओर लोग अपने औजारों के माध्यम (विशेषकर फेसबुक या ट्विटर) से अपनी तरह या विचारधारा के लोगों से जुड़े रहते हैं, इसलिए उनके अंदर समालोचक वाली दृष्टि देखने को नहीं मिलती, वहीं सोशल मीडिया तथ्य प्रस्तुत करने का एक माध्यम है और इससे निष्कर्ष निकालने की आशा नहीं की जा सकती है। इसके द्वारा प्रस्तुत तथ्यों को बहुत विश्वसनीयता के साथ साक्ष्य के रूप में मानना भी कभी-कभी घातक सिद्ध हो सकता है। इन सबके बावजूद सोशल मीडिया ने सूचनाओं

के संप्रेषण के आधार को परिवर्तित किया है। कंप्यूटर, स्मार्टफोन और अन्य डिजिटल माध्यमों ने सूचनाओं के अलग-अलग स्वरूपों (मुद्रित पाठ, ध्वनि, वीडियो, ऑडियो, चित्र इत्यादि) को एक मंच का रूप प्रदान किया है। डिजिटल माध्यम के इन स्रोतों से व्यक्ति एक ही वेब पेज पर रहकर इन्हें देख-सुन और प्रयोग कर सकने के साथ ही इन्हें भविष्य के लिए सहेजकर रख भी सकता है।

सोशल मीडिया का भविष्य

जहाँ तक सोशल मीडिया के भविष्य एवं सीमाओं की बात है तो यह सीमाएँ खत्म नहीं, बल्कि सीमाओं से आगे जाने की बात करता है। जिसे कभी कल्पना में देखा जाता था, वह सोशल मीडिया में आज साक्षात् उपस्थित हो रहा है। आज यह तेजी से संवाद का एक सशक्त प्लेटफॉर्म बन गया है। इसकी आजादी की सीमाएँ नहीं हैं और इसने हर व्यक्ति को अपनी आवाज में अपनी बात रखने का स्वर्णिम अवसर प्रदान किया है, जिससे हर आम एवं खास व्यक्ति का इतिहास तैयार हो रहा है।

आज सोशल मीडिया ने सूचनाओं को प्राप्त करने एवं देने के अधिकार की कल्पना को यथार्थ में प्रस्तुत कर दिया है। हकीकत यह है कि हम समय के उस दौर से गुजर रहे हैं, जहाँ खबरों और सूचनाओं के केंद्रीकृत नियंत्रण की व्यवस्था बहुत ज्यादा प्रभावी नहीं हो रही है।

इसमें कोई संदेह नहीं कि वैश्विक स्तर पर सोशल मीडिया ने अपनी सार्थकता, उपादेयता और जरूरत को उजागर किया है। वैश्विक स्तर पर घटने वाली अनेक घटनाएँ इसका ज्वलंत प्रमाण हैं—सोशल मीडिया के विद्वान् राकेश प्रवीर का मानना है कि 'अब हम सिर्फ श्रोता, पाठक या दर्शक नहीं रहे।' जिस तरह एक सिक्के के दो पहलू होते हैं, ठीक उसी तरह से सोशल मीडिया के दो पक्ष (सकारात्मक एवं नकारात्मक) हैं, जो इस प्रकार हैं—

सोशल मीडिया के सकारात्मक प्रभाव

1. यह बहुत तेजी से सूचनाओं को संप्रेषित करने का एक सशक्त संचार माध्यम है।
2. यह सूचनाओं एवं जानकारियों को एक ही प्लेटफॉर्म पर एकत्र करने का विशिष्ट स्रोत है।
3. सोशल मीडिया बहुत ही सुगमता और अल्प-व्यय (लगभग निःशुल्क) द्वारा सरलता से सूचनाएँ प्रदान करता है।
4. इसका प्रयोग समाज के हर व्यक्ति के लिए खुला है।

5. इस माध्यम का प्रयोग करने वाला व्यक्ति स्वयं में बादशाह होता है और यहाँ पर किसी प्रकार से कोई भी व्यक्ति किसी भी स्त्रोत का मालिक नहीं होता है। यहाँ सूचना प्रेषित करने के लिए (कुछ अपवादों को छोड़कर) किसी की अनुमति लेना अनिवार्य नहीं है।
6. यह एक ऐसा सशक्त माध्यम है, जहाँ कोई भी आम अथवा खास व्यक्ति अपने निजी, कार्यालयीय, सामाजिक मुद्दों तथा अन्य फोटो, वीडियो, सूचना, डॉक्यूमेंट्स आदि को बहुत ही आसानी एवं कम समय में एक-दूसरे को संप्रेषित (शेयर) कर सकता है।

सोशल मीडिया के नकारात्मक प्रभाव

1. यह कभी-कभी ऐसी सूचनाएँ एवं जानकारियाँ संप्रेषित करता है, जिनसे भ्रम की स्थिति उत्पन्न हो जाती है और इसकी प्रामाणिकता की पुष्टि तत्काल नहीं हो पाती है।
2. सोशल मीडिया में किसी महत्त्वपूर्ण और ज्वलंत समस्या से संबंधित जानकारी को तथ्यों से छेड़खानी/बदलकर/तोड़-मरोड़कर प्रस्तुत करने से स्थितियाँ घातक सिद्ध हो सकती हैं।
3. सोशल मीडिया में किसी भी घटना/जानकारी का स्वरूप बदलकर उसमें नकारात्मक या समाज में दुष्प्रभाव डालने वाली ऐसी चीजें प्रस्तुत की जा सकती हैं, जिनका वास्तविकता से कुछ लेना-देना नहीं होता है।
4. सोशल मीडिया में निजता का भंग होना आम बात है। इसके माध्यम से कोई भी व्यक्ति किसी के बारे में गलत तथ्य प्रस्तुत कर सकता है।
5. सोशल मीडिया में सूचनाओं या कंटेट का कोई स्वामित्व न होने के कारण इनमें मूल स्त्रोत का अभाव होता है।
6. सोशल मीडिया के माध्यम से किसी भी घटना की फोटो, वीडियोज को एडिटिंग करके/आवाज बदलकर भ्रम की स्थिति पैदा की जा सकती है, जिससे कभी-कभी अराजकता एवं दंगों की स्थिति पैदा हो सकती है।
7. सोशल मीडिया के माध्यम से फ्राड को बढ़ावा मिला है, इससे साइबर अपराधों में पर्याप्त वृद्धि हुई है।

सोशल मीडिया ही क्यों?

स्वतंत्र, सस्ता तथा सुगमता से उपलब्ध होने के कारण सोशल मीडिया आज विभिन्न आयु वर्ग के लोगों के लिए व्यक्तिगत एवं पेशेवर सूचना का प्रगाढ़ माध्यम

बनता जा रहा है। आसानी से संदेशों के संप्रेषित होने के कारण आज दुनिया में इसके प्रयोग करने वालों की संख्या 4 अरब के करीब पहुँच चुकी है। वैश्विक परिदृश्य पर होने वाली किसी भी घटना का वहाँ के लोग सोशल मीडिया को एक हथियार के रूप में प्रयोग कर रहे हैं।

निर्भया कांड हो या अन्ना हजारे का लोकपाल विधेयक का अभियान हो, निश्चित तौर पर सोशल मीडिया इसके केंद्र में रहा है। सोशल मीडिया ने केंद्रीय भूमिका में खुद को प्रस्तुत किया है, जिसमें देश-दुनिया के राजनीतिक, सामाजिक, आर्थिक जगत् आदि से जुड़े लोग अपना कार्य सरलता से संपन्न कर रहे हैं। सोशल मीडिया क्यों आवश्यक है। इसकी उपयोगिता सूचना के स्रोत और विस्तार की प्रासंगिकता के कारण भी है। प्राकृतिक आपदा हो या विगत दो वर्षों से कोरोनाकाल का वैश्विक संकट, यह किन्हीं भी आपातकालीन परिस्थितियों में प्राप्त संदेश एवं सूचनाओं से अधिकतर जनमानस को जोड़ने में सक्षम साबित हुई है। अनेक खामियों के बावजूद सोशल मीडिया की ताकत और असर को नजरअंदाज नहीं किया जा सकता है।

सोशल मीडिया की उपयोगिता या महत्त्व

प्रिंट मीडिया हो या इलेक्ट्रॉनिक, इनके महत्त्व को कम करके आँका नहीं जा सकता है, लेकिन सोशल मीडिया के महत्त्व और उपयोगिता को नकारना भी वर्तमान युग में अब असंभव होता जा रहा है। प्रयोग की दृष्टि से आज दुनिया में सोशल मीडिया के उपभोक्ता तेजी से बढ़ रहे हैं, इसे कहने में कोई गुरेज नहीं कि सोशल मीडिया आज दुनिया के अन्य सूचना स्रोतों की तुलना में सबसे अधिक प्रयोग होने वाला माध्यम बन गया है, हो भी क्यों न, क्योंकि परंपरागत मीडिया ने जो कार्य इतने समय से नहीं किया, वह न्यू मीडिया, अर्थात् सोशल मीडिया ने बहुत ही कम समय (लगभग दो दशक) में करके दिखा दिया है, चाहे भारत में महिलाओं के खिलाफ हो रहे अत्याचार, भ्रष्टाचार, लाल फीताशाही, सरकारी योजनाओं की लूट-खसोट, वैश्विक स्तर पर होने वाले नस्लभेद या फिर राष्ट्रों की मनमानी या तानाशाही व्यवस्था हो, इसमें सोशल मीडया की भूमिका को लोगों ने सराहा है और इसके प्रयोग से लोगों को एक-दूसरे से जुड़ने में सुविधा हुई है।

सोशल मीडिया का नियमन

पूर्व केंद्रीय सूचना एवं प्रसारण मंत्री मनीष तिवारी ने अपने कार्यकाल के दौरान कहा था कि 'सोशल मीडिया धरती पर सबसे बड़ा बिना कायदा-कानून वाले स्थान' का प्रतिनिधित्व करता है और उसके नियमन के लिए कुछ संस्थागत नियम जरूरी हैं। मंत्री

महोदय का यह भी कहना था कि 'मानवजाति के इतिहास में ढेर सारे स्थानों पर स्थित इतने लोगों के हाथों में कभी भी इतनी अधिक ताकत नहीं रही।'

यह वास्तविकता भी है कि परंपरागत मीडिया की अपनी सीमाएँ, दायरे और राजनीतिक दवाब भी होते हैं, जो यह चाहकर किसी ऐसी घटना को उजागर नहीं कर सकती है, जिसे तत्काल समय में करना राष्ट्रहित के लिए जरूरी होता है, क्योंकि उसको अनेक दबावों से गुजरना पड़ता है, जबकि सोशल मीडिया के लिए हर व्यक्ति अपना स्वामी होता है, इसलिए कभी-कभी ऐसी घटना के वीडियोज, चित्र डिजिटल माध्यमों में आ जाते हैं, जो समाज के लिए हिंसक और हिंसा को फैलाने वाले हो सकते हैं, जिनके दूरगामी गंभीर असर हो सकते हैं और ये सामाजिक स्थिति को बिगाड़ने में अपनी भूमिका निभाते हैं, परंतु दूसरी ओर लगातार प्रभावित और शोषित व्यक्ति को आमजन मानस में न्याय दिलाने का कार्य भी सोशल मीडिया करती है।

साइबर एक्सपर्ट पवन दुग्गल सरकार की राय से सहमत होते हुए कहते हैं कि 'सोशल मीडिया पर नियमन की जरूरत है और इस संबंध में कानून बनने चाहिए और इसे भारतीय कानूनों के अंतर्गत लाना चाहिए।'

ऐसे समय में जब सोशल मीडिया एक 'वैकल्पिक मीडिया' के रूप में अपनी पहचान बनाता जा रहा है; इसने दुनिया सहित भारत के लोगों को एक सुगम विकल्प दिया है और इसकी ताकत से राजनेता से लेकर अधिकारी तक सजग हुए हैं, फेसबुक, ट्विटर, यूट्यूब, व्हाट्सअप जैसी सोशल नेटवर्किंग वेबसाइट और विभिन्न ऐप/एप्लीकेशन वर्तमान में आम आदमी की जिंदगी का अहम हिस्सा बन गए हैं, इनकी कमी/या प्रयोग न करने से जहाँ बेचैनी महसूस होती हो, ऐसे में सोशल मीडिया को आने वाले समय में भारतीय कानूनों की हद में लाया जाएगा या नहीं, यह देखने वाली बात तो होगी ही, लेकिन सोशल नेटवर्किंग का दौर माई स्पेस से शुरू होकर फेसबुक, ट्विटर, व्हाट्सअप तक पहुँचकर नित-नूतन नए विकल्प की ओर उत्तरोत्तर बढ़ रहा है।

अभ्यास कार्य

लघु एवं दीर्घ उत्तरीय प्रश्न

1. हिंदी भाषा में कंप्यूटर प्रौद्योगिकी पर प्रकाश डालिए।
2. हिंदी में उपलब्ध सॉफ्टवेयरों का परिचय देते हुए हिंदी से संबंधित विभिन्न वेबसाइटों के नाम लिखिए।
3. सोशल मीडिया पर हिंदी लेखन कौशल पर अपने विचार व्यक्त कीजिए।

परियोजना कार्य

1. नई प्रौद्योगिकी के कंप्यूटर में प्रयोग पर परियोजना कार्य जमा कीजिए।
2. कंप्यूटर संबंधी शब्दावली की सूची बनाइए।
3. सोशल मीडिया की उपयोगिता या महत्त्व पर परियोजना कार्य जमा कीजिए।

दक्षता परीक्षण

1. हिंदी भाषा में कंप्यूटर प्रौद्योगिकी से जुड़े विविध विषयों पर पावर पॉइंट प्रस्तुतीकरण दीजिए।

वस्तुनिष्ठ प्रश्न

1. भारत में इंटरनेट का अधिक प्रयोग होने के पीछे मुख्य कारण क्या हैं?
   (क) अपनी भाषा के प्रति गर्व
   (ख) नागरी लिपि के प्रति लगाव
   (ग) साधन संपन्नता का बढ़ना
   (घ) उपर्युक्त सभी
2. भारत की नई शिक्षा नीति में किसको प्रमुखता दी गई है?
   (क) अंग्रेजी को बढ़ावा
   (ख) भारतीय भाषाओं को बढ़ावा
   (ग) विदेशी भाषाओं को बढ़ावा
   (घ) इनमें से कोई नहीं
3. यूनिकोड और मंगल फॉण्ट किस कंपनी ने निर्मित किए?
   (क) माइक्रोसॉफ्ट (ख) आई.बी.एम.
   (ग) सुजूकी (घ) होंडा
4. भारत की राजभाषा किस लिपि में है?
   (क) देवनागरी लिपि (ख) रोमन लिपि
   (ग) कुटिल लिपि (घ) शारदा लिपि
5. देवनागरी नागरी की प्रमुख विशेषता क्या है?
   (क) शब्दों का अस्पष्ट उच्चारण
   (ख) बोलने की अस्पष्टता
   (ग) जैसा लिखो, वैसा बोलो
   (घ) लिखने की अस्पष्टता
6. 'टेक्स्ट टू स्पीच' क्या होती है?
   (क) कंप्यूटर से लिखना
   (ख) बोलकर लिखा जाना
   (ग) स्वयं हाथ से लिखना
   (घ) किसी दूसरे के द्वारा लिखवाना।
7. भारतीय भाषाओं पर कंप्यूटर में सुगम कार्य हेतु किस कंपनी ने अच्छे सॉफ्टवेयर तैयार किए?
   (क) आई.बी.एम. (ख) टी.ए.एस.
   (ग) बी.टी.एस. (घ) सी डैक ने

8. गूगल ट्रांसलेट क्या है ?
   (क) यह किसी भी भाषा का अनुवाद कर सकता है
   (ख) इसमें लिखना आसान है
   (ग) इसमें बोलकर लिखा जा सकता है
   (घ) इसके द्वारा किसी की डिजाइन की जा सकती है
9. वेब साहित्य के लिए किसकी आवश्यकता पड़ती है ?
   (क) पुस्तक की (ख) पेन की
   (ग) इंटरनेट की (घ) घड़ी की
10. वेब साहित्य क्या है ?
   (क) जिज्ञासु पाठकों हेतु वेबसाइटों पर प्रकाशित साहित्य
   (ख) पुस्तकों में मुद्रित साहित्य
   (ग) मौखिक व्याख्यान
   (घ) स्वतंत्र लेखन
11. वेबसाइटों पर वेब साहित्य कब से सुलभ हो गया है ?
   (क) सन् 2000 ई. से (ख) सन् 2003 ई. से
   (ग) सन् 2010 ई. से (घ) सन् 2020 ई. से
12. वेब पर लेखन और प्रकाशन के लिए सुगम प्लेटफार्म क्या है ?
   (क) ब्लागिंग (ख) गूगल ट्रांसलेशन
   (ग) टेक्स्ट टू स्पीच (घ) फोर्डिंग
13. इंटरनेट क्या है ?
   (क) आधुनिक विज्ञान का सबसे बड़ा उपहार
   (ख) विश्व के कंप्यूटरों का एक समूह/संजाल
   (ग) सूचनाओं का आदान-प्रदान करने वाला यंत्र
   (घ) उपर्युक्त सभी
14. संपूर्ण विश्व में फैले लघु नेटवर्क और संबद्ध उपकरणों के समूह को क्या कहते हैं ?
   (क) कार (ख) पर्यटन
   (ग) इंटरनेट (घ) स्वतंत्र लेखन
15. संपूर्ण विश्व 'एक छोटे से गाँव में' किसकी वजह से तब्दील हो गया है ?
   (क) इंटरनेट से (ख) लेखन की वजह से
   (ग) मकान के निर्माण से (घ) आपसी वैमनस्य से

16. किस सन् में कंप्यूटर नेटवर्किंग की शुरुआत की गई ?
(क) सन् 1960 ई. में (ख) सन् 1965 ई. में
(ग) सन् 1969 ई. में (घ) सन् 1975 ई. में

17. इंटरनेट की शुरुआत करने वाला पहला देश किसे माना जाता है ?
(क) इटली
(ख) रूस
(ग) संयुक्त राज्य अमेरिका
(घ) भारत

18. प्रारंभ में इंटरनेट का प्रयोग किस क्षेत्र के लिए किया गया ?
(क) शोध
(ख) शिक्षा
(ग) सरकारी संस्थाओं के लिए
(घ) उपर्युक्त सभी

19. किसको 'सूचनाओं के तंत्रों का तंत्र' कहा जाता है ?
(क) इंटरनेट (ख) वस्तुओं
(ग) स्थान (घ) फलम

20. 'सूचना राजपथ' की संज्ञा किसे दी गई ?
(क) स्थान (ख) मकान
(ग) व्यवहार (घ) इंटरनेट

21. कंप्यूटर की शब्दावली वाला शब्द है ?
(क) Basic (ख) Book
(ग) Home (घ) Radio

22. 'Core Memory' का हिंदी रूपांतरण क्या है ?
(क) निवेश (ख) साधन
(ग) आँकड़ा (घ) क्रोड स्मृति

23. 'कुंजी फलक' की अंग्रेजी क्या है ?
(क) Key Board (ख) Input
(ग) Disk (घ) Device

24. 'Memory Unit' की हिंदी क्या है ?
(क) सिलिकन चिप (ख) मध्य सीमा
(ग) स्मृति इकाई (घ) संग्राहक

25. 'प्राथमिक स्मृति' की अंग्रेजी क्या है?
    (क) Output
    (ख) Optical Memory
    (ग) Punch Card
    (घ) Program

26. 'शब्द संसाधक' के लिए अंग्रेजी में कौन सा शब्द प्रयोग किया जाता है?
    (क) कलम (ख) कंप्यूटर
    (ग) पुस्तक (घ) मकान

27. 'Software' के लिए हिंदी में किस शब्द का प्रयोग किया जाता है?
    (क) संचार प्रेषक
    (ख) संगणक कार्यक्रम
    (ग) भंडारण
    (घ) संसाधक

28. 'ई-मेल' को किस नाम से जाना जाता है?
    (क) समेजित मेल (ख) इलेक्ट्रॉनिक मेल
    (ग) विकसित मेल (घ) सुगम मेल

29. किस वर्ष से ई-मेल समानांतर जनसेवा के रूप में विकसित हुई?
    (क) सन् 1965 ई. (ख) सन् 1969 ई.
    (ग) सन् 1970 ई. (घ) सन् 1972 ई.

30. एक कंप्यूटर से कोई संदेश टाइप करके इंटरनेट से जुड़े किसी दूसरे कंप्यूटर में भेजे जाने की प्रक्रिया क्या कहलाती है?
    (क) ई-मेल (ख) चिप
    (ग) की-बोर्ड (घ) हार्डडिस्क

31. मेल बॉक्स और डोमेन किसमें प्रयोग किए जाते हैं?
    (क) कार्यालय में
    (ख) रेडियो में
    (ग) दूरदर्शन में
    (घ) ई-मेल में

32. कंप्यूटर और नेटवर्क (संचार) को अंकीय संचार के आदान-प्रदान की मानक और औपचारिक प्रक्रिया को क्या कहते हैं?
    (क) संसाधक (ख) विंडो
    (ग) प्रॉटोकाल (घ) संगणक

33. 'GMTP' का क्या अर्थ है ?
(क) Simple Main Transfer Protocal
(ख) Soft Main Term Protocal
(ग) Simple Men Team Programe
(घ) Soft Men Team Program

34. कंप्यूटर सॉफ्टवेयर की कितनी श्रेणियाँ हैं ?
(क) एक (ख) दो
(ग) तीन (घ) चार

35. इंटरनेट के अंतर्गत शीर्ष पर कौन होता है ?
(क) होस्ट कंप्यूटर (नोड)
(ख) साधन
(ग) मध्य सीमा
(घ) कुंजी फलक

36. 'निर्देशों तथा प्रोग्रामों का वह समूह, जो कंप्यूटर को किसी कार्य विशेष को पूरा करने का निर्देश देता है ?' क्या कहलाता है—
(क) संकलन (ख) क्रोड
(ग) सॉफ्टवेयर (घ) साधक

37. 'साइबर स्पेस' क्या होता है ?
(क) निवेशक
(ख) चुंबकीय क्रोड
(ग) आपसी विचारों के आदान-प्रदान का वर्चुअल माध्यम
(घ) बृहत् भंडारण

38. BBS का क्या तात्पर्य है ?
(क) बुलेटिन बोर्ड सर्विस
(ख) बुलेटिन वर्ड सर्विस
(ग) बुलेटिन ब्लू सर्विस
(घ) बुलेटिन ब्लो सर्विस

39. इंटरनेट के संपर्क में रहकर काम करनेवाले उपकरणों को किन वस्तुओं से दूर रखना चाहिए ?
(क) वायरस (ख) धूल
(ग) नमी (घ) उपर्युक्त सभी

40. अनेक वेबपृष्ठों के संग्रह को क्या कहते हैं?
   (क) वेबसाइट (ख) आँकड़े
   (ग) कुंजी फलक (घ) स्मृति इकाई
41. वेबसाइटों को खोलने के लिए कंप्यूटर के प्रोग्राम को क्या कहा जाता है?
   (क) सिलिकन चिप
   (ख) इंटरनेट एक्सप्लोरर
   (ग) संग्राहक
   (घ) संकेत
42. आज पारंपरिक संचार माध्यमों की जगह किसने ले ली है?
   (क) समाचार-पत्रों ने (ख) पुस्तकों ने
   (ग) वेब मीडिया ने (घ) स्वतंत्र लेखन ने
43. 'सोशल मीडिया' को और किस नाम से जाना जाता है?
   (क) न्यू मीडिया
   (ख) परंपरागत मीडिया
   (ग) प्रिंट मीडिया
   (घ) पॉपुलर मीडिया
44. 'न्यू मीडिया' के अंतर्गत क्या आता है?
   (क) ब्लॉग
   (ख) वेबसाइट
   (ग) सोशल वेबसाइट
   (घ) उपर्युक्त सभी।
45. 'न्यू मीडिया' की विशेषता क्या है?
   (क) हर उपयोगकर्ता एक पत्रकार है
   (ख) हर उपयोगकर्ता एक संवाहक है
   (ग) हर उपयोगकर्ता एक प्रकाशक है
   (घ) उपर्युक्त सभी
46. किस माध्यम के प्रयोग से कोई सूचना इंटरनेट के माध्यम से एक क्लिक से पूरे विश्व में पहुँच जाती है?
   (क) एक व्यक्ति से दूसरे व्यक्ति तक संप्रेषित करने से
   (ख) सोशल मीडिया से
   (ग) पत्र द्वारा प्रेषण से
   (घ) मौखिक आदान-प्रदान से

47. 'सोशल मीडिया' के प्रमुख स्रोत क्या हैं?
(क) फेसबुक (ख) ट्विटर
(ग) ब्लॉग (घ) उपर्युक्त सभी

48. वर्चुअल माध्यम से मनुष्य की भाषाई अथवा कलात्मक अभिव्यक्ति को एक से अधिक व्यक्तियों तथा स्थानों तक पहुँचाने की व्यवस्था क्या कहलाती है?
(क) आधार फलक (ख) निर्माण उपकरण
(ग) सोशल मीडिया (घ) केंद्रीय संसाधक

49. "सोशल मीडिया आने वाली सभ्यताओं के लिए एक खतरनाक माध्यम है।" उक्त कथन किस विद्वान् का है?
(क) मनीषा कुलश्रेष्ठ (ख) जूलियन असांजे
(ग) मार्शल मैक्लुहान (घ) प्रशांत कुमार

50. 'सोशल मीडिया' के सकारात्मक प्रभाव क्या हैं?
(क) यह सूचनाओं को तेजी से संप्रेषित करता है
(ख) इससे एक ही प्लेटफॉर्म पर सूचनाएँ मिल जाती हैं
(ग) इसका प्रयोग समाज के हर व्यक्ति के लिए खुला है
(घ) उपर्युक्त सभी

उत्तरमाला

1. (घ), 2. (ख), 3. (क), 4. (क), 5. (ग), 6. (ख), 7. (घ), 8. (क), 9. (ग), 10. (क), 11. (ख), 12. (क), 13. (घ), 14. (ग), 15. (क), 16. (ग), 17. (ग), 18. (घ), 19. (क), 20. (घ), 21. (क), 22. (घ), 23. (क), 24. (ग), 25. (ख), 26. (क), 27. (ख), 28. (ख), 29. (घ), 30. (क), 31. (घ), 32. (ग), 33. (क), 34. (ख), 35. (क), 36. (ग), 37. (ग), 38. (क), 39. (घ), 40. (क), 41. (ख), 42. (ग), 43. (क), 44. (घ), 45. (घ), 46. (ख), 47. (घ), 48. (ग), 49. (ख), 50. (घ)।

□

इकाई-7

हिंदी भाषा और ई-शिक्षण

विगत दो दशकों में ई-शिक्षण तेजी से लोकप्रिय हुआ है। कंप्यूटर और इंटरनेट तक आम जनता की दिन-प्रति-दिन बढ़ती पहुँच तथा दैनिक जीवन के प्रायः प्रत्येक क्षेत्र में इसकी उपयोगिता ने ई शिक्षा को भी बढ़ावा देने में महती भूमिका निभाई है। ई-शिक्षण को ऑनलाइन शिक्षण तथा डिजिटल शिक्षण के नाम से भी जाना जाता है।

ई-शिक्षण वह शिक्षण है, जिसे इलेक्ट्रॉनिक शिक्षण विधियों के माध्यम से शिक्षा प्रदान करने के लिए उपयोग में लाया जाता है। यह शिक्षण माध्यम कंप्यूटर या स्मार्ट फोन हो सकता है, जिसमें इंटरनेट का प्रयोग करते हुए विभिन्न विधियों से शिक्षा दी जा सकती है। इंटरनेट के अलावा सी.डी., डी.वी.डी., टी.वी., ओ.एच.पी. शीट, डिजिटल बोर्ड और इससे मिलते-जुलते अन्य माध्यमों की सहायता से भी ई-शिक्षण का कार्य किया जा सकता है। आज ढेरों ऐप्स, यूट्यूब चैनलों, टी.वी. कार्यक्रमों, वेबसाइटों आदि के माध्यम से सजीव प्रसारण, रिकॉर्डिंग, दृश्य-श्रव्य, केवल दृश्य, केवल श्रव्य, लिखित सामगी, दृष्टिबाधित व्यक्तियों हेतु ब्रेल सामगी आदि द्वारा ई-शिक्षण प्रदान किया जा रहा है। आजकल अनेक ई-पोर्टलों के द्वारा डिप्लोमा, सर्टिफिकेट, डिग्री आदि भी प्रदान किए जा रहे हैं। इन्हें ऑनलाइन कोर्स के नाम से जाना जाता है। दुनिया के अन्य देशों की भाँति भारत में भी ई-शिक्षण तथा ऑनलाइन कोर्स की माँग दिन-प्रति-दिन बढ़ती जा रही है। कोविड संक्रमण के बाद ई-शिक्षण की लोकप्रियता में तेजी से उछाल आया है, क्योंकि इस माध्यम से घर बैठे पढ़ाई की जा सकती है एवं घर पर बैठकर ही आवश्यक शैक्षिक योग्यता अर्जित की जा सकती है।

ई-शिक्षण की भारत में विधिवत शुरुआत दूरदर्शन के ज्ञानदर्शन, जैसे शैक्षणिक कार्यक्रमों से हुई। इसके बाद कंप्यूटर और इंटरनेट के तीव्र गति से हुए विकास के परिणामस्वरूप ऑनलाइन शिक्षण की अवधारणा को बल मिला। इसे पहले कंप्यूटर आधारित शिक्षण (CBT या Computer Based Teaching) के नाम से जाना जाता था, किंतु सन् 1999 में डिज्नी वर्ल्ड में हुए एक सेमिनार में इलियट मैसी ने

सर्वप्रथम E-Learning या ई-शिक्षण अथवा ई अधिगम शब्द का प्रयोग किया। सन् 1995-2000 की अवधि में सारी दुनिया में www या वर्ल्ड वाइड वेब का प्रसार हुआ, इससे तीव्र गति के इंटरनेट द्वारा आसानी से सामग्री ऑनलाइन माध्यम से साझा करने में सहायता मिली। सन् 2004 के बाद web 2.0 आने से web 1.0 के सिर्फ ऑनलाइन पढ़ने के स्थान पर परस्पर बातचीत के वातावरण को विकसित करने में सहायता मिली। सन् 2005 में फ्लैश वीडियो के आने के बाद इसी साल यू-ट्यूब आया और इसने ई-शिक्षण में वीडियो शिक्षण को आगे ले जाने का काम किया। सन् 2008 में मोबाइल वेब की शुरुआत हुई, जिसके बाद मोबाइल पर शिक्षण का तेजी से विकास हुआ। सन् 2010 में HTML5, CSS3 और जावा स्क्रिप्ट के आने के बाद एवं सन् 2013 में Tin Can API के आने से मोबाइल शिक्षण, बिना ब्राउजर के शिक्षण, टीम आधारित शिक्षण, एक डोमेन से दूसरे डोमेन में आसानी से आवागमन, ऐप का विकास, ऑनलाइन बैठकों हेतु विभिन्न प्लेटफार्मों का विकास जैसे कार्य सुगमतापूर्वक होने लगे। वर्तमान दौर सोशल ऑनलाइन लर्निंग का होता जा रहा है।

भारत में ऑनलाइन शिक्षा की शुरुआत आकाशवाणी तथा दूरदर्शन पर रिकॉर्ड किए हुए शैक्षणिक कार्यक्रमों के प्रसारण से हुई। सन् 1994 में भारतीय अंतरिक्ष अनुसंधान संगठन 'इसरो' ने इंदिरा गांधी राष्ट्रीय मुक्त विश्वविद्यालय (इग्नू) के नई दिल्ली स्थित मुख्यालय में सर्वप्रथम टेलीकॉन्फ्रेंसिंग सुविधा उपलब्ध कराई। वस्तुतः यहीं से भारत में ऑनलाइन शिक्षण की शुरुआत मानी जानी चाहिए। इसमें एक तरफ से वीडियो प्रस्तुतीकरण किया जाता था तो फोन लाइनों के माध्यम से विद्यार्थी शिक्षण से सजीव प्रसारण के दौरान श्रव्य या ऑडियो माध्यम से संपर्क कर सकते थे। इस सुविधा के कारण प्रबंधन, कंप्यूटर विज्ञान जैसे विषयों को भारत में टेलीकॉन्फ्रेंसिंग माध्यम से पढ़ाने हेतु सुविधा मिली। सन् 2000 में दूरदर्शन ने ज्ञान दर्शन चैनल की शुरुआत की, जो वास्तव में ई-शिक्षण का पहला टी.वी. चैनल था, जिसे बाद में डी.टी.एच. प्लेटफार्मों पर भी उपलब्ध कराया गया। भारत के तत्कालीन राष्ट्रपति डॉ. ए.पी.जे. अब्दुल कलाम द्वारा तत्समय डिजाइन किया गया भारत का पहला शैक्षणिक उपग्रह एडूसेट सन् 2005 में मानव संसाधन विकास मंत्रालय तथा इग्नू द्वारा संयुक्त रूप से प्रक्षेपित किया गया, जिसका उद्देश्य भारत में ई-शिक्षण को बढ़ावा देना था, किंतु अनेक प्रयासों के बावजूद एडूसेट उपग्रह अपने उद्देश्य की पूर्ति में विफल रहा, किंतु इंटरनेट के आने के बाद से ई-शिक्षण ने गति पकड़ी और ऑनलाइन बैठकों, आभासी कक्षाओं, आभासी प्रयोगशालाओं, आभासी व्याख्यानों आदि के माध्यम से ई-शिक्षण संभव हुआ।

नब्बे के दशक में जब भारत में कंप्यूटर युग की शुरुआत हुई और धीरे-धीरे कार्यालयों को कंप्यूटरीकृत किया जाने लगा तो उस समय अनेक विशेषज्ञों ने आशंका

व्यक्त की थी कि कंप्यूटर पर अंग्रेजी में काम किए जाने के कारण हिंदी का भविष्य अंधकारमय होने वाला है, लेकिन समय के साथ हिंदी तथा हिंदी प्रेमियों ने इस आशंका को गलत सिद्ध किया।

विंडोज सिस्टम के आने से पहले तक कंप्यूटर पर हिंदी में काम करना मुश्किल कार्य था, किंतु सन् 1985 में विंडोज के आने के बाद सन् 1995 से भारत में भी यह तेजी से लोकप्रिय हुआ और हिंदी के अनेक नए फॉण्टों के आने के बाद हिंदी में काम करना अपेक्षाकृत सुविधाजनक हो गया। इसके बावजूद हिंदी में कंप्यूटर पर काम करने में एक दिक्कत यह आती थी कि प्रयोक्ता को हिंदी का कुंजीपटल या की-बोर्ड याद रखना पड़ता था। इस समस्या का समाधान करने के लिए उस दौर में (सन् 2000 के आसपास) अनेक सरकारी एवं निजी कंपनियों ने ऐसे सॉफ्टवेयर तैयार किए, जिनसे अंग्रेजी में लिखने पर स्वतः शब्द का हिंदीकरण संभव था, लेकिन इसके लिए प्रयोक्ता को अलग से हिंदी का सॉफ्टवेयर खरीदना और इंस्टॉल करना पड़ता था। सन् 2009 से 2014 के मध्य हिंदी में यूनिकोड के विकास के साथ इस समस्या से मुक्ति मिल गई और मोबाइल पर भी हिंदी में कार्य करना संभव हो गया। इससे मोबाइल तथा कंप्यूटर दोनों पर हिंदी में समान रूप से ई-शिक्षण का पथ प्रशस्त हो गया।

हिंदी में ऑनलाइन शिक्षण के लिए आवश्यक उपकरणों का विवरण निम्नवत् है—

(क) शिक्षक तथा विद्यार्थियों के पास एक कंप्यूटर, लैपटॉप अथवा स्मार्ट फोन होना अनिवार्य है। इनके माध्यम से शिक्षक और विद्यार्थी परस्पर ऑनलाइन माध्यम से संपर्क में रह सकते हैं।

(ख) एक-दूसरे से सफलतापूर्वक ऑनलाइन जुड़े रहने के लिए तेज स्पीड का इंटरनेट कनेक्शन होना आवश्यक है, ताकि बिना व्यवधान के ऑनलाइन शिक्षण संभव हो सके।

(ग) यदि हिंदी भाषा में ई-शिक्षण किया जा रहा है और कोई अभिलेख स्क्रीन पर शेयर किया जाता है तो वह अभिलेख या तो हिंदी यूनिकोड में होना चाहिए अन्यथा उसे पी.डी.एफ. फाइल के रूप में प्रदर्शित किया जाना चाहिए, तभी वह अभिलेख सफलतापूर्वक विद्यार्थियों के पास संप्रेषित हो सकता है।

(घ) आजकल ऐसे अनेक ऐप प्ले स्टोर पर उपलब्ध हैं, जिन्हें निःशुल्क इंस्टॉल करके ऑनलाइन क्लास में सफलतापूर्वक शिक्षण कार्य किया जा सकता है, जैसे—जूम, सिस्को वेबएक्स, गूगल मीट, एम.एस. टीम्स, जियो मीट, गूगल ड्यूओ आदि। इनमें से अधिकांश निःशुल्क है, किंतु अधिक समय तक अधिक विद्यार्थियों के साथ कक्षा संचालित करने हेतु कुछ को भुगतान करके खरीदना पड़ता है।

(ङ) हिंदी में ऑनलाइन शिक्षण के लिए कोई विशेष प्रयास करने की आवश्यकता नहीं होती। बाजार में उपलब्ध अनेक ऐप उपभोक्ता को यूनिकोड में हिंदी लिखने की सुविधा देते हैं, जिन्हें निःशुल्क इंस्टॉल कर हिंदी में ई-शिक्षण किया जा सकता है।

हिंदी में ऑनलाइन शिक्षण की चुनौतियाँ प्रायः अंग्रेजी अथवा किसी अन्य भाषा की ऑनलाइन शिक्षण की चुनौतियों की भाँति ही हैं, जो निम्नवत् हैं—

(क) भारत की 66 प्रतिशत से अधिक आबादी आज भी गाँवों में रहती है, जिनमें से अधिकांश गाँवों में इंटरनेट पहुँच गया है, किंतु कुछ दुर्गम इलाकों तथा गाँवों तक अभी भी इंटरनेट सुविधा पहुँचाना सरकार के लिए एक बड़ी चुनौती है। इसके अलावा खराब मौसम के कारण इंटरनेट सेवा में कई बार व्यवधान आता है और ई-शिक्षण बाधित होता है, जिसके समाधान के लिए ठोस कार्ययोजना बनाने की आवश्यकता है।

(ख) आज भी ऐसे अनेक परिवार हैं, जो कमजोर आर्थिक स्थिति के कारण कंप्यूटर, लैपटॉप या स्मार्टफोन खरीद पाने की स्थिति में नहीं हैं, उन्हें आर्थिक सहयोग प्रदान कर ऑनलाइन शिक्षण से जोड़ा जा सकता है; हालाँकि उत्तर प्रदेश सरकार तथा अनेक अन्य राज्यों की सरकारों द्वारा ई-शिक्षण को बढ़ावा देने के उद्देश्य से उच्च शिक्षा में अध्ययनरत विद्यार्थियों को निःशुल्क स्मार्ट फोन, टैब, लैपटॉप, वाईफाई आदि दिए जा रहे हैं, ताकि ऑनलाइन शिक्षण को गति प्रदान की जा सके।

(ग) कुछ विश्वविद्यालयों तथा संस्थानों एवं महाविद्यालयों में ऑनलाइन शिक्षण प्रदान करने के लिए विद्यार्थियों से अतिरिक्त शुल्क लिया जाता है, जिसे न दे पाने के कारण विद्यार्थी ऑनलाइन शिक्षण से वंचित हो जाते हैं, जिसे नियंत्रित किए जाने की आवश्यकता है।

(घ) आभासी कक्षाएँ, आभासी पुस्तकालय, आभासी प्रयोगशालाएँ, सजीव ऑनलाइन व्याख्यान आदि के लिए संस्थाओं को कुछ सुविधाएँ विकसित करनी होती हैं, जो महँगी होने के कारण कई बार संस्थाएँ उपलब्ध नहीं करवा पातीं, जैसे इंटरएक्टिव बोर्ड, प्रोजेक्टर, डिजिटल पेन आदि।

(ङ) सिर्फ मूलभूत सुविधाएँ ही नहीं कई बार शिक्षक भी ऑनलाइन सुविधाओं का प्रयोग करने से हिचकते हैं, क्योंकि वे इसके लिए प्रशिक्षित नहीं होते। हिंदी शिक्षण में प्रायः यह समस्या देखने को मिलती है, अतः इसके लिए शिक्षकों हेतु उपयुक्त प्रशिक्षण की आवश्यकता है।

(च) ऑनलाइन शिक्षण के अनुरूप पाठ्यक्रमों को व्यवस्थित करना एक बड़ी चुनौती है, जिसे राष्ट्रीय शिक्षा नीति-2020 को समग्रतः लागू करने से पूर्ण किया जा सकता है।

(छ) अंग्रेजी की तुलना में हिंदी तथा भारतीय भाषाओं में ऑनलाइन पठन सामग्री अपेक्षाकृत कम है, जिसे बढ़ाने हेतु सभी को व्यवस्थित प्रयास करने चाहिए।

(ज) ऑनलाइन शिक्षण में हद से अधिक अनौपचारिकता कई बार शिक्षण के उद्देश्य को बाधित कर देता है, अतः ऑनलाइन शिक्षण के शिष्टाचार तय करने की आवश्यकता है। षष्ठ सेमेस्टर हेतु हमारे द्वारा लिखित पाठ्यपुस्तक 'संचार कौशल और व्यक्तित्व विकास' में ऑनलाइन शिक्षण के शिष्टाचार के नियम वर्णित किए गए हैं।

(झ) भारत में सन् 2011 में 'भारत नेट योजना' की शुरुआत की गई थी, जिसका उद्देश्य भारत की करीब 2.5 लाख ग्राम पंचायतों को इंटरनेट सुविधा उपलब्ध कराना था, किंतु इसे सफलता प्राप्त करने के लिए एक लंबा रास्ता तय करना है।

(ञ) ऑनलाइन शिक्षण में एक निश्चित समय न होकर कई बार वक्ता की सुविधा के अनुसार समय निर्धारित किया जाता है। बार-बार समय परिवर्तन से सामंजस्य स्थापित करना विद्यार्थियों को अकसर शिक्षण से वंचित कर देता है।

(ट) जब किसी विद्यार्थी को ऑनलाइन शिक्षण प्रदान किया जाता है तो औपचारिक कक्षा न होने के कारण कई बार विद्यार्थी एकाग्र होकर शिक्षण में नहीं रह पाता है और फलस्वरूप शिक्षण अप्रभावी हो जाता है, जिसके लिए आवश्यक है कि विद्यार्थियों को एकांत स्थल पर बैठकर ऑनलाइन शिक्षण से जुड़ने के लिए प्रोत्साहित किया जाए।

इंटरनेट पर उपलब्ध पत्र-पत्रिकाएँ : इंटरनेट के आने के बाद से जीवन के सभी क्षेत्रों में इंटरनेट का प्रभाव स्पष्ट देखा जा सकता है। प्रिंट मीडिया भी इसका अपवाद नहीं है। इंटरनेट के आगमन के पश्चात् हिंदी में उपलब्ध अधिकांश पत्र-पत्रिकाओं के ई-संस्करण इंटरनेट पर उपस्थित हैं, जिन्हें लिंक पर क्लिक करके दुनिया के किसी भी कोने में बैठा कोई भी व्यक्ति इन पत्र-पत्रिकाओं को प्रायः निःशुल्क अथवा कभी-कभी सशुल्क पढ़ सकता है। ई-पेपर के रूप में जो हिंदी समाचार-पत्र प्रतिदिन अपने विभिन्न संस्करणों को ऑनलाइन माध्यम से उपलब्ध करा रहे हैं, उनके नाम और लिंक इस प्रकार हैं—

1.	दैनिक भास्कर	https://epaper.bhaskar.com
2.	राजस्थान पत्रिका	https://epaper.patrika.com
3.	पंजाब केसरी	https://epaper.punjabkesari.com
4.	अमर उजाला	https://epaper.amarujala.com
5.	दैनिक जागरण	https://epaper.jagran.com
6.	हिंदुस्तान	https://epaper.livehindustan.com
7.	नवभारत टाइम्स	https://epaper.navbharattimes.com
8.	दैनिक भास्कर	https://epaper.bhaskarhindi.com
9.	प्रभात खबर	https://epaper.prabhatkhabar.com
10.	हिंदी डेली मिलाप	https://www.hindimilap.com/hindimilap-epaper
11.	देशबंधु	https://www.deshbandhu.co.in/epaper
12.	राष्ट्रीय सहारा	https://rashtriyasahara.com
13.	हरिभूमि	https://epaper.haribhoomi.com
14.	जनसत्ता	https://epaper.jansatta.com
15.	लोकमत समाचार	https://epaper.lokmat.com/lokmatsamachar
16.	लोकतेज	https://epaper.loktej.com
17.	दैनिक नवज्योति	https://epaper.dainiknavajyoti.com
18.	आज	ajhindidaily.com/ई-पेपर/
19.	नवभारत	https://epaper.navabharat.com
20.	नवोदय टाइम्स	https://epaper.navodayatimes.in
21.	पीपुल्स समाचार	https://epaper.peoplessamachar.in
22.	नया इंडिया	https://nayaindia.com
23.	वीर अर्जुन	https://epaper.virarjun.com
24.	राष्ट्रदूत	https://epaper.rashtradoot.com
25.	दैनिक ट्रिब्यून	https://epaper.dainiktribuneonline.com
26.	उत्तम हिंदू	https://epaper.uttamhindu.com
27.	जागरूक टाइम्स	jagruktimes.co.in/allepaper

28.	बिजनेस स्टैंडर्ड	https://epaper.business-standard.com
29.	स्पष्ट आवाज	https://epaper.spashtawaz.com
30.	हिंदी सामना	https://epaper.hindisamana.com
31.	दिव्य हिमाचल	https://epaper.divyahimachal.com
32.	प्रयुक्ति	prayukti.net
33.	परिचय टाइम्स	parichaytimes.com
34.	सन्मार्ग	https://epaper.sanmarg.in
35.	स्वतंत्र भारत	swatanrabharat.net
36.	स्वतंत्र प्रभात	epaper.swatantraprabhat.com
37.	जनसंदेश टाइम्स	https://jansandeshtimes.net
38.	राज एक्सप्रेस	https://epaper.rajexpress.in
39.	प्रात:काल	https://epaper.pratahakal.com
40.	राष्ट्रीय स्वरूप	https://www.rashtriyaswaroop.in/epaper
41.	पायनियर	https://www.dailypioneer.com/epaper
42.	आज समाज	https://www.aajsamaaj.com/epaper
43.	वॉयस ऑफ लखनऊ	https://voice of lucknow.com/epaper
44.	स्वदेश	https://epaper.swadesh.in
45.	पूर्वांचल प्रहरी	https://glpublication.in
46.	दक्षिण भारत राष्ट्रमत	paperboy.com/dakshin bharat-rashtramat
47.	दक्षिण भारत	https://www.dakshinbharat.com
48.	अमरावती मंडल	https://www.amravatimadal.com
49.	छपते–छपते	m.paperboy.com/chhapte chhapte
50.	दिव्य एक्सप्रेस	m.paperboy.com/divya_express
51.	नई दुनिया	https:// www.epaper.naidunia.com

इंटरनेट पर उपलब्ध हिंदी पत्रिकाएँ

इंटरनेट पर उपलब्ध पत्रिकाओं को दो वर्गों में बाँटा जा सकता है। पहले वर्ग में वे पत्रिकाएँ आती हैं, जो सिर्फ इंटरनेट पर ही उपलब्ध होती हैं और उनका मुद्रित या प्रिंट संस्करण नहीं होता। दूसरे वर्ग में वे पत्रिकाएँ आती हैं, जो इलेक्ट्रॉनिक एवं मुद्रित, दोनों रूपों में उपलब्ध होती हैं।

दोनों वर्गों की ऑनलाइन माध्यम पर उपलब्ध पत्रिकाओं के नाम लिंक तथा विषय इस प्रकार हैं—

1.	समालोचन	https://samalochan.blogspot.com	साहित्यिक
2.	जनकृति	jankriti.com	साहित्यिक
3.	अनुभूति	anubhiti-hindi.org	साहित्यिक
4.	अभिव्यक्ति	abhivyakti-hindi.org	साहित्यिक
5.	अर्गला	argalaa.org	साहित्यिक
6.	इलेक्ट्रॉनिकी	electroniki.com	इलेक्ट्रॉनिक्स, कंप्यूटर एवं विज्ञान
7.	उद्‌गम	udgam.com/udgam.htm	साहित्यिक
8.	उर्वशी	urvashi.weebly.com	साहित्यिक
9.	कलायन	kalayan.org	साहित्यिक
10.	काव्यालय	kaavyaalaya.org	साहित्यिक
11.	गृह सहेली	grehsaheli.com	महिला
12.	निरंतर	nirantar.org	लोकप्रिय विषय
13.	हिंदी परिचय	hindiparichay.com	साहित्यिक
14.	पाखी	pakhi.in	साहित्यिक
15.	पूर्वाभास	poorvabhas.in/?m=1	साहित्यिक
16.	प्रवक्ता.कॉम	pravakta.com	साहित्यिक, सामाजिक
17.	प्रतिलिपि	hindi.pratilipi.com	साहित्यिक
18.	भारतकोश	bharatdiscovery.org	समसामयिक
19.	भारत दर्शन	bharatdarshan.co.nz	साहित्यिक

20.	ब्रज डिस्कवरी	hi.brajdiscovery.org	धर्म, संस्कृति
21.	मीडिया विमर्श	mediavimarsh.com	पत्रकारिता
22.	लेखनी	lekhni.net	समसामयिक
23.	रविवार	raviwar.com	समसामयिक
24.	साहित्य शिल्पी	sahityashilpi.com	साहित्यिक
25.	साहित्य अमृत	sahityaamrit.in	साहित्यिक
26.	साहित्य रचना	sahityarachana.com	साहित्यिक
27.	हिंदी साहित्य	hindisahitya.blogspot.com	साहित्यिक
28.	हिंदी कुंज	hindikunj.com	साहित्यिक
29.	आँच	aanch.com	साहित्यिक
30.	हाइकु दर्पण	haikudarpan.com	साहित्यिक
31.	ई-प्रदीप	epradeep.com	साहित्यिक
32.	रचनाकार	rachanakar.org	साहित्यिक
33.	वेबदुनिया	hindi.webdunia.com	साहित्यिक
34.	गगनांचल	https://www.iccr.gov.in	साहित्यिक
35.	कविता कोश	https://www.kavitakosh.com	साहित्यिक
36.	गद्य कोश	https://www.gadyakosh.com	साहित्यिक
37.	हिंदी समय	https://www.hindisamay.com	साहित्यिक
38.	मेरी सहेली	https://www.merisaheli.com	महिला
39.	फेमिना	https://www.femina.in/hindi	महिला
40.	गृहशोभा	https://www.grihshoba.in	महिला
41.	भवन्स नवनीत	https://www.bhavans.info	साहित्यिक, सांस्कृतिक, समसामयिक
42.	पाखी	https://www.pakhi.in	साहित्यिक
43.	शोध संचयन	https://www.shodh.net	साहित्यिक
44.	हिंदी कुंज	https://wwwhindikunj.com	साहित्यिक
45.	हिंदी नेस्ट	https://www.hindinest.com	साहित्यिक

46.	पूर्वाभास	https://www.poorvabhas.in	साहित्यिक
47.	जानकीपुल	https://www.jankipul.com	साहित्यिक
48.	ई–प्रदीप	https://www.epradeep.com	साहित्यिक
49.	आँच	https://www.aanch.org	साहित्यिक
50.	गवेषणा	https://khsindi.org	साहित्यक

यू.जी.सी. केयर लिस्ट में शामिल हिंदी ऑनलाइन एवं मुद्रित शोधजर्नल—

1.	साहित्य अमृत	प्रभात प्रकाशन, नई दिल्ली
2.	आलोचना	राजकमल प्रकाशन, नई दिल्ली
3.	बनास जन	नॉट नल पब्लिशर
4.	भाषा	केंद्रीय हिंदी निदेशालय, नई दिल्ली
5.	चिंतन सृजन	आस्था भारती, दिल्ली
6.	दस्तावेज (केवल मुद्रित, ऑनलाइन नहीं)	गोरखपुर
7.	हंस	अक्षर प्रकाशन, नई दिल्ली
8.	हिंदी अनुशीलन (केवल मुद्रित, ऑनलाइन नहीं)	भारतीय हिंदी परिषद्, प्रयागराज
9.	मीरायन	मीरा स्मृति संस्थान
10.	नटरंग	नटरंग प्रतिष्ठान
11.	परिशोध	हिंदी विभाग, पंजाब विश्वविद्यालय
12.	अक्षरा	मध्य प्रदेश राष्ट्रभाषा प्रचार समिति, श्यामला हिल्स, भोपाल
13.	समन्वय पश्चिम	केंद्रीय हिंदी संस्थान, आगरा
14.	समयांतर	स्वीट होम, आगरा
15.	समीचीन	नमन प्रकाशन, कानपुर
16.	शोध दिशा	हिंदी साहित्य निकेतन, बिजनौर
17.	विश्व हिंदी पत्रिका	विश्व हिंदी सचिवालय, मॉरीशस

विशेष : यूजीसी द्वारा समय-समय पर परिवर्धित सूची के अनुसार अब तक अद्यतन सूची को इसमें स्थान दिया गया है। कालांतर में इस सूची में बदलाव हो सकते हैं।

इंटरनेट पर उपलब्ध दृश्य-श्रव्य सामग्री : इंटरनेट ने शिक्षण को बेहद गहराई से प्रभावित किया है। इंटरनेट पर आज हिंदी में भी पर्याप्त शिक्षण सामग्री उपलब्ध है, जिसकी सहायता से शिक्षक एवं विद्यार्थी सरलता से अध्ययन-अध्यापन कर सकते हैं। इंटरनेट पर उपलब्ध शिक्षण सामग्री प्रायः निःशुल्क अथवा नाममात्र के शुल्क पर उपलब्ध होती है तथा इसके माध्यम से प्रभावशाली शिक्षा प्रदान की जा सकती है। इंटरनेट पर उपलब्ध दृश्य-श्रव्य सामग्री को तीन भागों में विभाजित किया जा सकता है—

1. इंटरनेट पर उपलब्ध दृश्य सामग्री
2. इंटरनेट पर उपलब्ध श्रव्य सामग्री
3. इंटरनेट पर उपलब्ध दृश्य-श्रव्य सामग्री।

इंटरनेट पर उपलब्ध सामग्री में सर्वाधिक मात्रा दृश्य सामग्री की होती है। इसके अंतर्गत लिखित रूप में उपलब्ध समस्त सामग्री, जैसे—वेबसाइट सामग्री, ब्लॉग, पेज, पी.डी.एफ. फाइलें, एच.टी.एम.एल. फाइलें, ई-बुक या ई-पुस्तकें, ई-ब्लैकबोर्ड या ई-श्यामपट्ट, चित्र, मानचित्र, ग्राफ, चार्ट, पोस्टर, बुलेटिन बोर्ड, रेखाचित्र, कार्टून, स्लाइडें, पी.पी.टी., सोशल मीडिया के विभिन्न मंच आदि आते हैं। इनके माध्यम से विद्यार्थी को लिखित अथवा चित्रित स्वरूप या सचल में अत्यंत सरलतापूर्वक हिंदी शिक्षण कराया जा सकता है। भारत सरकार के शिक्षा मंत्रालय के उच्च शिक्षा विभाग तथा उत्तर प्रदेश सरकार ने कोरोनाकाल के दौरान विभिन्न विषयों की ई-सामग्री ऑनलाइन प्लेटफॉर्म पर तैयार कर साझा की थी, ताकि विद्यार्थी सरलता से घर बैठे कोरोना की विभीषिका में भी अपनी पढ़ाई जारी रख सकें, जिसे लगातार बढ़ाने के प्रयास किए जा रहे हैं। उत्तर प्रदेश सरकार द्वारा विकसित ई-कंटेंट को http://heecontent.upsde.gov.in पोर्टल पर जाकर विद्यार्थी डिजिटल लाइब्रेरी में आसानी से पढ़ सकते हैं।

श्रव्य माध्यमों की संख्या इंटरनेट पर अपेक्षाकृत कम है। इन माध्यमों के अंतर्गत एम.पी.3 अथवा एम.पी.4 प्रारूप में श्रव्य माध्यम में शिक्षण सामग्री उपलब्ध कराई जाती है। पॉडकास्ट इसी का एक रूप है, जिसकी विस्तृत चर्चा आगे की जाएगी।

दृश्य-श्रव्य माध्यम ऑनलाइन शिक्षण का सर्वाधिक प्रभावशाली स्वरूप है। तेजी से हो रहे प्रौद्योगिकीय विकास के कारण इंटरनेट पर दृश्य-श्रव्य माध्यम से ऑनलाइन सामग्री की संख्या में आशातीत वृद्धि हो रही है। इसके अंतर्गत आभासी कक्षाएँ, आभासी प्रयोगशालाएँ, आभासी बैठकें, ऑनलाइन वीडियो, ऑनलाइन पाठ्यक्रम,

ऑनलाइन व्याख्यान आदि आते हैं। दृश्य-श्रव्य माध्यम का सबसे बड़ा लाभ यह है कि विद्यार्थी को विभिन्न सामग्रियों की सहायता से ऑनलाइन रहकर, प्री-रिकॉर्डेड वीडियो के माध्यम से अथवा आभासी कक्षाओं या बैठकों द्वारा अत्यंत प्रभावशाली ढंग से घर बैठे उच्चकोटि की शिक्षा दी जा सकती है, अब तो अनेक ऑनलाइन पाठ्यक्रम भी उपलब्ध कराए गए हैं।

प्रधानमंत्री नरेंद्र मोदी ने 07 सितंबर, 2021 को शिक्षक पर्व का उद्घाटन करते हुए 10,000 शब्दों के भारतीय संकेत भाषाओं के शब्दकोश, टॉकिंग बुक्स (दिव्यांगों के लिए ऑडियो या श्रव्य पुस्तकें), N DEAR कार्यक्रम (यू.पी.आई. इंटरफेस की भाँति National Digital Educational Architecture), निष्ठा एवं निपुण भारत योजना एवं विद्यांजलि कार्यक्रम की शुरुआत की। ये सभी कार्यक्रम ऑनलाइन शिक्षण को बढ़ावा देने में सहायक होंगे।

भारत में उच्च शिक्षा में ऑनलाइन शिक्षण को बढ़ावा देने के लिए भारत सरकार ने प्रमुख रूप से 27 कदम उठाए हैं, जो निम्नवत् हैं—

1.	स्वयं या मूक	(Swayam or Mooc)
2.	स्वयं प्रभा	(Swayam Prabha)
3.	नेशनल एकेडमिक डिपॉजिटरी	(National Academic Depository)
4.	नेशनल डिजिटल लाइब्रेरी ऑफ इंडिया	(National Digital Library of India)
5.	ई-शोध सिंधु	(E-Shodh Sindhu)
6.	आभासी प्रयोगशालाएँ	(Virtual Labs)
7.	ई-यंत्र	(E-Yantra)
8.	टॉक टू ए टीचर प्रोग्राम	(Talk to a Teacher programme)
9.	ई-आचार्य	(E-Acharya)
10.	ई-कल्प	(E-Kalpa)
11.	फॉसी	(FOSSEE अर्थात् Free/Libre and open Source Software in Education)
12.	विद्वान्	(Vidwan)
13.	स्पोकेन ट्यूटोरियल	(Spoken Tvtorial)
14.	बादल	(BAADAL)

15.	गियान	(Gian अर्थात् Global Initiative of Academic Networks)
16.	नेशनल इंस्टीट्यूशन रैंकिंग फ्रेमवर्क	(NIRF अर्थात् National Institution Ranking Framework)
17.	इम्प्रिंट	(Imprint अर्थात् Impacting Research Innovation and Technology)
18.	साक्षात्	(Sakshat)
19.	एरिया	(ARIIA अर्थात् Atal Ranking of Institutions on Innovation Achievements)
20.	नो योर कॉलेज	(Know your College)
21.	डिजिलॉकर	(Digilocker)
22.	NPTEL	(The National Programme on Technology Enhanced Learning)
23.	OSCAR	(Open Source Courseware Animations Repository)
24.	शोध गंगोत्री	(Shodh Gangotri)
25.	VLE	(Virtual Learning Environment)
26.	TTOVC	(Text Transcription of Video Content)
27.	ई–पी.जी. पाठशाला	(e-PG Pathshala)

1. स्वयं (Swayam) : भारत सरकार ने स्वयं (Swayam), अर्थात् Study webs of Active Learning for Young Aspiring Minds अथवा युवा आकांक्षी मन के लिए सक्रिय अधिगम का वेब अध्ययन कार्यक्रम डिजिटल इंडिया के अंतर्गत शुरू किया था। इसकी शुरुआत 09 जुलाई, 2017 को भारत के राष्ट्रपति के कर–कमलों से हुई थी। यह एक वृहत् ओपन ऑनलाइन शिक्षण पाठ्यक्रम है, जिसे MOOC, अर्थात् Massive Open Online Course या वृहत मुक्त ऑनलाइन पाठ्यक्रम कहा जाता है। इसे भारत सरकार के शिक्षा मंत्रालय (तत्कालीन मानव संसाधन विकास मंत्रालय) तथा अखिल भारतीय तकनीकी शिक्षा परिषद् (AICTE) द्वारा संयुक्त रूप से तैयार किया गया था, जिसमें माइक्रोसॉफ्ट की भी सहायता ली गई थी। इसे इस प्रकार तैयार किया गया है कि इसके अंतर्गत विद्यार्थी ऑनलाइन माध्यम से 2000 से अधिक पाठ्यक्रमों में प्रवेश ले सकते हैं। इस प्लेटफॉर्म पर कोई भी ऑनलाइन पाठ्यक्रम में पढ़ाई हेतु ऑनलाइन माध्यम से आवेदन कर सकता है। इस पर कक्षा 9 से परास्नातक तक के पाठ्यक्रम उपलब्ध है।

वर्तमान समय में उपलब्ध स्वयं प्लेटफार्म शिक्षा मंत्रालय तथा NPTEL द्वारा विकसित किया गया है, जिसमें आई.आई.टी., मद्रास तथा गूगल की भी सहायता ली गई है। इसमें चार सप्ताह से लेकर 24 सप्ताह तक के पाठ्यक्रम उपलब्ध हैं।

स्वयं के अंतर्गत चार वर्गों में MOOC कार्यक्रम को विभाजित किया गया है। ये हैं—ई-ट्यूटोरियल, ई-कंटेंट, परिचर्चा मंच एवं स्व मूल्यांकन। ई-ट्यूटोरियल के अंतर्गत एनीमेशन, पॉवर पॉइंट प्रस्तुतीकरण, पॉडकास्ट आदि के द्वारा शिक्षण कार्य किया जाता है। ई-कंटेंट के अंतर्गत ई-बुक, ऑनलाइन शिक्षण सामग्री (पी.डी.एफ. आदि), केस स्टडी या वाद विशेष का अध्ययन, संदर्भ हेतु लिंक आदि शामिल हैं। परिचर्चा मंच या Discussion Forums के अंतर्गत विद्यार्थियों की जिज्ञासाओं का शमन किया जाता है, इससे विद्यार्थियों के मन में उपस्थित संदेह भी दूर किए जाते हैं और स्व मूल्यांकन के अंतर्गत विद्यार्थी ने जो कुछ ऑनलाइन माध्यम से पढ़ा है, उसका मूल्यांकन किया जाता है, ताकि उत्तीर्ण होने पर उसे प्रमाण-पत्र दिया जा सके। इसके अंतर्गत विद्यार्थी को ऑनलाइन माध्यम से बहुविकल्पीय प्रश्न (MCQ), क्विज या लघुउत्तरीय प्रश्न, दीर्घ उत्तरीय प्रश्न इत्यादि दिए जाते हैं, जिन्हें एक निर्धारित समयावधि में उसे उत्तीर्ण करना होता है।

वर्तमान समय में स्वयं के माध्यम से 203 सहयोगी संस्थानों में मूक के 13 लाख से अधिक विद्यार्थी पंजीकृत हैं, इनमें से 3000 से अधिक विद्यार्थियों को प्रमाण-पत्र दिए जा चुके हैं। भारत सरकार की राष्ट्रीय शिक्षा नीति-2020 में भी ऑनलाइन शिक्षण को अत्यधिक महत्त्व दिया गया है।

2. स्वयं प्रभा (Swayamprabha) : स्वयं प्रभा 32 डी.टी.एच., अर्थात् डायरेक्ट टू होम चैनलों का एक समूह है, जिनके माध्यम से भारत सरकार जी-सेट 15 सैटेलाइटों की सहायता से चौबीसों घंटे शैक्षणिक कार्यक्रमों का प्रसारण सुनिश्चित करती है। इसमें प्रतिदिन कम-से-कम चार घंटे के नवीनतम शैक्षणिक कार्यक्रम प्रसारित किए जाते हैं, जिन्हें दिन में 5 बार दोबारा प्रसारित किया जाता है। इससे विद्यार्थी अपने सुविधाजनक समय पर इन शैक्षणिक कार्यक्रमों का प्रसारण देख सकते हैं। इसके कार्यक्रम NPTEL, आई.आई.टी., UGC, CEG, IGNOU आदि के विशेषज्ञों द्वारा तैयार किए जाते हैं तथा Swayamprabha.gov.in वेब पोर्टल का अनुरक्षण INFLIBNET (Information of Library Network) द्वारा किया जाता है। अब तक इस पर लगभग 5 लाख कार्यक्रम तैयार किए गए हैं।

3. National Academic Depository (NAD) : इसका उद्देश्य अकादमिक संस्थाओं द्वारा दिए गए विभिन्न प्रमाण-पत्रों, डिप्लोमा तथा उपाधियों को एक स्थान पर डिजिटल माध्यम से संरक्षित रखना है। यह 24×7 घंटे प्रतिदिन उपलब्ध होनेवाला स्टोर है, जिस पर जाकर इन प्रपत्रों को जमा किया जा सकता है तथा प्रमाणन

किया जा सकता है। NAD न सिर्फ किसी अकादमिक प्रपत्र तक पहुँचना आसान बनाता है, अपितु यह सुरक्षित भंडारण तथा आसानी से उपलब्धता भी सुनिश्चित करता है। इससे विद्यार्थियों, संस्थाओं तथा रोजगार प्रदाताओं को अकादमिक प्रपत्र आसानी से उपलब्ध हो सकेंगे तथा फर्जीवाड़े पर भी रोक लग सकेगी। इसके अंतर्गत विभिन्न स्कूल बोर्डों से लेकर विश्वविद्यालयों द्वारा जारी किए जानेवाले अकादमिक प्रपत्रों को रखने हेतु डिजिटल लॉकर की व्यवस्था की गई है, जिसे डिजिलॉकर का नाम दिया गया है। इसकी चर्चा आगे की जाएगी। NAD की वेबसाइट है—nad.gov.in

4. National Digital Library of India (NDL) : नेशनल डिजिटल लाइब्रेरी या NDL विभिन्न पुस्तकों, लेखों, वीडियो कार्यक्रमों, ऑडियो कार्यक्रमों, थीसिस या शोध प्रबंधों एवं अन्य शैक्षणिक सामग्री को एक स्थान पर उपलब्ध कराने वाला भारत का डिजिटल पुस्तकालय है। यह सभी प्रकार की इलेक्ट्रॉनिक डिवाइसों पर खोला जा सकनेवाला ऐसा पुस्तकालय है, जिस पर स्कूली शिक्षा से लेकर उच्चतम शिक्षा तक की महत्त्वपूर्ण सामग्री उपलब्ध है। इसे आई.आई.टी., खड़गपुर द्वारा विकसित किया गया है। इसका वेब लिंक https://ndl. iit.kgp.ac.in है तथा यह ऐप के रूप में एवं फेसबुक, ट्विटर, इंस्टाग्राम, लिंक्ड इन एवं यूट्यूब पर भी उपलब्ध है। इसके ऐप को गूगल प्ले स्टोर तथा एपल ऐप स्टोर आदि से आसानी से इंस्टॉल किया जा सकता है।

5. ई-शोध सिंधु (E-Shodh Sindhu) : भारत सरकार के शिक्षा मंत्रालय ने UGC-INFONET Digital Library Consortium, NLIST तथा INDEST-AICTE Consortium का विलय करके ई-शोध सिंधु की स्थापना की है। इसका लक्ष्य देश के अकादमिक जगत से जुड़े विद्वानों विशेषकर वैज्ञानिकों, शिक्षकों एवं शोधार्थियों के लिए एक स्थान पर सभी पीयर रिव्यूड जर्नलों, विभिन्न विषयों के साइटेशन या उद्धरणों, ग्रंथ सूची और इससे संबंधित तथा इस पर आधारित आँकड़ों को उपलब्ध कराना है, ताकि शोध कार्य से जुड़े लोगों को ये सभी सामग्री सरलतापूर्वक प्राप्त हो सके। ई-शोध सिंधु पर वर्तमान समय में 7200 करोड़ से अधिक पुरातन एवं अधुनातन सामग्री पृष्ठ उपलब्ध हैं। इसकी वेबसाइट है—https://ess.inflibnet.ac.in। यह शिक्षा मंत्रालय द्वारा ई-स्रोत सामग्री उपलब्ध कराने हेतु अत्यंत महत्त्वपूर्ण एवं महत्त्वाकांक्षी कार्यक्रम है।

6. आभासी प्रयोगशाला (Virtual Labs) : यह भारत सरकार के शिक्षा मंत्रालय की National Mission on Education Through Information and Communication Technology (NMEICT) के तत्त्वावधान में तैयार की गई आभासी प्रयोगशालाओं की परियोजना है, जिसमें आई.आई.टी., दिल्ली के संयोजन में बारह प्रतिभागी संस्थान एक साथ मिलकर कार्य कर रहे हैं। सूचना एवं संचार

प्रौद्योगिकी (ICT) आधारित शिक्षा के क्षेत्र में यह एक महत्त्वपूर्ण परिवर्तन है। इसके अंतर्गत पहली बार दूरस्थ प्रयोग हेतु ऐसा कदम उठाया जा रहा है। इससे दूरस्थ क्षेत्रों के विद्यार्थियों को इलेक्ट्रॉनिक उपकरणों के माध्यम से आभासी प्रयोगशाला में प्रयोग कराने की सुविधा मिल सकेगी। आभासी प्रयोगशाला परियोजना के अंतर्गत 100 से अधिक आभासी प्रयोगशालाएँ स्थापित की गई हैं, जिनमें 700 से अधिक वेब आधारित प्रयोग किए जाने की सुविधा उपलब्ध है। https //www.vlab.co.in वेबसाइट पर जाकर इस सुविधा का लाभ उठाया जा सकता है। वर्तमान समय में इलेक्ट्रॉनिक्स एवं कम्यूनिकेशंस, कंप्यूटर साइंस एवं इंजीनियरिंग, इलेक्ट्रिकल इंजीनियरिंग, मेकैनिकल इंजीनियरिंग, केमिकल इंजीनियरिंग, बायो टेक्नोलॉजी एवं बायोमेडिकल इंजीनियरिंग, सिविल इंजीनियरिंग, फिजिकल इंजीनियरिंग एवं केमिकल साइंसेज से जुड़े प्रयोगों हेतु आभासी प्रयोगशाला की सुविधा उपलब्ध है। वर्तमान समय में आई.आई.टी. हैदराबाद, अमृता विश्वविद्यापीठम्, दयालबाग एजूकेशनल इंस्टीट्यूट, आगरा, NITK सूरतकल, मंगलौर, कॉलेज ऑफ इंजीनियरिंग पुणे, आई.आई.टी. कानपुर, आई.आई.टी. दिल्ली, आई.आई.टी. खड़गपुर, आई.आई.टी. बॉम्बे, आई.आई.टी. रुड़की, आई.आई.आई.टी. हैदराबाद और आई.आई.टी. गुवाहाटी में इस सुविधा का लाभ लिया जा रहा है।

7. ई–यंत्र (E-Yantra) : भारत सरकार के शिक्षा मंत्रालय ने National Mission on Education Through ICT (NMEICT) के माध्यम से आई.आई. टी., बॉम्बे की सहायता से अंतर्निहित या Embedded सिस्टम और रोबोटिक्स में शिक्षा को प्रसारित करने हेतु ई–यंत्र परियोजना शुरू की है। इस परियोजना की संकल्पना आई.आई.टी., बॉम्बे के प्रोफेसर कवि आर्य तथा प्रो. कृति रामामृतम् की है, जो वहाँ के कंप्यूटर विज्ञान एवं इंजीनयिरिंग विभाग में कार्यरत हैं। इस परियोजना से प्रौद्योगिकी की सहायता प्राप्त करते हुए युवा इंजीनियरों की प्रतिभा को अनेक क्षेत्रों, जैसे—कृषि, विनिर्माण, रक्षा, आवास, स्मार्ट सिटी अनुरक्षण तथा सेवा से जुड़े उद्योगों की समस्याओं को दूर करने हेतु उपयोग में लाया जा सकेगा। ई–यंत्र परियोजना से अब तक 1,60,000 से अधिक विद्यार्थी लाभान्वित हो चुके हैं तथा 3200 से अधिक महाविद्यालयों को इस सुविधा का लाभ मिल चुका है। यह परियोजना 500 से अधिक इंटर्नशिप कार्यक्रम आयोजित करती है तथा 400 से अधिक ई–यंत्र प्रयोगशालाओं की सुविधा प्रदान करती है। इसके कार्यक्रमों में EYRC के अंतर्गत e-yantra Robotics Competition या ई–यंत्र रोबोटिक्स प्रतियोगिता, EYIC के अंतर्गत e-yantra Innovation Challenge या ई–यंत्र नवोन्मेष चुनौती, eLSI के अंतर्गत e-yantra Lab setup Initiative या ई–यंत्र प्रयोगशाला स्थापना की पहल, EYSRC के अंतर्गत e-yantra School Robotics Competition या ई–यंत्र स्कूल रोबोटिक्स प्रतियोगिता, eYMOOC के

अंतर्गत e-yantra MOOC या ई-यंत्र वृहत् मुक्त ऑनलाइन पाठ्यक्रम और eFSI या e-Yantra Form Setup Initiative या ई-यंत्र कृषि भूमि स्थापना पहल जैसे कार्यक्रम, पहल एवं प्रतियोगिताएँ शामिल हैं। इस परियोजना की वेबसाइट की लिंक— https://www.eyantra.org है।

8. Talk to a Teacher Program me : यह कार्यक्रम आई.आई.टी., बॉम्बे द्वारा शिक्षा मंत्रालय के अंतर्गत भारत सरकार के National Mission for Education Using Information and Communication Technology (NMEICT) एवं आभासी प्रयोगशालाओं की अन्य विभिन्न परियोजनाओं, हैपटिक्स या स्पर्श देह भाषा विज्ञान एवं प्राकृतिक भाषा विश्लेषण आदि की परियोजनाओं से सहायता प्राप्त है। इसके माध्यम से सर्वश्रेष्ठ शिक्षक ऑनलाइन माध्यम से शिक्षण हेतु उपलब्ध हो सकेंगे। इसका वेब लिंक है—https://www.iiits.ac.in

9. ई-आचार्य (E-Acharya) : ई-आचार्य के अंतर्गत भारत सरकार के शिक्षा मंत्रालय द्वारा सूचना और संचार प्रौद्योगिकी की सहायता से निर्मित सभी ई-कंटेंट परियोजना कार्य एक स्थान पर उपलब्ध कराया जाएगा। इसके अंतर्गत विभिन्न विश्वविद्यालयों एवं महाविद्यालयों द्वारा कला, विज्ञान, इंजीनियरिंग, सामाजिक विज्ञान इत्यादि से जुड़ी 70 से अधिक तैयार की गई ई-कंटेंट परियोजनाओं को एक स्थान पर उपलब्ध कराया जाएगा। इसकी सहायता से समस्त महत्त्वपूर्ण विषयों की सर्वश्रेष्ठ परियोजनाएँ सर्च इंजन पर सर्च करके प्राप्त की जा सकती हैं। इसमें कोई भी व्यक्ति लॉग इन करके अपना प्रोफाइल तैयार कर सकता है, अपने प्रोफाइल में ई-पाठ और वीडियो स्टोर कर सकता है तथा स्वयं भी इसमें सामग्री जोड़ सकता है। इसका वेब लिंक है— https://eacharya.inflibnets.in किंतु वर्तमान समय में यह लिंक प्रभावी नहीं है।

10. ई-कल्प (E-Kalpa) : ई-कल्प का उद्देश्य डिजिटल माध्यमों का डिजाइनिंग के लिए सफल उपयोग करना है। यह कार्यक्रम भी शिक्षा मंत्रालय द्वारा संचालित किया जा रहा है, जिसमें धातु पर डिजाइन करना, सुलेख, इमेज की डिजाइन, लकड़ी पर डिजाइन, लाख की चूड़ियों की डिजाइन आदि करना सिखाया जाता है तथा डिजाइनों की केस स्टडी के अध्याय इसमें जोड़े गए हैं एवं देश के विख्यात डिजाइनरों के डिजाइन यहाँ प्रदर्शित किए गए हैं। इसका वेब लिंक है—https://www.dsource.in

11. फॉसी (FOSSEE—Free/Libre And Open Source Software For Education) अर्थात् शिक्षण हेतु निःशुल्क स्त्रोत सॉफ्टवेयर : हमारे देश में शिक्षा की गुणवत्ता में सुधार करने के उद्देश्य से भारत सरकार ने इस कार्यक्रम की शुरुआत की है, जिसका लक्ष्य है शिक्षण संस्थानों से महँगे सॉफ्टवेयर हटाकर उसके

समान निःशुल्क शैक्षणिक सॉफ्टवेयर उपलब्ध कराना। इसके अंतर्गत निःशुल्क प्रयोग में लाए जा सकनेवाले सॉफ्टवेयर विकसित किए जाते हैं एवं पहले से उपलब्ध सॉफ्टवेयरों को शोध एवं अकादमिक आवश्यकताओं की पूर्ति के लिए लगातार अपग्रेड किया जाता है। इस योजना के तहत जिन परियोजनाओं को आगे बढ़ाया जा रहा है, उनमें Scilab, python, eSim, osdag, DWSIM, openFOAM, openModelica, openPLC, Floss Arduino, SBHS, R, QGIS, FOCAL और SOUL सॉफ्टवेयर आते हैं। इसके विषय में अधिक जानकारी https://fosssee.in लिंक पर जाकर प्राप्त की जा सकती है।

12. विद्वान् (Vidwan) : विद्वान् भारत के विभिन्न अग्रणी अकादमिक संस्थानों तथा शोध प्रयोगशालाओं में कार्य करनेवाले वैज्ञानिकों एवं शोधार्थियों के लिए निर्मित अति विशिष्ट डाटा बेस है। इसमें देश के प्रमुख विद्वानों की पृष्ठभूमि, संपर्क सूत्र, उपलब्धियाँ, अनुभव, प्रकाशन, दक्षता इत्यादि के विषय में पूर्ण जानकारी उपलब्ध कराई जाती है। इसे INFLIBNET द्वारा विकसित किया गया है। इससे प्राप्त आँकड़ों का प्रयोग विभिन्न मंत्रालयों एवं संस्थानों द्वारा विभिन्न कार्यों के लिए किया जाता है। इस संबंध में अधिक जानकारी vidwan.inflibnet.ac.in पर प्राप्त की जा सकती है।

13. स्पोकेन ट्यूटोरियल (Spoken Tutorial) : स्पोकेन टयूटोरियल शिक्षा मंत्रालय द्वारा टॉक टू ए टीचर कार्यक्रम के अंतर्गत तैयार की गई परियोजना है, जिसमें कोई व्यक्ति बिना किसी अन्य व्यक्ति की सहायता लिए किसी सॉफ्टवेयर को सीख सकता है। यदि किसी व्यक्ति के पास कंप्यूटर है तथा उसमें सीखने की इच्छाशक्ति है, तो वह कभी भी और किसी भी भाषा में इसे सीख सकता है। इसे आई.आई.टी. बॉम्बे तथा शिक्षा मंत्रालय द्वारा संयुक्त रूप से तैयार किया गया है। इसका प्रयोग करके अनेक कंप्यूटर कोर्स किए जा सकते हैं। यह कंप्यूटर की सहायता से डिजिटल साक्षरता बढ़ाने में बेहद मददगार साबित हो रहा है। इसका लिंक है— https://spoken-tutorial.org

14. बादल (BAADAL) : बादल शिक्षा मंत्रालय द्वारा तैयार किया गया एक ऐसा सॉफ्टवेयर है, जिसकी सहायता से सरकारी एवं अर्द्धसरकारी संस्थाएँ आभासी स्थल या स्पेस तैयार कर सकती हैं। इसके लिए संस्थाओं को अनुरक्षण भी नहीं करना होता। इस संबंध में अधिक जानकारी इसकी वेबसाइट https://baadal.nmeict.in/ पर क्लिक करके प्राप्त की जा सकती है।

15. गियान (GIAN OR GLOBAL INITIATIVE OF ACADEMIC NETWORKS) : देश के वैज्ञानिकों तथा उद्यमियों और उच्च शिक्षण संस्थाओं को

अंतरराष्ट्रीय स्तर पर परस्पर जोड़ने के लिए इस ऑनलाइन प्लेटफॉर्म का गठन भारत सरकार द्वारा किया गया है। इसका लक्ष्य देश के अकादमिक स्रोतों को बढ़ाना है तथा इसके माध्यम से दुनिया भर के सर्वश्रेष्ठ अकादमिक एवं उद्योगों से जुड़े विशेषज्ञों को देश के शिक्षकों एवं विद्यार्थियों से जोड़ा जाता है, वे अपनी विशेषज्ञता तथा अनुभवों को बाँटने हेतु इनकी संस्थाओं में आकर व्याख्यान देते हैं। इस संबंध में अधिक जानकारी गियान की वेबसाइट https://www.gian.iit.kgp.ac.in पर जाकर प्राप्त की जा सकती है।

16. नेशनल इंस्टीट्यूशनल रैंकिंग फ्रेमवर्क (NIRF-National Institutional Ranking Framework) : नेशनल इंस्टीट्यूशनल रैंकिंग फ्रेमवर्क की शुरुआत 29 सितंबर, 2015 को की गई थी। इसके द्वारा विभिन्न शैक्षणिक संस्थाओं को कुछ मापदंडों के आधार पर रैंक या श्रेणी प्रदान की जाती है। इन मापदंडों में शिक्षण, अधिगम तथा स्रोत शामिल हैं। इनके अलावा शोध और व्यावसायिकता, स्नातक के बाद रोजगार के अवसर, पहुँच तथा सर्वसमावेशन एवं दृष्टिकोण को भी परखा जाता है। इसका वेब लिंक है—https://www.nirfindia.org/

17. इंप्रिंट (IMPRINT-IMPACTING RESEARCH INNOVATION AND TECHNOLOGY) : देश की वैज्ञानिक एवं इंजीनियरिंग से जुड़ी चुनौतियों का सामना करने के लिए तथा देश को सर्वसमावेशी विकास एवं आत्मनिर्भरता के पथ पर आगे ले जाने के लिए देश के सभी आई.आई.टी. एवं आई.आई.एस.सी. ने एक साथ मिलकर इंप्रिंट का गठन तत्कालीन मानव संसाधन विकास मंत्रालय (अब शिक्षा मंत्रालय) के सहयोग से किया है। इसका लक्ष्य नई इंजीनियरिंग शिक्षा नीति विकसित करना है तथा इंजीनियरिंग क्षेत्र की चुनौतियों से निपटने के लिए एक रोडमैप तैयार करना है। इस संबंध में अधिक जानकारी इसकी वेबसाइट https://www.imprint-india.org पर जाकर प्राप्त की जा सकती है।

18. साक्षात् : साक्षात् परियोजना की शुरुआत 30 अक्तूबर, 2006 को सेवारत लोगों को ज्ञान प्राप्ति हेतु आजीवन नि:शुल्क शिक्षा से जोड़ने हेतु की गई थी। साक्षात् की विषय-वस्तु को विषय-वस्तु सलाहकार समिति (Content Advisory Committee) द्वारा निर्धारित किया जाता है, जिसमें इग्नू, दिल्ली विश्वविद्यालय, केंद्रीय विद्यालय संगठन, नवोदय विद्यालय संगठन, राष्ट्रीय मुक्त विद्यालय संस्थान (NIOS), एन.सी.ई.आर.टी. एवं क्षेत्र के विख्यात विशेषज्ञों को शामिल किया गया है। इसके अतिरिक्त कुछ स्वयंसेवी संगठनों को भी इस पोर्टल पर नि:शुल्क विषय-वस्तु अपलोड करने की अनुमति दी गई है। इस संबंध में अधिक जानकारी www.sakshat.ac.in से प्राप्त की जा सकती है।

19. एरिया (ARIIA-Atal Ranking Of Institutions On Innovation Achievements) : देश के विभिन्न शिक्षण संस्थानों को नवोन्मेष तथा उद्यमिता के आधार पर रैंकिंग देने के उद्देश्य से इसकी शुरुआत की गई है। इसमें विभिन्न मापदंडों हेतु अंक निर्धारित किए गए हैं। इनमें नवोन्मेष का विकास, स्टार्ट अप्स की शुरुआत, परस्पर सहयोग तथा निवेश, बौद्धिक संपदा एवं व्यवसायीकरण, व्यय तथा राजस्व जैसे विषय शामिल हैं। इसका वेब लिंक है—https:www.ariia.gov.in

20. नो योर कॉलेज (Know Your College) : इस पोर्टल के द्वारा देश के सभी कॉलेजों को एक पोर्टल पर क्लिक करते हुए सर्च किया जा सकता है। https://www.knowyourcollge.gov.in पर जाकर यह सुविधा प्राप्त की जा सकती है।

21. डिजिलॉकर (DIGILOCKER) : डिजिलॉकर वास्तव में एक डिजिटल लॉकर है, जिसमें डिजिटल स्वरूप में अभिलेख और प्रमाण-पत्र जारी किए जा सकते हैं तथा इनको अभिप्रमाणित किया जा सकता है। जो भी भारतीय नागरिक डिजिटल लॉकर के लिए साइन अप करते हैं, उन्हें एक डेडिकेटेड क्लाउड स्टोरेज स्पेस या अति सुरक्षित क्लाउड स्थान उपलब्ध कराया जाता है, जो उनके आधार कार्ड नंबर से लिंक या जुड़ा होता है। वे संस्थाएँ, जो डिजिलॉकर में पंजीकृत हैं, वे अभिलेखों तथा प्रमाण-पत्रों की इलेक्ट्रॉनिक कॉपी (जैसे—ड्राइविंग लाइसेंस, वोटर आई डी, स्कूल प्रमाण-पत्र, बीमा पॉलिसी आदि) को सीधे नागरिकों के लॉकर में भेज सकती हैं। आम लोग भी अपने डिजिलॉकर खाते में अपने पुराने-नए प्रमाण-पत्रों की स्कैन की गई कॉपी को अपलोड कर सकते हैं। इन पुराने अभिलेखों को ई-हस्ताक्षर या e-sign सुविधा का प्रयोग करते हुए डिजिटली हस्ताक्षर करके भी संरक्षित किया जा सकता है।

डिजिलॉकर सिस्टम के तीन प्रमुख अंग हैं—

- कोष या Repository
- प्राप्ति द्वार या Access Gateway
- डिजिलॉकर पोर्टल या Digilocker Portal

कोष या Repository में ई-अभिलेख और ई-प्रमाणत्रपत्र मानक API के द्वारा सुरक्षित रखे जाते हैं, ताकि ये अत्यंत सुरक्षित माहौल में आवश्यकता पड़ने पर किसी भी समय प्राप्त किए जा सकें।

प्राप्ति द्वार या Access Gateway ई-अभिलेख और ई-प्रमाण-पत्र हेतु अनुरोध करने की सुरक्षित ऑनलाइन व्यवस्था है।

डिजिलॉकर पोर्टल या Digilocker Portal वास्तव में क्लाउड आधारित व्यक्तिगत भंडारण स्थल है, जिसे प्रत्येक नागरिक के आधार कार्ड से जोड़ा जाता है,

ताकि प्रत्येक नागरिक आवश्यकता पड़ने पर अपना क्लाउड स्पेस डिजिलॉकर पर प्राप्त कर सके।

डिजिलॉकर का ऑनलाइन लिंक है—https:/digilocker.gov.in

22. NPTEL (The National Programme On Technology Enhances Learning) : यह भारत सरकार के शिक्षा मंत्रालय द्वारा वित्तपोषित परियोजना है, जिसमें 7 आई.आई.टी. (बॉम्बे, दिल्ली, गुवाहाटी, कानपुर, मद्रास, खड़गपुर और रुड़की) एवं भारतीय विज्ञान संस्थान (IISC), बेंगलुरु एक साथ मिलकर ई-अधिगम या e-Learning के माध्यम से गुणवत्तायुक्त शिक्षा को बढ़ावा दे रहे हैं। इसके अंतर्गत MOOC के अल्प अवधि के अनेक कोर्स उपलब्ध हैं, जिन्हें प्रारंभ में पारंपरिक शिक्षा में ऑनलाइन शिक्षण को गति प्रदान करने के उद्देश्य से शुरू किया गया था, किंतु सन् 2014 से इसके माध्यम से ऑनलाइन कोर्स भी शुरू किए गए है। इसका वेब लिंक है—https://nptel.ac.in

इस प्लेटफॉर्म पर 2300 से अधिक कोर्स स्वयं अध्ययन करने के लिए उपलब्ध हैं, इसके 32 लाख से अधिक यू-ट्यूब उपभोक्ता हैं तथा 100 करोड़ से अधिक लोग इसे क्लिक कर चुके हैं, जो इसकी अपार लोकप्रियता का सूचक है।

23. OSCAR (Open Source Courseware Animations Repository) : ऑस्कर परियोजना का मुख्य उद्देश्य वेब आधारित, इंटरएक्टिव एनीमेशन तथा कृत्रिम मॉडल बनाना है, जिन्हें सीखने की वस्तुएँ कहा जाता है। इन एनीमेशनों का उपयोग विज्ञान तथा प्रौद्योगिकी को सिखाने में किया जा सकता है। ये न सिर्फ कक्षा के वातावरण को बेहतर बनाने में सहायक सिद्ध हो सकते हैं, अपितु स्वतंत्र रूप से पढ़ने में तथा ऑनलाइन शिक्षण में भी इनका उपयोग किया जा सकता है। वर्तमान में इस परियोजना के माध्यम से स्कूली, स्नातक एवं परास्नातक कक्षाओं के पाठ्यक्रमों में सहायता हेतु एनीमेशन एवं मॉडल तैयार किए जा रहे हैं। इनका कोष या Repository तैयार करना ही ऑस्कर का लक्ष्य है। इसे आई.आई.टी., बॉम्बे के सहयोग से तैयार किया जा रहा है और इसमें स्कूली शिक्षा के जीव विज्ञान, रसायन विज्ञान, फन विद साइंस, गणित तथा भौतिकी के एनीमेशन तैयार किए गए हैं, जो कक्षा 10 तथा कक्षा 12 के विद्यार्थियों के लिए उपयोगी होंगे। स्नातक एवं परास्नातक कक्षाओं हेतु जैव रसायन (Bio Chemistry) जीव विज्ञान (Biology), जैव विज्ञान एवं अभियांत्रिकी (Bio Science & Engineering), रसायन अभियांत्रिकी (Chemical Enginnering), रसायन विज्ञान (Chemistry), सिविल अभियांत्रिकी (Civil Engineering), कंप्यूटर विज्ञान (Computer Science), मृदा विज्ञान (Earth Science), विद्युत् अभियांत्रिकी (Electrical Engineering), इलेक्ट्रॉनिक्स (Electronics), पर्यावरण

विज्ञान (Environment Science), मेकैनिकल अभियांत्रिकी (Mechanical Engineering), धात्विक अभियांत्रिकी (Metallurgical Engineering) और भौतिकी (Physics) के एनीमेशन उपलब्ध हैं।

इस परियोजना की परिकल्पना आई.आई.टी., बॉम्बे के प्रो. श्रीधर अय्यर की है। प्रो. साधना मूर्ति तथा सी. विजय लक्ष्मी क्रमशः इसके सह परियोजना अन्वेषक तथा समन्वयक हैं। यह XNET परियोजना से विकसित किया गया है। इसका वेबलिंक है—https://oscar.iitb.ac.in

24. शोध गंगोत्री (Shodh Gangotri) : शोध गंगोत्री अपने नाम के अनुरूप भारतीय शोध पत्रों तथा पी-एच.डी. कार्यक्रमों हेतु शोध प्रस्तावों एवं संक्षिप्तिकाओं (Synopses) को ऑनलाइन एक जगह उपलब्ध करानेवाला कोष (Repository) है, जिसमें इलेक्ट्रॉनिक माध्यम से सॉफ्टकॉपी में देश के विभिन्न विश्वविद्यालयों के शोध पत्र, शोध सार, लघु शोध परियोजना कार्य, फेलोशिप कार्य, पोस्ट डॉक्टोरल फेलोशिप कार्य आदि उपलब्ध कराए जा रहे हैं। इसमें पूरे शोध प्रबंध या थीसिस को भी ऑनलाइन उपलब्ध कराने की सुविधा उपलब्ध है, जिससे शोध कार्य के दोहराव तथा नकल या Plagiarism पर रोक लगाई जा सके। यह INFLIBNET के सहयोग से शुरू की गई परियोजना है, जो शोधार्थियों, वैज्ञानिकों एवं शिक्षकों के शोध कार्य हेतु अत्यंत उपयोगी सिद्ध होगी। इसका वेब लिंक है—https:/shodhgangotri.inflibnet.ac.in

25. VIRTUAL LEARNING ENVIRONMENT : स्नातक एवं परास्नातक कक्षाओं के विभिन्न विषयों के विद्यार्थियों को ई-स्रोतों की सहायता से ऑनलाइन माहौल में पढ़ाने के लिए इस परियोजना को विकसित किया गया है। दिल्ली विश्वविद्यालय ने सन् 2012 में इस परियोजना की शुरुआत की थी। आज यह दिल्ली विश्वविद्यालय ही नहीं, वरन् अन्य विश्वविद्यालयों की विभिन्न कक्षाओं एवं विषयों के विद्यार्थियों को भी उनकी आवश्यकता के अनुरूप अध्ययन सामग्री उपलब्ध करवा रहा है। इसके पाठ (Lessons) अत्यंत उच्चकोटि के प्रोफेसरों द्वारा तैयार किए गए हैं, जिन्हें समय-समय पर संपादित एवं पुनरीक्षित किया जाता है। इसके अंतर्गत एक मल्टीमीडिया कोष (Multimedia Repository) भी बनाया गया है, जिसमें दृश्य, श्रव्य तथा लघु फिल्में रखी गई हैं। पिछले कुछ समय से यह अधिक सक्रिय नहीं है। इसका वेब लिंक है—https://vlc.du.ac.in/

26. TEXT TRANSCRIPTION OF VIDEO CONTENT : किसी वीडियो सामग्री को लिखित रूप में लाने पर अनेक बार त्रुटि होने की आशंका रहती है। इसलिए TEXT TRANSCRIPTION OF VIDEO CONTENT में प्रोफेसरों की सहायता से उनके व्याख्यानों के वीडियो को सही लिखित स्वरूप में प्रस्तुत करने का प्रयास इस परियोजना द्वारा किया जा रहा है। इससे विद्यार्थियों को वीडियो देखने में

अधिक डाटा व समय खर्च करने के स्थान पर वह वीडियो व्याख्यान लिखित रूप में प्राप्त हो सकेगा। इसमें प्रत्येक लिखित पाठ के साथ mp3 स्वरूप में भी ऑडियो फाइल उपलब्ध कराई जाती है, ताकि विद्यार्थी चाहे तो इन्हें ऑडियो स्वरूप में सुन सके। इसके अलावा लिखित फाइलें पी.डी.एफ. स्वरूप में उपलब्ध कराई जाती हैं, ताकि इन्हें किसी भी इलेक्ट्रॉनिक डिवाइस पर आसानी से खोला जा सके। इनमें उपशीर्षक या Sub Title अंग्रेजी में लगाकर इनके वीडियो जारी किए जा रहे हैं तथा भविष्य में स्थानीय भाषाओं में भी इसे जारी किए जाने की योजना है। यह परियोजना NPTEL के सहयोग से संचालित की जा रही है तथा वर्तमान में 11500 घंटे से अधिक समय के वीडियो के लिखित स्वरूप उपलब्ध हैं। इसका वेब लिंक है—https:/textofvideo.nptel.ac.in/

27. ई-पीजी पाठशाला (e-PG PATHSHALA) : यह सभी विषयों की परास्नातक कक्षाओं के विद्यार्थियों के लिए शुरू किया गया ऑनलाइन प्लेटफॉर्म है, जिस पर सभी विषयों के ई-कंटेट एक जगह उपलब्ध कराए गए हैं। यह INFLIBNET द्वारा यू.जी.सी. तथा NME-ICT (NATIONAL MISSION ON EDUCATION THROUGH ICT) द्वारा संयुक्त रूप से संचालित परियोजना है। इसके माध्यम से परास्नातक विद्यार्थियों के लिए 700 से अधिक ई-पुस्तकें (E-books) तथा वीडियो कंटेन्ट उपलब्ध हैं। ई-पाठ्य (E-Pathya) भी ईपीजी पाठशाला का एक भाग है, जो सॉफ्टवेयर आधारित पाठ्यक्रम है। यह ऑफलाइन भी उपलब्ध है। ई-पीजी पाठशाला का वेब लिंक है—epgp.inflibnet.ac.in

ब्लॉग (Blog) : यह वेबलॉग (Weblog) का संक्षिप्त नाम है। यह अनौपचारिक लिखित चर्चा या वार्त्तालाप है। हिंदी में इसे चिट्ठा भी कहते हैं। इसमें विपरीत कालक्रम में, अर्थात् अद्यतन से पीछे की ओर पोस्ट लिखी हुई दिखाई देती हैं, अर्थात् सबसे बाद में लिखी पोस्ट सबसे पहले दिखती है और क्रमानुसार इससे पहले की पोस्ट दिखती हैं।

'वेबलॉग' शब्द का सबसे पहले उपयोग 17 दिसंबर, 1997 को जॉर्न बार्गर ने किया था और इसके संक्षिप्त रूप 'ब्लॉग' की खोज का श्रेय पीटर मरहोल्ज को है। उन्होंने हँसी-मजाक में वेबलॉग की शब्दावली को 1999 में We Blog के रूप में प्रयुक्त किया। इसके बाद इवान विलियम्स ने इसी साल Blog शब्द को संज्ञा और क्रिया दोनों रूपों में प्रयुक्त किया। इसके पश्चात् अगस्त 1999 में पाइरा लैब्स के इवान विलियम्स और मेग हूरिहन ने Blogger.com की शुरुआत की, जिसे सन् 2003 में गूगल ने खरीद लिया। हिंदी का पहला ब्लॉग 21 अप्रैल, 2003 को आलोक कुमार ने प्रस्तुत किया, जिसके नाम हेतु उन्होंने 'चिट्ठा' शब्द का प्रयोग किया, जो आज हिंदी ब्लॉगिंग के लिए बहुत प्रचलित और सर्वस्वीकृत नाम बन चुका है। सन् 2007 में यूनिकोड आने के बाद से हिंदी के अनेक ब्लॉग इंटरनेट पर आ गए हैं। हिंदी का दूसरा ब्लॉग 'अच्छी सोच'

नाम से है, जिसे अब्दुल कादिर खान ने शुरू किया था। हिंदी के पहले प्रोफेशनल ब्लॉगर अमित अग्रवाल हैं, जिन्होंने सन् 2004 में 'लैबनॉल' नामक ब्लॉग शुरू किया था।

ब्लॉग वस्तुतः इंटरनेट पर अपने विचार व्यक्त करने का सरल माध्यम है, इसे लिखने के लिए किसी की अनुमति या निर्देश प्राप्त करने की जरूरत नहीं होती, न ही इसमें शब्द संख्या का कोई बंधन रहता है। इसे चित्रों, ऑडियो और वीडियो से सजाया भी जा सकता है। इसके कारण प्रत्येक व्यक्ति अपनी बात या विचार को बेहद आसानी से दुनिया तक पहुँचा सकता है। ब्लॉग के माध्यम से अब कोई भी व्यक्ति पत्रकार या साहित्यकार या विचारक अथवा विशेषज्ञ बन सकता है।

फेसबुक और ट्विटर जैसे सोशल मीडिया के मंचों का जन्मदाता ब्लॉग को ही माना जाना चाहिए, क्योंकि इनके आने से पहले ब्लॉग पर लिखे गए पोस्ट पर ही कमेंट की सुविधा उपलब्ध थी।

'माधुरी' फिल्म पत्रिका के संपादक, समांतर कोश के सर्जक तथा प्रख्यात ब्लॉगर अरविंद कुमार ने ब्लॉग के विषय में कहा था, "किसी पर कोई व्यावसायिक दबाव नहीं है कि वह कटी-छँटी भाषा लिखे। हर किसी के समझने के लिए हर ब्लॉग नहीं है। जिसे समझना होगा, शब्दकोश की मदद लेगा। मुझ पर हिंदी चिट्ठाकारिता (ब्लॉगिंग) का नशा इसलिए चढ़ा है कि लगभग रोज मेरे अंदर सो चुके किसी-न-किसी शब्द को कोई हिलाकर जगा देता है।"

हिंदी के सर्वश्रेष्ठ ब्लॉगरों में से एक रवि रतलामी ब्लॉग की प्रशंसा करते हुए कहते हैं, "किसी रचनाकार के लिए अपनी रचनाओं को इंटरनेट के जरिए बस्तर से लेकर न्यूयॉर्क तक चहुँ ओर सहज तरीके से पहुँचाने का इससे सुंदर, सरल और सस्ता उपाय दूसरा नहीं हो सकता।"

बालेंदु शर्मा दाधीच ब्लॉगिंग के विषय में चर्चा करते हुए अपनी वेबसाइट पर इसे 'ऑनलाइन विश्व की आजाद अभिव्यक्ति' की संज्ञा देते हुए लिखते हैं, "ब्लॉगिंग है एक ऐसा माध्यम, जिसमें लेखक ही संपादक है और वही प्रकाशक भी। ऐसा माध्यम, जो भौगोलिक सीमाओं से पूरी तरह मुक्त और राजनीतिक-सामाजिक नियंत्रण से लगभग स्वतंत्र है। जहाँ अभिव्यक्ति न कायदों में बँधने को मजबूर है, न अल कायदा से डरने को। इस माध्यम में न समय की कोई समस्या है, न सर्कुलेशन की कमी, न महीने भर तक पाठक की त्वरित प्रतिक्रियाओं का इंतजार करने की जरूरत। त्वरित अभिव्यक्ति, त्वरित प्रसारण, त्वरित प्रतिक्रिया और विश्वव्यापी प्रसार के चलते ब्लॉगिंग अद्वितीय रूप से लोकप्रिय होकर करोड़ों ब्लॉगों तक पहुँच गई है।"

मशहूर ब्लॉगर अविनाश वाचस्पति मुन्नाभाई की टैगलाइन हुआ करती थी— 'विचारों की स्वतंत्र आग ही है ब्लॉग', जो काफी हद तक सच है।

ब्लॉगर अनूप शुक्ल ब्लॉग के विषय में लिखते हैं, "अभिव्यक्ति की बेचैनी ब्लॉगिंग का प्राणतत्त्व है और तात्कालिकता इसकी मूल प्रवृत्ति है। विचारों की सहज अभिव्यक्ति ही ब्लॉग की ताकत है, यही इसकी कमजोरी भी। यही इसकी सामर्थ्य है, यही इसकी सीमा भी। सहजता जहाँ खत्म हुई, वहाँ फिर अभिव्यक्ति ब्लॉगिंग से दूर होती जाएगी।"

सोशल मीडिया के अन्य सरल तथा स्वनिर्मित प्लेटफार्मों के आ जाने के बाद से ब्लॉगों की लोकप्रियता में कमी आई है, क्योंकि ब्लॉग को स्वयं विकसित करना पड़ता है और अन्य ब्लॉगरों से जुड़कर नेटवर्किंग करनी पड़ती है, जबकि फेसबुक, ट्विटर, इंस्टाग्राम, कू, वी चैट आदि के आने के बाद एक अकाउंट खोलते ही आप दुनिया से जुड़ जाते हैं और ये सोशल मीडिया के मंच स्वतः ही आपके संभावित मित्रों की प्रोफाइल के लिंक आपको भेजने लगते हैं। इसलिए अपेक्षाकृत आसान और बेहतर पहुँच के कारण ये ब्लॉग की तुलना में अधिक लोकप्रिय हैं, फिर भी इंटरनेट की दुनिया में ब्लॉग या चिट्ठा के महत्त्व को कोई नकार नहीं सकता।

ब्लॉग कई प्रकार के होते हैं, जिन्हें मुख्य रूप से निम्नांकित वर्गों में विभाजित किया जा सकता है—

1. व्यक्तिगत ब्लॉग
2. समूह ब्लॉग
3. सूक्ष्म ब्लॉग या माइक्रो ब्लॉगिंग
4. कॉरपोरेट या संगठनात्मक ब्लॉग
5. पत्रकारिता ब्लॉग
6. साहित्यिक ब्लॉग
7. स्वास्थ्य ब्लॉग
8. यात्रा ब्लॉग
9. फैशन ब्लॉग
10. सौंदर्य ब्लॉग
11. जीवन शैली ब्लॉग
12. राजनीतिक ब्लॉग
13. पार्टी ब्लॉग
14. विवाह ब्लॉग
15. फोटोग्राफी ब्लॉग
16. प्रोजेक्ट ब्लॉग
17. समाजशास्त्र ब्लॉग

18. शिक्षा ब्लॉग
19. कानूनी ब्लॉग
20. संगीत ब्लॉग, आदि।

ब्लॉग से कमाई भी की जा सकती है। अविनाश वाचस्पति मुन्नाभाई एक समय में अपने ब्लॉग से पचास हजार रुपए प्रतिमाह कमा लिया करते थे। ऐसा इसलिए संभव है, क्योंकि अधिक देखे-पढ़े जानेवाले ब्लॉगों पर विज्ञापन भी प्राप्त किए जा सकते हैं तथा ऐसे ब्लॉगों की सेवा प्रदाता कंपनी उपभोक्ता को निश्चित धनराशि प्रदान करती है।

हिंदी में ब्लॉगिंग को समांतर मीडिया माना जाता है। इसमें हिंदी साहित्य, विज्ञान, सूचना तकनीक, स्वास्थ्य, राजनीति आदि अनेक विषयों पर चिट्ठे लिखे और पढ़े जा रहे हैं। हिंदी के प्रमुख ब्लॉगरों तथा उनके ब्लॉगों में समीर लाल का चिट्ठा 'उड़नतश्तरी', ज्ञानदत्त पांडेय का 'मानसिक हलचल', अनूप शुक्ल का 'फुरसतिया', अविनाश वाचस्पति का 'नुक्कड़' विमल वर्मा का 'ठुमरी', प्रवीण त्रिवेदी का 'प्राइमरी का मास्टर', अरविंद मिश्र का 'साईं ब्लॉग', संजय बेंगाणी का 'जोग लिखी', महेंद्र मिश्र का 'समय चक्र', मुहम्मद शुएब और सुमन का 'लोक संघर्ष', जाकिर अली 'रजनीश' का 'तसलीम', खुशदीप का 'देशनामा', शाहनवाज का 'प्रेम रस डॉट कॉम', रश्मि प्रभा का 'मेरी भावनाएँ', निर्मला कपिला का 'बीरबहूटी', आकांक्षा यादव का 'शब्द शिखर', अरविंद श्रीवास्तव का 'जनशब्द', सतीश सक्सेना का 'मेरे गीत', अरुण देव का 'समालोचन', प्रभात रंजन का 'जानकीपुल', रवीश कुमार का 'कस्बा', आलोक पुराणिक का 'अगड़म-बगड़म', राजीव तनेजा का 'हँसते रहो', रवि रतलामी का 'हिंदी ब्लॉग', आशीष खंडेलवाल का 'हिंदी ब्लॉग टिप्स', बालेंदु शर्मा दाधीच का 'मतांतर', मयूर के. का 'ज्ञानी पंडित', पवन कुमार का 'हिंदी सोच', चंदन का 'हिंदी मी', जुमेदीन खान का 'सपोर्ट मी इंडिया', निशीथ रंजन का 'हिंदी साहित्य दर्पण', ललित कुमार का 'दशमलव', पल्लवी सक्सेना का 'मेरे अनुभव', सुनील दीपक का 'जो न कह सके', अनु सिंह चौधरी का 'मैं घुमंतू', संजय का 'मो सम कौन कुटिल', शिव मिश्र का 'शिव ज्ञान', पूजा उपाध्याय का 'लहरें', अजय ब्रह्मात्मज का 'चवन्नी चैप', प्रमोद सिंह का 'अजदक', विष्णु बैरागी की 'एकोऽहं', पुनीत बिसारिया का 'विश्लेषण', राहुल सिंह का 'सिंहावलोकन', अभिषेक ओझा का 'ओझा उवाच', प्रवीण पांडेय का 'न दैन्यं न पलायनम्', सतीश कुशवाहा का 'टेकयुक्ति' और अमित सक्सेना का 'हिंदी टेकी' प्रमुख हैं।

इनके अतिरिक्त हिंदी के अन्य प्रमुख ब्लॉगरों में जीतेंद्र चौधरी, आलोक कुमार, रमण कौल, मैथिलीजी, जगदीश भाटिया, मसिजीवी कुमारेंद्र सिंह सेंगर, पंकज नरूला,

प्रत्यक्षा, अविनाश, अनुनाद सिंह, शशि सिंह, सुनील दीपक, जयप्रकाश मानस, नीरज दीवान, श्रीश बेंजवाल शर्मा, अनूप भार्गव, शास्त्री जेसी फिलिप, हरिराम, अभय तिवारी, नीलिमा, अशोक चक्रधर, अनामदास, काकेश, अतुल अरोड़ा, घुघुती बासुती, सुरेश चिपलूणकर, संजय तिवारी, अफलातून, तरुण जोशी, रवींद्र प्रभात आदि शामिल हैं।

सामूहिक ब्लॉग में 'भड़ास', जागरण जंक्शन, नवभारत टाइम्स आदि के नाम लिये जा सकते हैं। इनके अतिरिक्त 'हिंदी कुंज', 'कविता कोश', 'हिंदी साहित्य', 'गीता कविता' और ज्ञानदर्पण वर्ष 2022 के साहित्य के पाँच सर्वश्रेष्ठ ब्लॉग हैं। हिंदी के 2022 के पाँच सर्वश्रेष्ठ स्वास्थ्य ब्लॉग में 'क्रेडी हेल्थ', 'गो मेडी', 'My उपचार', 'द हेल्थ साइट' और 'Only My हेल्थ' हैं। प्रेरणादायी हिंदी ब्लॉग की श्रेणी में साल 2022 के पाँच सर्वश्रेष्ठ ब्लॉग में 'अच्छी बातें', 'आपकी सफलता', 'ज्ञानी पंडित', 'आसान है' और 'Thought in Hindi' हैं। 2022 के पाँच सर्वश्रेष्ठ यात्रा ब्लॉगों में 'मुसाफिर हूँ यारो', 'इंडीटेल्स', 'Travel Blog Plus', 'जाट देवता का सफर' और 'मुसाफिर चलता जा' हैं। साल 2022 के पाँच सर्वश्रेष्ठ टेक ब्लॉग में 'shout me Hindi', 'Digit', 'Gadget 360', 'BGR', 'Support me India' है। इसी प्रकार हिंदी के वर्ष 2022 के सर्वश्रेष्ठ न्यूज ब्लॉगों में 'NDTV इंडिया', 'आजतक', 'जी न्यूज', 'बी.बी.सी. न्यूज' और 'दैनिक भास्कर' शांमिल हैं। यह सूची हिंदी ब्लॉग द्वारा तैयार की गई है।

फेसबुक पेज : फेसबुक सोशल मीडिया के सर्वाधिक लोकप्रिय मंचों में से एक है। इसकी शुरुआत 04 फरवरी, 2004 को मार्क जुकरबर्ग तथा उनके साथियों ने की थी। यह सोशल नेटवर्किंग साइट है। शुरुआत में इसका नाम 'द फेसबुक' था, लेकिन एक साल बाद 2005 में इसके नाम से 'द' हटाकर केवल 'फेसबुक' कर दिया गया। फेसबुक को कंप्यूटर, लैपटॉप अथवा मोबाइल पर चलाया जा सकता है। इस पर कॉलिंग, चैटिंग, वीडियो, इमेज शेयरिंग, व्यवसाय आदि की सुविधा उपलब्ध है। अब यह क्रिप्टोकरेंसी लाने की कोशिश में भी है, जिसे 'लिब्रा' नाम दिया गया है और इसने 2014 में दूसरे लोकप्रिय प्लेटफॉर्म व्हाट्सएप को भी खरीद लिया है। साल 2021 में फेसबुक ने सामाजिक संपर्क के लिए फेसबुक का नामकरण 'मेटावर्स' करने की घोषणा की है, जिसमें और अधिक सुविधाएँ होंगी।

फेसबुक उपभोक्ता को सोशल नेटवर्किंग के लिए एक खाता बनाने, समूह बनाने, चैट रूम बनाने या पेज बनाने की सुविधा प्रदान करता है, जिनके माध्यम से कोई व्यक्ति ऑनलाइन रहकर अपनों से जुड़ सकता है। फेसबुक खाते पर एक साथ कुल 5000 से अधिक लोगों को नहीं जोड़ा जा सकता, लेकिन इसके पेज को असंख्य लोग फॉलो कर सकते हैं तथा इसके समूह में भी असीमित लोगों को जोड़ा जा सकता है।

ई-पुस्तकालय सामग्री : इंटरनेट पर ऑनलाइन माध्यम से पुस्तकों की उपलब्धता ई-पुस्तकालय सामग्री के माध्यम से सुनिश्चित की जाती है। इस संबंध में भारत सरकार द्वारा उठाए गए कदमों, जैसे नेशनल डिजिटल लाइब्रेरी और ई.पी.जी.पाठशाला आदि की चर्चा पहले की जा चुकी है। इसके अलावा ई-पुस्तकालय, किंडल, गद्य कोश, हिंदी समय, कविता कोश, अनुभूति, नॉट नल आदि पर भी पुस्तकें पढ़ी जा सकती हैं। गूगल जैसे कुछ सर्च इंजन भी पुस्तकों के कुछ अंश पढ़ने की अनुमति प्रदान करते हैं। उत्तर प्रदेश सरकार ने कोविड संक्रमण के दौर में वर्ष 2020 में सभी विषयों के ई-कंटेंट विषय विशेषज्ञों से तैयार करवाकर पोर्टल पर अपलोड करवाए हैं, जिन्हें https://heecontent.upsdc.gov.in पर जाकर पढ़ा जा सकता है। उत्तर प्रदेश सरकार ने इसे उत्तर प्रदेश उच्च शिक्षा डिजिटल पुस्तकालय का नाम दिया है, जिस पर विभिन्न विषयों के अब तक निर्मित 76680 ई-कंटेंट उपलब्ध हैं। मध्य प्रदेश और अन्य राज्य भी इस प्रकार के ई-पुस्तकालय बनाने की दिशा में अग्रसर हैं।

सरकारी और गैर-सरकारी चैनल : देश में रेडियो एवं टेलीविजन के आगमन के बाद से इलेक्ट्रॉनिक मीडिया का प्रभाव बढ़ने लगा और ये अनेक चैनलों के द्वारा सरकारी एवं गैर-सरकारी स्वरूप में सूचनाओं को क्रमश: श्रव्य और दृश्य-श्रव्य माध्यम से प्रेषित करने के महत्त्वपूर्ण स्रोत बन गए। रेडियो एवं टेलीविजन शुरुआत में केवल सरकारी चैनलों के रूप में हमारे सामने आए, लेकिन थोड़े ही समय में निजी चैनलों ने भी अपनी जगह बनानी शुरू कर दी। ऐसा इसलिए संभव हुआ, क्योंकि विज्ञापनों के प्रवेश तथा संदेशों की जनजागरूकता में महत्त्वपूर्ण भूमिका को देखते हुए निजी क्षेत्र को इन चैनलों को प्रारंभ करना लाभ का सौदा प्रतीत हुआ। समय ने उनकी इस सोच को सही सिद्ध किया। 24 दिसंबर, 1906 को कनाडा के वैज्ञानिक रेगिनार्ड फेसेंडेन ने जब वायलिन बजाकर अपनी धुन को अटलांटिक महासागर में तैर रहे अनेक जहाजों के रेडियो ऑपरेटरों को सुनाया, तो दुनिया में यह रेडियो का पहला प्रसारण था। यद्यपि इससे पहले जगदीशचंद्र बसु ने भारत में तथा गुल्येतमो मार्कोनी ने सन् 1900 में इंग्लैंड से अमेरिका तक बेतार संदेश भेजने में सफलता प्राप्त कर रेडियो की आधारशिला पहले ही रख दी थी। सन् 1918 में ली द फॉरेस्ट ने अमेरिका के न्यूयॉर्क में हाइब्रिज इलाके में विश्व का पहला रेडियो स्टेशन शुरू किया था। भारत में 23 जुलाई, 1923 को प्रायोगिक तौर पर बंबई में रेडियो का प्रसारण शुरू किया गया। उस समय की ब्रिटिश भारतीय सरकार और इंडियन ब्रॉडकास्टिंग लिमिटेड के संयुक्त तत्त्वावधान में यह प्रसारण शुरू हुआ। सन् 1930 में इसे ब्रिटिश भारतीय सरकार ने अपने नियंत्रण में लेकर इसका नाम इंडियन ब्रॉडकास्टिंग कॉरपोरेशन रख दिया। सन् 1927 से मुंबई और कलकत्ता में भारत में इंपीरियल रेडियो ऑफ इंडिया की सरकारी स्तर पर शुरुआत की गई, किंतु सन् 1939

में द्वितीय विश्वयुद्ध शुरू हो जाने पर भारत में रेडियो के सभी लाइसेंस रद्द कर दिए गए और प्रसारण बंद हो गया। इसके बाद नवंबर 1941 में नेताजी सुभाष चंद्र बोस ने रेडियो जर्मनी से भारतवासियों को संबोधित किया। इसके बाद सन् 1942 में आजाद हिंद रेडियो की शुरुआत हुई, जो पहले सिंगापुर और रंगून से भारतवासियों के लिए समाचार प्रसारित करता था। 27 अगस्त, 1942 को तत्कालीन कांग्रेस के नेताओं ने मुंबई के चौपाटी इलाके से 'नेशनल कांग्रेस रेडियो' की शुरुआत उषा मेहता के पहले प्रसारण से की। स्वतंत्रता प्राप्ति के पश्चात् सन् 1957 में सरकारी रेडियो का नाम आकाशवाणी रख दिया गया। सरकारी आकाशवाणी के देश में आज 231 स्टेशन और 373 ट्रांसमीटर हैं तथा इसकी पहुँच देश के 99.19 प्रतिशत हिस्से में है। वर्तमान में आकाशवाणी का 23 भाषाओं एवं 146 बोलियों में प्रसारण किया जा रहा है। इसका ध्येय वाक्य 'बहुजन हिताय, बहुजन सुखाय' है।

सन् 1995 में उच्चतम न्यायालय ने अपने एक आदेश में कहा कि रेडियो तरंगों पर सरकार का एकाधिकार नहीं हो सकता। फलस्वरूप सन् 2002 में भारत सरकार ने शिक्षण संस्थानों को शैक्षणिक रेडियो स्टेशन खोलने की अनुमति दी तथा 16 नवंबर, 2006 को भारत सरकार द्वारा निजी क्षेत्र को भी रेडियो संचालित करने की अनुमति देने से भारत में निजी क्षेत्र के रेडियो चैनल भी आ गए। एफ.एम. के आने के बाद से देश में रेडियो सुनने के प्रति रुझान लगातार बढ़ा है।

विश्व में टेलीविजन प्रसारण की शुरुआत सन् 1926 में हुई; हालाँकि इससे पहले जॉन लोगी बेयर्ड ने सन् 1925 में ही टेलीविजन का आविष्कार कर दिया था, किंतु इसे शुरू होने में एक साल लग गया। विधिवत् रूप से पहले टी.वी. स्टेशन ने 2 जुलाई, 1928 से काम करना शुरू किया। भारत में प्रायोगिक तौर पर 15 सितंबर, 1959 को दिल्ली में 'टेलीविजन इंडिया' के नाम से इसकी शुरुआत हुई और सन् 1975 में इसका नामकरण दूरदर्शन कर दिया गया। शुरुआत में सन् 1965 से रोजाना प्रसारण होना सरकार द्वारा सुनिश्चित किया गया। इसी साल से 5 मिनट के समाचार बुलेटिन की शुरुआत की गई। सन् 1982 में रंगीन टेलीविजन के आने के बाद से भारतीय टेलीविजन उद्योग में क्रांतिकारी बदलाव हुए। सन् 1966 में 'कृषि दर्शन' कार्यक्रम से सरकारी टेलीविजन ने भारत में हरित क्रांति की शुरुआत की। दूरदर्शन का ध्येय वाक्य—'सत्यं शिवं सुंदरम्' है ।

सन् 1997 में भारत सरकार द्वारा प्रसार भारती की स्थापना की गई। इसके अंतर्गत आकाशवाणी और दूरदर्शन को प्रसार भारती निगम के अंतर्गत कर दिया गया। दूरदर्शन ने शैक्षणिक कार्यक्रमों के प्रसारण हेतु ज्ञान दर्शन शैक्षिक चैनल की शुरुआत की। सन् 1995 के बाद से भारत में टी.वी. के निजी चैनलों का भी प्रसारण शुरू हुआ। सन् 2015

के बाद से भारत में ओ.टी.टी. (OTT या Over The Top) ऑनलाइन वीडियो स्ट्रीमिंग के माध्यम से टी.वी. देखने का नया रुझान विकसित हुआ है, जिसमें नेटफ्लिक्स, अमेजन प्राइम वीडियो, जी 5, सोनी लिव, हॉटस्टार, वूट, डिस्कवरी प्लस, एम.एक्स. प्लेयर, टी.वी.एफ., जिओ टीवी आदि चैनलों ने टी.वी. चैनलों और फिल्में तथा वेब सीरीज आदि के कार्यक्रम शुरू किए हैं। कोविड-19 के प्रकोप के बाद हुए लॉकडाउन के बाद से मनोरंजन तथा सूचना के वैकल्पिक साधन के रूप में ओ.टी.टी. प्लेटफॉर्मों ने आशातीत सफलता प्राप्त की है।

पॉडकास्ट : पॉडकास्ट दो शब्दों से मिलकर बुना है—'पॉड' और 'कास्ट', जो वास्तव में क्रमशः 'प्लेएबल ऑन डिमांड' और 'ब्रॉडकास्ट' के संक्षिप्त स्वरूप हैं, अतः इसका अंग्रेजी में पूरा नाम हुआ—'प्लेएबल ऑन डिमांड ब्रॉडकास्ट'। कोई भी कंटेंट, जो श्रव्य या ऑडियो रूप में होता है, उसे पॉडकास्ट कहते हैं। यदि कोई व्यक्ति अपनी बात को ऑडियो रूप में प्रेषित करता है, तो वह पॉडकास्ट कहलाता है। जब कंप्यूटर, लैपटॉप या मोबाइल जैसी इलेक्ट्रॉनिक डिवाइस से किसी जानकारी को ऑडियो रूप में चलाया या प्ले किया जाता है, तो उसे पॉडकास्टिंग कहते हैं। दूसरे शब्दों में इसे 'इंटरनेट का रेडियो' भी कहा जा सकता है। रेडियो और पॉडकास्ट में इतना अंतर है कि रेडियो में ऑडियो को प्रसारित किया जाता है, जबकि पॉडकास्ट को आप इन्टरनेट की सहायता से कहीं भी सुन सकते हैं तथा आवश्यकता पड़ने पर किसी जानकारी को आप स्वयं की आवाज में रिकॉर्ड कर दूसरों तक पहुँचा सकते हैं। यह भी एक तरह का ब्लॉगिंग ही है, जो लिखित रूप की जगह ऑडियो रूप में किया जाता है। ब्लॉग की भाँति इससे भी पैसे कमाए जा सकते हैं, क्योंकि अधिक लोकप्रिय पॉडकास्टिंग पर विज्ञापन से पैसे कमाए जा सकते हैं। भारत में पॉडकास्टिंग अभी शैशवावस्था में हैं, जबकि अमेरिका, ब्रिटेन आदि देशों में यह अत्यंत लोकप्रिय है। पॉडकास्ट के कुछ लोकप्रिय प्लेटफार्मों में AnchorFM, गूगल पॉडकास्ट, Podbean, Speaker, hearthis, Pocket FM, Spotiffy, Stitcher, Breaker, Buzzsprout, Khabristudio, ipodder, Digital Podcast, Radiopublic, जैसे एप आधारित प्लेटफॉर्म भी अब पॉडकास्टिंग के लिए उपलब्ध हैं।

ऐसे बहुत से विषय हैं, जिनपर पॉडकास्टिंग की जा सकती है और श्रोताओं की संख्या बढ़ाकर पैसे कमाए जा सकते हैं, जिनमें प्रेरक कहानियाँ, साहित्य चर्चा, समाचार, ऑडियो बुक सुनाना, किताब का सारांश सुनाना, टेक्नोलॉजी की चर्चा करना, मनोरंजन प्रदान करना, समसामयिक घटनाक्रम पर बात करना, व्यक्तिगत समस्याओं पर बात करना प्रमुख विषय हो सकते हैं। संदीप माहेश्वरी भारत के लोकप्रिय पॉडकास्टर हैं। ये प्रेरक कहानियों पर बात करने के लिए जाने जाते हैं। अपने पॉडकास्ट के लिंक को कॉपी

करने के बाद विभिन्न सोशल मीडिया प्लेटफॉर्मों पर पेस्ट करके भी अपने श्रोताओं की संख्या में वृद्धि की जा सकती है।

आभासी कक्षाएँ : आभासी कक्षाएँ या वर्चुअल क्लास रूम (Vitual Class Room) में शिक्षक दूर बैठकर अलग-अलग या एक स्थान पर बैठे विद्यार्थियों से ऑनलाइन माध्यम से जुड़कर पाठ्यक्रम पर चर्चा कर सकते हैं, परस्पर वार्त्तालाप कर सकते हैं तथा सामूहिक रूप से अध्यापन कर सकते हैं। कोरोना काल में हुए देशव्यापी लॉकडाउन के दौरान इससे घर बैठकर शिक्षक और विद्यार्थी पढ़ाई जारी रख पाने में सफल हो सके थे। अब आभासी कक्षाओं के साथ-साथ आभासी स्कूल, आभासी विश्वविद्यालय जैसी संकल्पनाएँ सरकारी तथा निजी स्तर पर अस्तित्व में आ रही हैं। भारत सरकार के MOOCS, जैसे कार्यक्रमों की चर्चा पूर्व में की जा चुकी है, जो बेहद उपयोगी सिद्ध हुए हैं। आजकल Zoom, Cisco webex, Google Meet, Jio Meet, Google Duo आदि प्लेटफॉर्मों के माध्यम से आभासी कक्षाएँ सफलतापूर्वक संचालित की जा रही हैं।

अभ्यास कार्य

लघु एवं दीर्घ उत्तरीय प्रश्न

1. हिंदी भाषा में ई-शिक्षण के इतिहास एवं विकास का विवेचन कीजिए।
2. इंटरनेट पर उपलब्ध हिंदी पत्र-पत्रिकाओं का विवरण दीजिए।
3. ब्लॉग क्या है? स्पष्ट कीजिए।
4. पॉडकास्ट क्या है? स्पष्ट कीजिए।
5. आभासी कक्षाओं से आप क्या समझते हैं? स्पष्ट कीजिए।
6. इंटरनेट पर उपलब्ध दृश्य-श्रव्य सामग्री की चर्चा कीजिए।

प्रायोगिक कार्य

1. अपने पावर पॉइंट प्रस्तुतीकरण को हिंदी में लिखकर शिक्षक के ई-मेल पर भेजिए।

परियोजना कार्य

1. ई-शिक्षण के विभिन्न उपादानों पर परियोजना कार्य पूर्ण कीजिए।

दक्षता-परीक्षण

1. ब्लॉग, फेसबुक पेज, ई-मेल और पॉडकास्ट का अध्ययन कर पॉवर पॉइंट प्रस्तुतीकरण दीजिए।

वस्तुनिष्ठ प्रश्न

1. ई–शिक्षण को पहले किस नाम से जाना जाता था?
   (क) कंप्यूटर आधारित शिक्षण
   (ख) टी.वी. आधारित शिक्षण
   (ग) रेडियो आधारित शिक्षण
   (घ) ब्लैक बोर्ड आधारित शिक्षण
2. ई–शिक्षण या E-Learning का प्रयोग सबसे पहले किसने किया?
   (क) जॉन वेब (ख) इलियट मैसी
   (ग) पीटर मैसी (घ) राबर्ट फ्रास्ट
3. भारत में ऑनलाइन शिक्षा की शुरुआत का वर्ष है—
   (क) 1990 (ख) 1994
   (ग) 2006 (घ) 2020
4. विंडोज कब आया?
   (क) 1985 (ख) 2015
   (ग) 1922 (घ) 1970
5. हिंदी ई–शिक्षण की बड़ी चुनौती है—
   (क) इंटरनेट उपलब्ध न होना
   (ख) कृषि लाभदायी न होना
   (ग) विद्यालय न जा पाना
   (घ) पुस्तकें खरीद पाने में असमर्थ होना
6. इंटरनेट पर उपलब्ध हिंदी पत्र नहीं है—
   (क) दैनिक जागरण
   (ख) दैनिक भास्कर
   (ग) दिव्य हिमाचल
   (घ) नव भास्कर
7. इंटरनेट पर उपलब्ध हिंदी पत्रिका है—
   (क) पर्यालोचन (ख) लोचन
   (ग) समालोचन (घ) आलोचन
8. यू.जी.सी. केयर लिस्ट में शामिल हिंदी ऑनलाइन शोध जर्नल है—
   (क) नव अमृत (ख) विचार अमृत
   (ग) साहित्य अमृत (घ) अमृत प्रभात

9. इंटरनेट पर उपलब्ध सामग्री को कितने भागों में विभाजित किया जा सकता है—
   (क) दो (ख) तीन
   (ग) चार (घ) पाँच
10. ई-दृश्य सामग्री में शामिल हैं—
   (क) पॉडकास्ट
   (ख) रेडियो
   (ग) ई-श्याम पट्ट
   (घ) मुद्रित समाचार-पत्र
11. दृश्य-श्रव्य ऑनलाइन शिक्षण सामग्री है—
   (क) एम.पी.3 सामग्री (ख) पॉडकास्ट
   (ग) आभासी कक्षाएँ (घ) चित्र
12. N-Dear है—
   (क) डिजिटल शिक्षण सामग्री
   (ख) मौखिक शिक्षण सामग्री
   (ग) हिरण का नाम
   (घ) एक पशु की प्रजाति
13. टॉकिंग बुक्स हैं—
   (क) अशिक्षितों के लिए शिक्षण सामग्री
   (ख) शिक्षकों के लिए शिक्षण सामग्री
   (ग) वैज्ञानिकों के लिए शिक्षण सामग्री
   (घ) दिव्यांगों के लिए शिक्षण सामग्री
14. निष्ठा और निपुण हैं—
   (क) मध्याह्न भोजन योजना
   (ख) शिक्षण योजना
   (ग) सबके लिए आवास योजना
   (घ) विद्युतीकरण योजना
15. स्वयं (SWAYAM) है—
   (क) ऑफलाइन शिक्षण योजना
   (ख) ऑनलाइन शिक्षण योजना
   (ग) खुद पढ़ना
   (घ) खुद लिखना

16. MOOC का पूरा नाम है—
    (क) Massive open offline Course
    (ख) Mass out open court
    (ग) Mass out open course
    (घ) Massive open online course
17. ऑनलाइन पाठ्यक्रम में 200 से अधिक पाठ्यक्रमों में प्रवेश इस पर लिया जा सकता है—
    (क) MOOCS (ख) HOOKS
    (ग) CROOKS (घ) TRICKS
18. स्वयं प्रभा है—
    (क) मनोरंजन के चैनल
    (ख) कृषि के चैनल
    (ग) गुलदस्ता
    (घ) 37 डी.टी. एच. शैक्षणिक चैनलों का समूह
19. MOOC कार्यक्रम को कितने वर्गों में विभक्त किया गया है—
    (क) 2 (ख) 3
    (ग) 4 (घ) 5
20. MOOC में उपलब्ध पाठ्यक्रमों की अवधि है—
    (क) 4 सप्ताह से 24 सप्ताह
    (ख) 1 वर्ष से 5 वर्ष
    (ग) 2 वर्ष से 6 वर्ष
    (घ) कोई उपाधि नहीं
21. NAD का पूरा नाम है—
    (क) National Administrative Department
    (ख) National Academic Depository
    (ग) National Archives Department
    (घ) National Atomic Division
22. NDL का पूरा नाम है—
    (क) National Digital Lights of India
    (ख) New Digital Library
    (ग) National Digital Library of India
    (घ) National Digital Life Science

23. ई-शोध सिंधु का उद्देश्य है—
    (क) वैज्ञानिकों एवं शोधार्थियों के लिए एवं स्थान पर सभी पीयर रिव्यूड जर्नल उपलब्ध कराना
    (ख) ई-समुद्र तैयार करना
    (ग) ई-कक्षाएँ संचालित करना
    (घ) शोध पत्र लिखना
24. आभासी प्रयोगशाला (Virtual Labs) हेतु वेबलिंक है—
    (क) virtuallab.com (ख) virtuallights.ac.in
    (ग) vlaboratory.gov.in (घ) vlab.co.in
25. ई-यंत्र का उद्देश्य है—
    (क) Embedded System और रोबोटिक्स शिक्षा को बढ़ावा देना
    (ख) नए यंत्र बनवाना
    (ग) विद्युत् उपकरण तैयार करना
    (घ) दूरदर्शन पर कार्यक्रम तैयार करना
26. Talk to a Teacher Programme से क्या सुविधा प्राप्त होती है—
    (क) शिक्षक को देखने की
    (ख) शिक्षक से बात करने की
    (ग) शिक्षक को छूने की
    (घ) शिक्षक की पुस्तक पढ़ने की
27. ई-कल्प का संबंध है—
    (क) रोबोटिक्स से (ख) डिजाइनिंग से
    (ग) रेडियो से (घ) टी.वी. से
28. FOSSEE हैं—
    (क) शिक्षण हेतु सशुल्क उपलब्ध सॉफ्टवेयर
    (ख) शिक्षण हेतु उपलब्ध नि:शुल्क हार्डवेयर
    (ग) शिक्षण हेतु उपलब्ध सशुल्क हार्डवेयर
    (घ) शिक्षण हेतु नि:शुल्क स्रोत सॉफ्टवेयर
29. विद्वान् (VIDWAN) है—
    (क) केवल संस्कृत के विद्वानों की सूची
    (ख) विदेशी वैज्ञानिकों की सूची
    (ग) वैज्ञानिकों और शोधार्थियों के लिए विद्वानों का डाटा बेस
    (घ) कर्मचारियों की सूची

30. डिजिलॉकर (Digilocker) है—
    (क) डिजिटल लाइफ
    (ख) डिजिटल लॉकर
    (ग) डिजिटल लाइट
    (घ) डिवीजन ऑफ लेक
31. डिजिलॉकर का वेब लिंक हैं—
    (क) https://digilocker.gov.in
    (ख) https://digilocker.com
    (ग) www.digi.ac.in
    (घ) www.lockerdigi.in
32. शोध गंगोत्री है—
    (क) शोध से संबंधित नदी
    (ख) शोध प्रस्तावों, संक्षिप्तिकाओं एवं शोध प्रबंधों का ऑनलाइन कोष
    (ग) गंगा का उद्गम स्थल
    (घ) यमुना का उद्गम स्थल
33. ई-पीजी पाठशाला है—
    (क) परास्नातक विद्यार्थियों के लिए कंटेंट उपलब्ध कराने का प्लेटफार्म
    (ख) स्नातक विद्यार्थियों के लिए कंटेंट उपलब्ध कराने का मंच
    (ग) छोटे बच्चों की पाठशाला
    (घ) हृदय रोग की पाठशाला
34. ब्लॉग (Blog) का हिंदी नाम है—
    (क) चिट्ठी (ख) मेल
    (ग) चिट्ठा (घ) डाक
35. हिंदी का पहला ब्लॉग सन् 2003 में इन्होंने प्रस्तुत किया—
    (क) अरुण देव (ख) प्रभात रंजन
    (ग) अविनाश वाचस्पति (घ) आलोक कुमार
36. हिंदी के पहले ब्लॉग का नाम है—
    (क) दो-तीन-पाँच
    (ख) एक और एक ग्यारह
    (ग) नौ-दो ग्यारह
    (घ) छत्तीस का आँकड़ा

37. 'विचारों की स्वतंत्र आग ही है ब्लॉग', यह कथन किसका है—

(क) अविनाश वाचस्पति (ख) रवींद्र प्रभात

(ग) रवि रतलामी (घ) अनूप शुक्ल

38. फेसबुक पेज है—

(क) फेसबुक का समूह

(ख) फेसबुक पर उपलब्ध पृष्ठ

(ग) फेसबुक का व्यक्तिगत खाता

(घ) फेसबुक लाइव

39. उत्तर प्रदेश सरकार द्वारा विकसित ई-कंटेंट को पढ़ने के लिए उपलब्ध वेब लिंक है—

(क) up.gov.in

(ख) https://heecontent.upsdc.gov.in

(ग) https://econtent.com

(घ) https://econtent.in

40. रेडियो का पहला प्रसारण कब और कहाँ हुआ ?

(क) 04 जनवरी, 2020 को दिल्ली में

(ख) 24 दिसंबर, 1906 को कनाडा में

(ग) 01 जनवरी, 1888 को ब्रिटेन में

(घ) 27 अगस्त, 1917 को अमेरिका में

41. भारत में रेडियो का पहली बार प्रसारण कब हुआ ?

(क) 14 अगस्त, 1948 को

(ख) 15 सितंबर, 2000 को

(ग) 04 जनवरी, 1890 को

(घ) 23 जुलाई, 1923 को

42. नेताजी सुभाषचंद्र बोस के रेडियो का नाम था—

(क) आजाद हिंद रेडियो

(ख) रानी लक्ष्मीबाई रेडियो

(ग) जय हिंद रेडियो

(घ) स्वराज रेडियो

43. रेडियो का हिंदी नामकरण है—

(क) चलवाणी (ख) सचित्र वाणी

(ग) दूरदर्शन (घ) आकाशवाणी

44. भारत में टेलीविजन के प्रारंभ की तिथि है—
(क) 14 सितंबर, 1982
(ख) 15 सितंबर, 1959
(ग) 11 जुलाई, 1998
(घ) 2 अक्तूबर, 1948

45. हरित क्रांति की सफलता का श्रेय किस दूरदर्शन कार्यक्रम को दिया जाना चाहिए—
(क) आँगनबाड़ी (ख) किसानों की बातें
(ग) कृषि दर्शन (घ) किसान

46. पॉडकास्ट है—
(क) वीडियो रूप में इंटरनेट पर प्रसारित कंटेंट
(ख) ऑडियो रूप में इंटरनेट द्वारा प्रसारित कंटेंट
(ग) टी.वी. पर प्रसारित कंटेंट
(घ) समाचार-पत्र

47. ब्लॉग (Blog) का मूल नाम है—
(क) B-Log (ख) Blogin
(ग) Websitelogging (घ) Weblog

48. आभासी कक्षाएँ हैं—
(क) ऑनलाइन शिक्षण का आभासी प्लेटफार्म
(ख) ऑफलाइन शिक्षण का आभासी प्लेटफार्म
(ग) ऑफलाइन शिक्षण का वास्तविक प्लेटफार्म
(घ) विद्यालय की कक्षाएँ

49. मोबाइल वेब की शुरुआत का वर्ष है—
(क) 2005 (ख) 2006
(ग) 2007 (घ) 2008

50. ई.पी.जी. पाठशाला का बेव पता है—
(क) epgp.inflibnet.ac.in
(ख) epgpathshala.com
(ग) epgpathashala.org
(घ) epathshala.ac.in

उत्तरमाला

1. (क), 2. (ख), 3. (ख), 4. (क), 5. (क), 6. (घ), 7. (ग), 8. (ग), 9. (ख), 10. (ग), 11. (ग), 12. (क), 13. (घ), 14. (ख), 15. (ख), 16. (घ), 17. (क), 18. (घ), 19. (ग), 20. (क), 21. (ख), 22. (ग), 23. (क), 24. (घ), 25. (क), 26. (ख), 27. (ख), 28. (घ), 29. (ग), 30. (ख), 31. (क), 32. (ख), 33. (क), 34. (ग), 35. (घ), 36. (ग), 37. (क), 38. (ख), 39. (ख), 40. (ख), 41. (घ), 42. (क), 43. (घ), 44. (ख), 45. (ग), 46. (ख), 47. (घ), 48. (क), 49. (घ), 50. (क)।

□

इकाई-8

हिंदी कंप्यूटर टंकण एवं शॉर्टहैंड का सैद्धांतिक पक्ष और हिंदी साहित्य में शोध

(खंड-अ)

हिंदी कंप्यूटर टंकण एवं शॉर्टहैंड का सैद्धांतिक पक्ष

हिंदी कंप्यूटर टंकण

कंप्यूटर (लैपटॉप या डेस्कटॉप), मोबाइल तथा टी.वी. रिमोट आदि विभिन्न माध्यमों पर कुंजीपटल या की-बोर्ड के माध्यम से कुंजी दबाकर पाठ लिखने या बोलकर पाठ स्वतः लिखे जाने की प्रक्रिया को टंकण कहते हैं। आजकल हाथ से लिखने पर भी कोई पाठ स्वतः ही पाठ में बदल जाता है। इसे भी टंकण के अंतर्गत रखा जा सकता है। ये पाठ शब्द, अंक अथवा किसी प्रतीक (Symbol) के हो सकते हैं।

हिंदी में टंकण की शुरुआत टाइपराइटर से हुई। कंप्यूटर के आ जाने के बाद से शुरुआत में विभिन्न फॉण्टों की सहायता से टंकण शुरू हुआ और बाद में यूनिकोड के आ जाने पर अंग्रेजी में टंकित लिप्यंतरित शब्द अथवा वाक्य स्वतः हिंदी में टंकित होने लगे, जैसे राम जाता है, को यूनिकोड में Ram Jata Hai टंकित करने पर स्वतः पूर्व में लिखा देवनागरी का वाक्य टंकित हो जाता है। इसके आने के बाद से Qwerty कुंजी पटल पर प्रत्येक हिंदी वर्ण को याद रखने की समस्या से निजात मिल गई और अब आजकल कंप्यूटर तथा मोबाइलों में यूनिकोड के माध्यम से ही हिंदी में टंकण का कार्य किया जाता है।

हिंदी भाषा के विभिन्न फॉण्ट (मुद्रलिपि)

हिंदी फॉण्टों या मुद्रलिपियों को दो वर्गों में वर्गीकृत किया जा सकता है—

1. गैर-यूनिकोड हिंदी फॉण्ट (Non Unicode Hindi Fonts)
2. यूनिकोड हिंदी फॉण्ट (Unicode Hindi Fonts)

1. गैर-यूनिकोड हिंदी फॉण्ट (Non Unicode Hindi Fonts) : गैर-यूनिकोड हिंदी फॉण्ट का उपयोग यूनिकोड फॉण्ट के आने से पहले किया जाता था, जिसमें हिंदी के टाइपराइटर की भाँति ही कुंजीपटल के अक्षरों को याद रखना पड़ता था और उसी के अनुरूप कुंजी दबाने पर वांछित वर्ण या प्रतीक प्राप्त होता था।

रेमिंगटन के कृतिदेव 010 फॉण्ट का हिंदी कुंजी पटल नीचे दिया जा रहा है—

कृतिदेव 010 का हिंदी कुंजीपटल

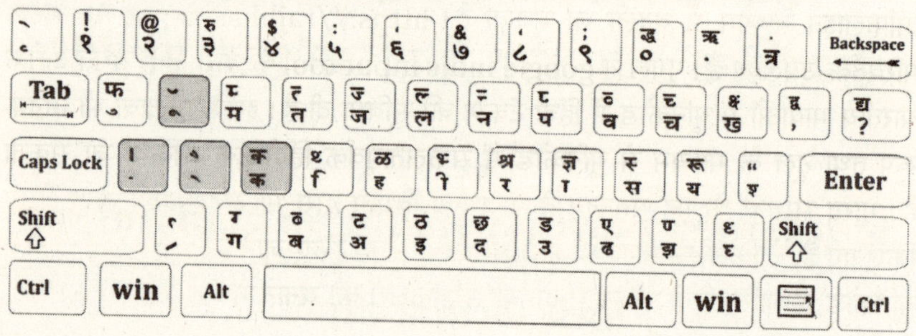

यूँ तो अनेक गैर-यूनिकोड हिंदी फॉण्ट उपलब्ध हैं, किंतु उनमें सर्वाधिक लोकप्रिय फॉण्टों में कृतिदेव (Kruti Dev शृंखला के सभी फॉण्ट, देव लिस (Dev Lys) शृंखला के सभी फॉण्ट, चाणक्य, अर्जुन, आगरा, ताजमहल, गणेश, नारद, नवजीवन, कुंडली, दृष्टि, शुभांजलि, अवंति, हिमालय, कनिका, किराती, अपराजिता, चंद्रा, बलराम, सीवी-गणेश, शुषा, कृष्णा, अमन आदि प्रमुख हैं, किंतु आम लोगों के बीच कृतिदेव 010 सर्वाधिक प्रचलित रहा है, वहीं पुस्तकों का प्रकाशन आदि कार्यों में चाणक्य फॉण्ट का सर्वाधिक इस्तेमाल किया जाता रहा है।

2. यूनिकोड फॉण्ट : यूनिकोड फॉण्ट आजकल सर्वाधिक प्रचलित हैं। कंप्यूटर तथा मोबाइल आदि इलेक्ट्रॉनिक डिवाइसों में आजकल यूनिकोड फॉण्ट का ही प्रयोग किया जा रहा है। मोबाइल तथा रिमोट आदि डिवाइसों में गैर-यूनिकोड फॉण्ट काम नहीं करते, इसलिए उन पर सिर्फ यूनिकोड फॉण्ट में ही टंकण का कार्य संभव है। मंगल यूनिकोड हिंदी का सर्वाधिक लोकप्रिय यूनिकोड फॉण्ट है। इसके अलावा एरियल यूनिकोड एम.एस., सी डैक जी.आई.एस.टी. सुरेख, सी डैक जी.आई.एस.टी. योगेश, जी.आई.एस.टी. ध्रुव, जी.आई.एस.टी. मोहिनी, जी.आई.एस.टी. किशोर, जी.आई. एस.टी. मोहिनी, जी.आई.एस.टी. विनीत, अपराजिता, कोकिला, निर्मला, उत्साह और देवनागरी एम.टी. के नाम से लिये जा सकते हैं।

यूनिकोड फॉण्ट का सबसे बड़ा लाभ है कि इसमें टंकित पाठ को किसी भी

इलेक्ट्रॉनिक डिवाइस पर सफलतापूर्वक खोला और पढ़ा जा सकता है, जबकि गैर-यूनिकोड फॉण्ट को संबंधित डिवाइस में इंस्टॉल किए बगैर उक्त पाठ को पढ़ना या उस फाइल को खोल पाना संभव नहीं होता।

आजकल भारत सरकार के गृह मंत्रालय के अंतर्गत आने वाले राजभाषा विभाग ने तथा अनेक अन्य निजी कंपनियों ने फॉण्ट परिवर्तक या Font Converter की सुविधा भी शुरू की है, जिससे यूनिकोड हिंदी फॉण्ट को गैर-यूनिकोड हिंदी फॉण्ट में तथा गैर-यूनिकोड हिंदी फॉण्ट को यूनिकोड हिंदी फॉण्ट में सफलतापूर्वक ऑनलाइन अथवा ऑफलाइन माध्यम से बदला जा सकता है। https://rajbhasha.net पर अनेक परिवर्तक उपलब्ध हैं। गूगल ने google indic input tool के द्वारा हिंदी समेत अनेक भारतीय भाषाओं में यूनिकोड में हिंदी टंकण की सुविधा दी है। इसके अलावा भी अनेक रूप तथा टूल के माध्यम से यूनिकोड में सफलतापूर्वक हिंदी टंकण किया जा सकता है। भारत सरकार के गृह मंत्रालय के राजभाषा विभाग द्वारा भी अनेक सॉफ्टवेयर तैयार किए गए हैं, लेकिन इस दिशा में अभी भी काफी कार्य किए जाने की जरूरत है, क्योंकि यूनिकोड आधारित हिंदी फॉण्ट में अनेक संयुक्ताक्षरों को बनाने में त्रुटि स्पष्ट दिखती है, जिसे दुरुस्त किए जाने की जरूरत है।

हिंदी शॉर्टहैंड या आशुलिपि

शॉर्टहैंड या आशुलिपि लिखने की एक ऐसी विधि है, जिसमें सामान्य लेखन की तुलना में अधिक तीव्रता से लिखा जा सकता है। इसमें भिन्न-भिन्न और छोटे-छोटे प्रतीकों का उपयोग किया जाता है, ताकि कम समय में अधिक से अधिक लिखा जा सके। हिंदी में ऋषि प्रणाली से किया गया शॉर्टहैंड या आशुलिपि लेखन सर्वाधिक लोकप्रिय है। इसके अतिरिक्त सिंह प्रणाली का भी इस्तेमाल किया जाता है। प्रयागराज के ऋषिलाल अग्रवाल ने ऋषि प्रणाली का आविष्कार किया था। उन्हीं के नाम पर इसे ऋषि प्रणाली कहते हैं। इसके अतिरिक्त सन् 1907 में काशी नागरी प्रचारणी सभा, वाराणसी से श्री निष्कामेश्वर मिश्र की 'हिंदी शॉर्टहैंड' नामक पुस्तक प्रकाशित हुई, जो हिंदी शॉर्टहैंड लेखन की पहली पुस्तक मानी जाती है। इसकी प्रणाली को 'निष्कामेश्वर प्रणाली' कहते हैं।

प्राय: प्रत्येक सरकारी कार्यालय को एक आशुलिपिक की आवश्यकता होती है, जो उच्च अधिकारियों द्वारा दिए जानेवाले निर्देशों को तीव्रता से लिखने में सफल हों। इसलिए कक्षा 12 के बाद हिंदी शॉर्टहैंड सीखकर कार्यालयों में नौकरी हेतु अर्ह या योग्य हुआ जा सकता है।

स्पीच टु टेक्स्ट प्रौद्योगिकी

स्पीच टु टेक्स्ट प्रौद्योगिकी से किसी बोले गए शब्द या वाक्य अथवा वाक्यों को सफलतापूर्वक पाठ में रूपांतरित कर दिया जाता है। यह कंप्यूटर विज्ञान तथा कंप्यूटेशनल भाषा विज्ञान की एक उपशाखा है, जिसने अनेक प्रविधियों तथा प्रौद्योगिकी के विकास के द्वारा यह सुनिश्चित किया है कि अनेक भाषाओं में बोले गए शब्दों को कंप्यूटर की सहायता से लिखित स्वरूप में बदल दिया जाए। इसका दूसरा नाम ऑटोमैटिक स्पीच रिकगनिशन (Automatic Speech Recognition or ASR) है।

यों तो इस प्रौद्योगिकी के विकास हेतु सन् 1952 से ही प्रयास किए जा रहे थे, किंतु सन् 2017 के बाद से यह सफलतापूर्वक संचालित हो रहा है। सन् 2017 में माइक्रोसॉफ्ट कंपनी के अनुसंधानकर्ताओं ने पूर्ण शुद्धता के साथ मनुष्य की आवाज को विभिन्न मॉडल्स की सहायता से पहचान कर लिखित स्वरूप अथवा मशीन द्वारा पहचाने जाने योग्य और समझे जाने योग्य बनाने में सफलता प्राप्त की। इस प्रौद्योगिकी की सहायता से आजकल एलेक्सा जैसी मशीनों के उपयोग विभिन्न क्षेत्रों में किए जा रहे हैं। आजकल गूगल लेंस चित्र में लिखे गए पाठ को भी सफलतापूर्वक पढ़कर सुना रहा है।

हिंदी पी.पी.टी. स्लाइड एवं पोस्टर निर्माण

प्रौद्योगिकी विकास का लाभ हिंदी को भी मिला है और हिंदी में भी पी.पी.टी. स्लाइड तथा पोस्टर का निर्माण कर पाना संभव हो सका है। पी.पी.टी. का पूरा नाम पॉवर पॉइंट प्रस्तुतीकरण या Power Point Presentation होता है, जिसे Microsoft office के अंतर्गत Microsoft office power point में जाकर स्लाइडों पर टंकण कर, चित्र, वीडियो अथवा ऑडियो, ग्रॉफिक्स बनाकर एवं विभिन्न शैलियों, डिजाइनों में तैयार कर प्रस्तुत किया जा सकता है। इस प्रौद्योगिकी के आने से पहले ओवरहेड प्रोजेक्टर पर शीट रखकर, जिन्हें OHP Sheets कहते थे, उन्हें परदे या दीवार पर प्रदर्शित किया जाता था। ये शीट टंकित या हस्तलिखित हुआ करती थीं, किंतु कंप्यूटर के विकास के साथ अब पी.पी.टी. स्लाइड के माध्यम से प्रस्तुतीकरण संभव हो सका है। आजकल इनका प्रयोग विद्यार्थी, वैज्ञानिक, शोधकर्ता आदि द्वारा समान रूप से किया जा रहा है।

यूनिकोड के आने से पहले पी.पी.टी. स्लाइडें हिंदी का गैर-यूनिकोड फॉण्ट चुनकर उसमें लिखकर बनाई जाती थीं, जिनमें प्रायः यह समस्या आती थी कि जिस कंप्यूटर में उक्त स्लाइड खोली जा रही है, उसमें यदि वही हिंदी फॉण्ट उपलब्ध नहीं है तो वह स्लाइड वहाँ नहीं खुल पाती थी। इसके लिए स्लाइडों की फाइल की पी.डी.एफ. बनाकर प्रदर्शित करना पड़ता था, जो एक साधारण विद्यार्थी अथवा प्रौद्योगिकी को कम जानने

वाले व्यक्ति के लिए मुश्किल कार्य हुआ करता था, किंतु अब यूनिकोड फॉण्ट के आ जाने के बाद से पी.पी.टी. की हिंदी स्लाइडों या फाइलों को किसी भी इलेक्ट्रॉनिक डिवाइस पर बिना फॉण्ट इंस्टॉल किए आसानी से देखा और पढ़ा जा सकता है, अतः विद्यार्थियों को सलाह दी जाती है कि वे अपनी पी.पी.टी. स्लाइडें और फाइलें यूनिकोड के हिंदी फॉण्ट में ही तैयार करें, ताकि उन्हें इसका प्रयोग करते समय असुविधा का सामना न करना पड़े।

पोस्टर निर्माण आज के विज्ञापन युग की अनिवार्य आवश्यकता है। पहले के समय में दीवारों पर रंग या पेंट से लिखकर विज्ञापन दिए जाते थे। इसके बाद छापाखाना के आने से छपे हुए पोस्टर सार्वजनिक स्थानों पर प्रदर्शित किए जाने लगे। प्रौद्योगिकीय विकास एवं सोशल मीडिया के बढ़ते प्रभाव के कारण आजकल आभासी या वर्चुअल पटल पर पोस्टरों का निर्माण दिन-प्रति-दिन बढ़ता जा रहा है। कंप्यूटर के आगमन के बाद, विशेषकर विंडोज प्लेटफॉर्म के शुरू होने के बाद से पोस्टर प्रायः कोरल ड्रा अथवा वर्ड फाइलों के माध्यम से बनाए जाते थे, लेकिन अब यूनिकोड के आगमन के बाद विभिन्न एप बाजार में निःशुल्क एपल स्टोर, प्ले स्टोर आदि मंचों पर उपलब्ध हैं, जिनसे बड़ी ही आसानी से आकर्षक हिंदी पोस्टर तैयार किए जा सकते हैं। सोशल मीडिया के विभिन्न मंचों पर इनकी सहायता से आजकल लोग विभिन्न पर्वों-अवसरों पर अपने चित्र के साथ या पर्व विशेष पर कुछ लिखित एवं चित्रित अभिव्यक्तियों के माध्यम से शुभकामनाएँ देते देखे जा सकते हैं।

(खंड-ब)

हिंदी साहित्य में शोध

शोध किसी विषय की मूलभूत समस्या पर विचार कर उसके विविध पक्षों पर सम्यक् विवेचन-विश्लेषण के उपरांत निकाले गए निष्कर्षों का संपूर्ण अध्ययन होता है। हिंदी साहित्य अथवा किसी भी भाषा के साहित्य में किया गया शोध अन्य शोध से भिन्न होता है, इसलिए साहित्यिक शोध को प्रारंभ करने से पहले कुछ बिंदुओं पर विचार किया जाना अपेक्षित होता है, जिनमें परिकल्पना परीक्षण तथा परिकल्पना उत्पादन का महत्त्वपूर्ण स्थान होता है, जिन्हें शोध के प्रकार के अंतर्गत रखा जा सकता है।

परिकल्पना

किसी भी शोध या अनुसंधान के चयन के पश्चात् उस समस्या के कारणों तथा प्रभावों के बीच संबंध स्थापित करना परिकल्पना के अंतर्गत आता है। उदाहरण के लिए

'छायावादी काव्य में राष्ट्रीय चेतना' विषय पर जब हम विचार करते हैं तो पाते हैं कि उस समय चल रहा स्वतंत्रता संग्राम इसके पीछे महत्त्वपूर्ण कारक है। उक्त कथन हमारे विषय की परिकल्पना कही जाएगी और तत्पश्चात् हम यह जानने का प्रयास करेंगे कि स्वतंत्रता संग्राम और छायावाद के मध्य किस प्रकार का संबंध है। इस परीक्षण को हम परिकल्पना परीक्षण का नाम देंगे। जब हम इसका विभिन्न कोणों से परीक्षण करेंगे तो यह परिकल्पना सही भी हो सकती है और गलत भी। अब हम वास्तविक तथ्यों के आधार पर वैज्ञानिक सत्य को ढूँढ़ने का प्रयास करेंगे, ताकि सही और वास्तविक तथ्य प्राप्त हो सकें। प्रथम वाक्य 'छायावादी काव्य में राष्ट्रीय चेतना' को हम परिकल्पना उत्पादन का नाम देंगे, क्योंकि इस परिकल्पना के प्रारंभ से ही साहित्यिक शोध की शुरुआत हो रही है तथा इसके परीक्षण के उपरांत प्राप्त मौलिक, वैज्ञानिक एवं सार्थक निष्कर्ष ही शोध कहलाएँगे।

लुंडबर्ग का मानना है कि हम एक उपयोगी परिकल्पना की खोज कविता, साहित्य, दर्शन, समाजशास्त्रीय साहित्य, मानवजाति शास्त्र एवं सिद्धांतों में कर सकते हैं। कुछ इसी प्रकार के विचार व्यक्त करते हुए गुडे एवं हाट ने परिकल्पना के चार स्रोत माने हैं—सामान्य संस्कृति, वैज्ञानिक सिद्धांत, समरूपताएँ एवं व्यक्तिगत अनुभव। इनके अलावा लोक विश्वास, महापुरुषों के वचन, अंतर्मन की बात, अन्य शोधार्थियों द्वारा किए गए शोध कार्य आदि का भी परिकल्पना उत्पादन पर प्रभाव पड़ता है।

परिकल्पना का उत्पादन करते समय निम्नलिखित बिंदुओं का ध्यान रखना चाहिए—

1. परिकल्पना के कथन विरोधाभासी नहीं होने चाहिए।
2. यह स्पष्ट और यथासंभव लघु आकार की होनी चाहिए।
3. परिकल्पना ऐसी होनी चाहिए, जिसका परीक्षण किया जाना संभव हो सके।
4. परिकल्पना कभी भी प्रश्न के रूप में नहीं बनाई जानी चाहिए।
5. एक परिकल्पना में केवल एक समस्या का ही वर्णन किया जाना चाहिए।
6. जिनसे परिकल्पना अंतर्संबंधित है, उनका उल्लेख किया जाना चाहिए।
7. परिकल्पना विवरणात्मक, तुलनात्मक या संबंधात्मक स्वरूप में होनी चाहिए।
8. परिकल्पना निर्देशात्मक, गैर-निर्देशात्मक अथवा निराकरणीय हो सकती है।
9. यह अन्य अनुसंधानकर्ताओं के विचारों में कमी को स्पष्ट करने के लिए हो सकती है।
10. परस्पर वार्त्तालाप से भी परिकल्पना का निर्माण किया जा सकता है।

परिकल्पना का महत्त्व

परिकल्पना का साहित्यिक शोध में अत्यधिक महत्त्व है। परिकल्पना के साहित्यिक महत्त्व को निम्नांकित बिंदुओं में वर्णित किया जा सकता है—

1. परिकल्पना से अध्ययन के उद्‌देश्य का निर्माण किया जाता है, जिससे आगे चलकर हम अध्ययन के स्रोतों तथा तथ्यों की खोज कर सकते हैं।
2. परिकल्पना शोधार्थी को शोध कार्य हेतु समुचित दिशा प्रदान करती है। श्रीमती पी.वी. यंग इस विषय में लिखती हैं—"परिकल्पना का प्रयोग एक दृष्टिहीन खोज तथा अंधाधुंध तथ्य संकलन से बचाता है, क्योंकि ये बाद में अध्ययन के लिए अप्रासंगिक और अनुपयुक्त सिद्ध हो सकते हैं।"
3. परिकल्पना निर्माण से हम अपने शोध के अध्ययन क्षेत्र को सीमित रख सकते हैं। यह अनुसंधान कार्य को बिंदु विशेष पर केंद्रित करने में सहायक होती है, जो अध्ययन को एक निश्चित सीमा में बाँध देती है।
4. परिकल्पना निर्धारण से तथ्यों का क्रमागत अध्ययन संभव होता है।
5. परिकल्पना निर्माण के आधार पर निष्कर्ष निकालने में सुविधा होती है।
6. परिकल्पना अनुसंधान या शोध से संबंधित विभिन्न प्रश्नों को स्पष्ट करती है।
7. परिकल्पना संबंधित साहित्य को भी हमारे सामने सुस्पष्ट करती है।
8. परिकल्पना से सही सूचनादाताओं की जानकारी मिलती है।

शोध के चरण

शोध की प्रक्रिया के क्रमबद्ध अध्ययन से हम शोध को सफलता के साथ संपन्न कर सकते हैं। डॉ. देवशंकर नवीन ने साहित्यिक शोध के नौ चरण माने हैं, जो निम्नलिखित हैं—

1. विषय निर्धारण
2. शोध समस्या का निर्धारण
3. संबंधित साहित्य का व्यापक सर्वेक्षण
4. परिकल्पना या प्राकल्पना का निर्माण
5. शोध की रूपरेखा तैयार करना
6. तथ्य संग्रह एवं तथ्य विश्लेषण
7. परिकल्पना की जाँच
8. सामान्यीकरण एवं व्याख्या
9. शोध प्रतिवेदन तैयार करना

साहित्यिक शोध के लिए सर्वप्रथम उस विषय को निर्धारित करना होता है, जिसमें

आगे चलकर शोध कार्य किया जाना है। अगले चरण के रूप में शोध समस्या निश्चित की जाती है और इससे संबंधित साहित्य का सर्वेक्षण किया जाता है। तत्पश्चात् एक सुनिश्चित परिकल्पना या प्राकल्पना का निर्माण किया जाता है, जिसके आधार पर शोध की रूपरेखा तैयार की जाती है। इसके बाद शोध से संबंधित तथ्यों को उन तथ्यों के आधार पर जाँचा जाता है। इससे कुछ महत्त्वपूर्ण बिंदु प्राप्त होते हैं, जिनकी व्याख्या करते हुए शोध प्रतिवेदन या शोध प्रबंध लिखा जाता है।

यहाँ यह जानना आवश्यक है कि शोध के ये सभी चरण परस्पर अंतर्संबंधित होते हैं और इनमें से एक को भी छोड़ा नहीं जा सकता।

यद्यपि भिन्न-भिन्न विद्वानों ने शोध के भिन्न-भिन्न चरण माने हैं, तथापि व्यापक दृष्टिकोण से इनमें कोई विशेष अंतर नहीं दृष्टिगत होता। श्लूटर ने शोध के पंद्रह चरण माने हैं—

1. अनुसंधान क्षेत्र, विषय या सामग्री का चुनाव करना।
2. अनुसंधान की समस्या को समझने के लिए क्षेत्र का सर्वेक्षण करना।
3. पुस्तक संदर्भ सूची का निर्माण करना।
4. समस्या को परिभाषित या निर्मित करना।
5. समस्या के तथ्यों को अलग करना और रूपरेखा तैयार करना।
6. तथ्य और साक्ष्य के आधार पर समस्या के तथ्यों का वर्गीकरण करना।
7. समस्या के तत्त्वों के आधार पर आँकड़ों या प्रमाणों का निर्धारण करना।
8. वांछित आँकड़ों या प्रमाणों की उपलब्धता का अनुमान लगाना।
9. समस्या के समाधान की जाँच करना।
10. आँकड़ों तथा सूचनाओं का संकलन करना।
11. आँकड़ों को विश्लेषण के लिए व्यवस्थित एवं नियमित करना।
12. आँकड़ों एवं प्रमाणों का विश्लेषण एवं विवेचन करना।
13. प्रस्तुतीकरण के लिए आँकड़ों को व्यवस्थित करना।
14. उद्धरणों, संदर्भों एवं पाद-टिप्पणियों का चयन एवं प्रयोग करना।
15. शोध प्रस्तुतीकरण के स्वरूप एवं शैली को विकसित करना।

पी.वी. यंग ने शोध के 14 चरणों का उल्लेख किया है—

1. विषय का चयन,
2. संबंधित साहित्य का सर्वेक्षण,
3. अध्ययन हेतु समस्या को उठाना,
4. अध्ययन हेतु समस्या का युक्तिसंगत आधार प्रस्तुत करना,
5. अध्ययन से संबंधित अवधारणाओं, निर्मितों को स्पष्ट रूप से परिभाषित करना,

6. अध्याय के उद्‌देश्यों को बताना,
7. अध्ययन के क्षेत्र को सीमाबद्ध करना,
8. अध्ययन के लिए एक अथवा एक से अधिक परिकल्पनाओं की रचना करना,
9. अनुसंधान अभिकल्प अथवा विधि तंत्र का चयन तथा प्रतिदर्श प्रक्रिया की व्याख्या करना,
10. आँकड़ों का संकलन करना,
11. आँकड़ों का व्यवस्थापन एवं विश्लेषण करना,
12. परिकल्पना का सत्यापन करना,
13. निष्कर्ष तथा सामान्यीकरण करना,
14. प्रतिवेदन प्रस्तुत करना।

यों तो इनमें से देवशंकर नवीन को छोड़कर सभी विद्वानों ने सामाजिक अनुसंधान के आधार पर शोध के उपर्युक्त चरणों को निर्धारित किया है, किंतु साहित्यिक शोध में भी इनका प्रयोग करने पर अपेक्षित शोध परिणाम प्राप्त किए जा सकते हैं।

साहित्यिक शोध का उद्‌देश्य

साहित्यिक शोध किसी विषय विशेष के विभिन्न पहलुओं, समस्याओं तथा उपलब्ध साहित्य के विवेचन से प्राप्त परिणामों का समुच्चय होता है, जिसे डॉ. देवशंकर नवीन ने निम्नलिखित पाँच भागों में वर्गीकृत किया है—

1. विज्ञान सम्मत कार्यविधि और बोधपूर्ण तथ्यान्वेषण द्वारा विषय, प्रसंग, घटना, व्यक्ति एवं संदर्भ के बारे में सूचित समस्याओं, शंकाओं, दुविधाओं का निराकरण ढूँढ़ना।
2. विस्मृत और अलक्षित तथ्यों को प्रकाश में लाना।
3. नए तथ्यों की खोज करना।
4. लक्षित विषय, वस्तु, घटना, व्यक्ति, समूह और स्थिति का सही-सही विवरण जुटाना।
5. संकलित सामग्रियों का अनुशीलन, विश्लेषण करना एवं उनके अनुषंगी प्रकरणों से परिचित होना तथा एकाधिक प्रसंगों के साथ साम्य-वैषम्य का बोध प्राप्त करना।

उपर्युक्त उद्‌देश्य की सम्यक् अभिप्राप्ति से कोई साहित्यिक शोध सफल हो सकता है।

अभ्यास कार्य

लघु एवं दीर्घ उत्तरीय प्रश्न

1. हिंदी कंप्यूटर टंकण के सैद्धांतिक पक्ष पर प्रकाश डालिए।
2. हिंदी भाषा के विभिन्न फॉण्टों (मुद्रलिपि) का परिचय दीजिए।
3. हिंदी पी.पी.टी. स्लाइड एवं पोस्टर निर्माण पर प्रकाश डालिए।
4. परिकल्पना उत्पादन और परिकल्पना परीक्षण को स्पष्ट कीजिए।
5. शोध के विभिन्न चरणों की चर्चा कीजिए।
6. साहित्यिक शोध के उद्देश्य पर प्रकाश डालिए।

परियोजना कार्य

1. किसी पर्व विशेष हेतु पोस्टर का निर्माण कीजिए।

परियोजना कार्य

1. यूनिकोड, गैर-यूनिकोड एवं स्पीच टु टेक्स्ट प्रौद्योगिकी पर प्रकाश डालिए।

दक्षता-परीक्षण

1. शोध के प्रकार, चरण और उद्देश्यों पर पॉवर पॉइंट प्रस्तुतीकरण दीजिए।

वस्तुनिष्ठ प्रश्न

1. टंकण किसे कहते हैं?
   (क) कुंजीपटल के माध्यम से कुंजी दबाकर पाठ लिखना
   (ख) शब्द, अंक अथवा प्रतीक को लिखना
   (ग) टाइपराइटर से लिखना
   (घ) उपर्युक्त सभी
2. हिंदी में टंकण की शुरुआत किससे हुई—
   (क) टाइपराइटर से (ख) कंप्यूटर से
   (ग) लैपटॉप से (घ) टी.वी. रिमोट से
3. हिंदी फॉण्ट को कितने वर्गों में बाँटा जा सकता है—
   (क) एक (ख) दो
   (ग) तीन (घ) चार
4. यूनिकोड फॉण्ट आने से पहले किस प्रकार के फॉण्ट का प्रयोग किया जाता था?
   (क) गैर-यूनिकोड (ख) प्यूरीकोड
   (ग) रेमिकोड (घ) सेरिकोड
5. गैर-यूनिकोड हिंदी फॉण्ट है—
   (क) एरियल (ख) मंगल
   (ग) कृतिदेव (घ) एम.एस. अपराजिता
6. पुस्तकों के प्रकाशन में प्रयुक्त होनेवाला हिंदी फॉण्ट हैं—
   (क) कृतिदेव 010 (ख) अमन
   (ग) चाणक्य (घ) सी.बी. गणेश
7. सामान्य लोगों के बीच सर्वाधिक प्रचलित गैर-यूनिकोड फॉण्ट है—
   (क) कृतिदेव 010 (ख) बलराम
   (ग) नवजीवन (घ) अर्जुन
8. सामान्य लोगों के बीच सर्वाधिक प्रचलित यूनिकोड फॉण्ट है—
   (क) कोकिला (ख) देवनागरी एम.टी.
   (ग) एरियल यूनिकोड (घ) मंगल
9. गूगल ने किसके माध्यम से अनेक भारतीय भाषाओं में यूनिकोड टंकण की सुविधा दी है—
   (क) गूगल मीट (ख) गूगल डयुओ
   (ग) गूगल इंडिक इनपुट टूल (घ) गूगल स्कॉलर

10. स्पीच टु टेक्स्ट प्रौद्योगिकी का दूसरा नाम है—
    (क) LSR (ख) ASR
    (ग) CSR (घ) DSR
11. स्पीच टु टेक्स्ट प्रौद्योगिकी का कार्य है—
    (क) बोलकर लिखना (ख) लिखकर बोलना
    (ग) बोलना और लिखना (घ) न बोलना, लिखना
12. स्पीच टू टेक्स्ट प्रौद्योगिकी किन विषयों की उपशाखा है—
    (क) कंप्यूटर अभियांत्रिकी और कंप्यूटर प्रबंधन
    (ख) कंप्यूटर विज्ञान तथा कंप्यूटर रोबोटिक्स
    (ग) कंप्यूटर भाषा विज्ञान तथा साहित्य
    (घ) कंप्यूटर विज्ञान तथा कंप्यूटेशनल भाषा विज्ञान
13. स्पीच टु टेक्स्ट प्रौद्योगिकी के विकास के लिए प्रयास कब से शुरू किए गए—
    (क) 1950 (ख) 1951
    (ग) 1952 (घ) 1953
14. स्पीच टु टेक्स्ट प्रौद्योगिकी का कब से सफलतापूर्वक इस्तेमाल रूप से किया जा रहा है?
    (क) 1952 (ख) 2017
    (ग) 1876 (घ) 2021
15. हिंदी की गैर-यूनिकोड टंकण सुविधा में 'क' वर्ण लिखने के लिए कौन सी कुंजी Remington कुंजीपटल में दबानी चाहिए—
    (क) डी (ख) ए
    (ग) बी (घ) सी
16. पी.पी.टी. का पूरा नाम है—
    (क) पिक्चर पॉइंट टेक्स्ट
    (ख) पुअर पीपुल्स थ्योरी
    (ग) पिक्चर पॉइंट प्रशासन
    (घ) पॉवर पॉइंट प्रस्तुतीकरण
17. पॉवर पॉइंट स्लाइड बनाने के लिए विंडोज में जाकर कहाँ काम करना होगा?
    (क) माइक्रोसॉफ्ट ऑफिस पॉवर पॉइंट
    (ख) माइक्रोसॉफ्ट वर्ड
    (ग) माइक्रोसॉफ्ट ऑफिस एक्सेल
    (घ) माइक्रोसॉफ्ट ऑफिस पब्लिशर

18. OHP Sheet का पूरा नाम है—
    (क) Outer Head Publishing Sheet
    (ख) Overhead Publishing Sheet
    (ग) Outlook Projector Sheet
    (घ) Overhead Projector Sheet
19. पी.पी.टी. किस स्वरूप में तैयार की जाती है?
    (क) पोस्टर (ख) स्लाइड
    (ग) पेज (घ) पी.डी.एफ.
20. पी.पी.टी. का इस्तेमाल कौन करता है?
    (क) विद्यार्थी (ख) वैज्ञानिक
    (ग) शोधकर्ता (घ) उपर्युक्त सभी
21. यूनिकोड के आने से पहले हिंदी में पी.पी.टी. स्लाइड की यह समस्या हुआ करती थी—
    (क) यदि संबंधित गैर-यूनिकोड फॉण्ट इंस्टॉल नहीं होता था तो दूसरे कंप्यूटर में वह स्लाइड नहीं खुलती थी
    (ख) किसी भी कंप्यूटर में फाइल नहीं खुलती थी
    (ग) मोबाइल पर खुल जाती थी, किंतु कंप्यूटर पर नहीं खुलती थी
    (घ) इनमें से कोई नहीं
22. गैर-यूनिकोड फॉण्ट में तैयार पी.पी.टी. स्लाइड को प्रत्येक कंप्यूटर में खोलने योग्य बनाने के लिए क्या करना पड़ता था?
    (क) फाइल को पेजमेकर में बदलना
    (ख) फाइल को करप्ट करना
    (ग) फाइल को PDF में बदलना
    (घ) फाइल को Doc में बदलना
23. पोस्टर निर्माण हेतु सर्वाधिक उपर्युक्त सॉफ्टवेयर है—
    (क) पेजमेकर (ख) पॉवर पॉइंट
    (ग) कोरल ड्रा (घ) एम.एस. एक्सेल
24. पहले के समय में पोस्टर किस प्रकार तैयार किए जाते थे—
    (क) दीवारों पर पेंट से लिखकर
    (ख) मूर्ति बनाकर
    (ग) कंप्यूटर ग्राफिक से
    (घ) फ्लेक्स बनाकर

25. सोशल मीडिया पर पोस्टर का सर्वाधिक प्रयोग किस कार्य में किया जाता है—
(क) पर्वों की शुभकामना देने में
(ख) युद्ध करने में
(ग) प्रिंट आउट निकालने में
(घ) कार्ट्रिज बदलने में

26. आपके पाठ्यक्रम में परिकल्पना के कितने प्रकार वर्णित हुए हैं—
(क) एक (ख) दो
(ग) तीन (घ) चार

27. गुडे एवं हाट ने परिकल्पना के कितने स्रोत माने हैं—
(क) एक (ख) दो
(ग) तीन (घ) चार

28. परिकल्पना का उत्पादन करते हुए किन तथ्यों का ध्यान रखना चाहिए?
(क) परिकल्पना के कथन विरोधाभासी नहीं होने चाहिए
(ख) परिकल्पना स्पष्ट और लघु होनी चाहिए
(ग) एक परिकल्पना में एक ही समस्या वर्णित होनी चाहिए
(घ) उपर्युक्त सभी

29. डॉ. देवशंकर नवीन के अनुसार शोध के कितने चरण होते हैं?
(क) आठ (ख) नौ
(ग) सोलह (घ) बारह

30. श्लूटर के अनुसार शोध के चरण हैं—
(क) नौ (ख) पंद्रह
(ग) बाइस (घ) ग्यारह

31. श्रीमती पी.वी. यंग के अनुसार शोध के चरण हैं—
(क) नौ (ख) पंद्रह
(ग) चौदह (घ) अठारह

32. साहित्यिक शोध के उद्देश्यों को डॉ. देवशंकर नवीन ने कितने बिंदुओं में वर्गीकृत किया है?
(क) दो (ख) तीन
(ग) चार (घ) पाँच

33. हिंदी शॉर्टहैंड की पहली पुस्तक के लेखक हैं—
(क) ऋषिलाल अग्रवाल (ख) रामप्रताप शुक्ल
(ग) निष्कामेश्वर मिश्र (घ) गयाप्रसाद सनेही

34. शॉर्टहैंड का हिंदी रूपांतर है—
(क) आशुलिपि (ख) छोटा हाथ
(ग) लघु हस्त (घ) कम हस्त

35. हिंदी शॉर्टहैंड की सर्वाधिक लोकप्रिय प्रणाली है—
(क) निष्कामेश्वर प्रणाली
(ख) सिंह प्रणाली
(ग) ऋषि प्रणाली
(घ) इनमें से कोई नहीं।

36. निष्कामेश्वर मिश्र की पुस्तक का नाम है—
(क) हिंदी आशुलिपि (ख) हिंदी शॉर्टहैंड
(ग) हिंदी टंकण (घ) हिंदी यूनिकोड

37. निष्कामेश्वर मिश्र की पुस्तक का प्रकाशन वर्ष है—
(क) 1904 ई. (ख) 1907 ई.
(ग) 1947 ई. (घ) 1980 ई.

38. शोध का उद्देश्य है—
(क) विषय का चयन करना
(ख) साहित्य का सर्वेक्षण करना
(ग) अध्ययन के उद्देश्यों को बताना
(घ) उपर्युक्त सभी

39. 'हम एक उपयोगी परिकल्पना की खोज कविता, साहित्य, दर्शन, समाजशास्त्रीय साहित्य, मानवजाति शास्त्र एवं सिद्धांतों में कर सकते हैं।' यह कथन किसका है ?
(क) पी.वी. यंग (ख) लुंडबर्ग
(ग) गुडे (घ) हाट

40. 'परिकल्पना का प्रयोग एक दृष्टिहीन खोज तथा अंधाधुंध तथ्य संकलन से बचाता है।' यह कथन है—
(क) पी.वी. यंग (ख) लुंडबर्ग
(ग) गुडे (घ) हाट

41. शोध के निष्कर्ष कैसे होने चाहिए ?
(क) वैज्ञानिक (ख) मौलिक
(ग) सार्थक (घ) उपर्युक्त सभी

42. परिकल्पना परीक्षण क्यों आवश्यक है ?
    (क) इससे परिकल्पना के सही होने का पता चलता है
    (ख) इससे परिकल्पना के गलत होने का पता चलता है
    (ग) इसके वास्तविक लक्ष्य प्राप्त करने में सुविधा होती है
    (घ) उपर्युक्त सभी
43. गुडे एवं हाट के मतानुसार परिकल्पना के स्रोत हैं—
    (क) सामान्य संस्कृति
    (ख) वैज्ञानिक सिद्धांत
    (ग) समरूपताएँ एवं व्यक्तिगत अनुभव
    (घ) उपर्युक्त सभी
44. परिकल्पना से लाभ हैं—
    (क) परिकल्पना शोध को दिशाहीन बनाती है
    (ख) यह शोध के क्षेत्र को असीमित करती है
    (ग) परिकल्पना से अध्ययन के उद्देश्य का निर्माण किया जाता है
    (घ) यह शोध से संबंधित प्रश्नों को अस्पष्ट करती है
45. डॉ. देवशंकर नवीन द्वारा निर्धारित शोध के नौ चरणों में शामिल नहीं हैं—
    (क) तथ्य संग्रह
    (ख) परिकल्पना की जाँच
    (ग) सर्वेक्षण
    (घ) प्रश्नावली
46. परिकल्पना उत्पादन इनमें से किससे प्रभावित नहीं होता है ?
    (क) लोक विश्वास
    (ख) मन की बात
    (ग) रटना
    (घ) महापुरुषों के वचन
47. परिकल्पना का दूसरा नाम है—
    (क) प्राकल्पना (ख) रचना
    (ग) सुकल्पना (घ) विकल्पना
48. परिकल्पना सुनिश्चित हो जाने के बाद क्या तैयार किया जाता है ?
    (क) शोध की रूपरेखा (ख) शोध के निष्कर्ष
    (ग) आँकड़े (घ) प्रश्नावली

49. शोध के सभी चरण होते हैं—
   (क) एक-दूसरे से अलग
   (ख) एक-दूसरे से जुड़े
   (ग) दूर-दूर
   (घ) इनका परस्पर कोई संबंध नहीं होता
50. पी.वी. यंग के शोध के चरणों में सम्मिलित नहीं है—
   (क) विषय का चयन (ख) सर्वेक्षण
   (ग) तालिका निर्माण (घ) संकलन

उत्तरमाला

1. (घ), 2. (क), 3. (ख), 4. (क), 5. (ग), 6. (ग), 7. (क), 8. (घ), 9. (ग), 10. (ख), 11. (क), 12. (घ), 13. (ग), 14. (ख), 15. (क), 16. (घ), 17. (क), 18. (घ), 19. (ख), 20. (घ), 21. (क), 22. (ग), 23. (ग), 24. (क), 25. (क), 26. (ख), 27. (घ), 28. (घ), 29. (ख), 30. (ख), 31. (ग), 32. (घ), 33. (ग), 34. (क), 35. (ग), 36. (ख), 37. (ख), 38. (घ), 39. (ख), 40. (क), 41. (घ), 42. (घ), 43. (घ), 44. (ग), 45. (घ), 46. (ग), 47. (क), 48. (क), 49. (ख), 50. (स)।

□□□

शीघ्र प्रकाश्य

उत्तर प्रदेश सरकार द्वारा राष्ट्रीय शिक्षा नीति–2020 के अनुरूप प्रदेश के समस्त विश्वविद्यालयों एवं महाविद्यालयों हेतु पुनर्गठित एकीकृत हिंदी पाठ्यक्रम के सभी सेमेस्टरों तथा सह पाठ्यक्रम के शेष सेमेस्टरों हेतु **डॉ. पुनीत बिसारिया, डॉ. वीरेंद्र सिंह यादव एवं डॉ. यतेंद्र सिंह कुशवाहा** द्वारा लिखित अन्य पाठ्य पुस्तकें—

हिंदी

1. बी.ए. प्रथम वर्ष प्रथम सेमेस्टर — **हिंदी काव्य**
2. बी.ए. द्वितीय वर्ष तृतीय सेमेस्टर — **हिंदी गद्य**
3. बी.ए. द्वितीय वर्ष चतुर्थ समेस्टर — **हिंदी अनुवाद**
4. बी.ए. तृतीय वर्ष पंचम् सेमेस्टर प्रथम प्रश्न–पत्र — **साहित्यशास्त्र और हिंदी आलोचना**
5. बी.ए. तृतीय वर्ष पंचम् सेमेस्टर द्वितीय प्रश्न–पत्र — **हिंदी का राष्ट्रीय काव्य**
6. बी.ए. तृतीय वर्ष षष्ठ सेमेस्टर प्रथम प्रश्न–पत्र — **भाषा विज्ञान, हिंदी भाषा तथा देवनागरी लिपि**
7. बी.ए. तृतीय वर्ष षष्ठ सेमेस्टर द्वितीय प्रश्न–पत्र — **लोक साहित्य एवं लोक संस्कृति**

सह पाठ्यक्रम

1. **भोजन, पोषण और स्वच्छता**
2. **प्राथमिक चिकित्सा और स्वास्थ्य**
3. **मानव मूल्य और पर्यावरण अध्ययन**
4. **शारीरिक शिक्षा और योग**
5. **विश्लेषणात्मक क्षमता और डिजिटल जागरूकता**
6. **संचार कौशल ओर व्यक्तित्व विकास**

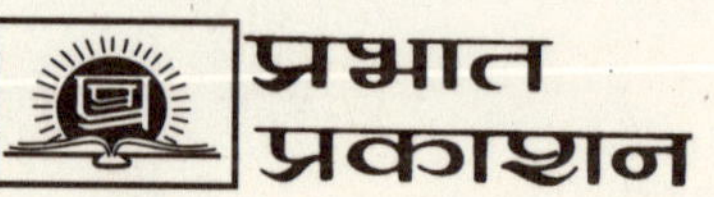

4/19 आसफ अली रोड, नई दिल्ली–2
☎ 011-2328955 • 666 • 777
हेल्पलाइन नं. 7827007777
ई–मेल prabhatbooks@gmail.com